瞭望者

J

暨南文库·新闻传播学
JINAN Series in Journalism & Communication

编 委 会

本书为广东省自然科学项目

"大数据背景下的社会舆情监测研判体系与智能决策研究"

阶段性成果

（项目号：2017A030310173）

暨南文库·新闻传播学 **1**
JINAN Series in Journalism & Communication

新媒体技术标准的形成与扩散

刘 倩 著

暨南大学出版社
JINAN UNIVERSITY PRESS

中国·广州

图书在版编目（CIP）数据

新媒体技术标准的形成与扩散/刘倩著. —广州：暨南大学出版社，
2019.12
（暨南文库. 新闻传播学）
ISBN 978 - 7 - 5668 - 2786 - 9

Ⅰ.①新… Ⅱ.①刘… Ⅲ.①传播媒介—技术标准—研究
Ⅳ.①G206.2 - 65

中国版本图书馆 CIP 数据核字（2019）第 247191 号

新媒体技术标准的形成与扩散
XINMEITI JISHU BIAOZHUN DE XINGCHENG YU KUOSAN
著 者：刘 倩

· ·

出 版 人：徐义雄
项目统筹：黄圣英
责任编辑：颜 彦 姜琴月
责任校对：黄 颖 陈皓琳
责任印制：汤慧君 周一丹

出版发行：暨南大学出版社（510630）
电 话：总编室（8620）85221601
营销部（8620）85225284 85228291 85228292（邮购）
传 真：（8620）85221583（办公室） 85223774（营销部）
网 址：http：//www.jnupress.com
排 版：广州尚文数码科技有限公司
印 刷：广州市快美印务有限公司
开 本：787mm×1092mm 1/16
印 张：14.125
字 数：246 千
版 次：2019 年 12 月第 1 版
印 次：2019 年 12 月第 1 次
定 价：56.00 元

总　序

…　…

如果从口语传播追溯起，新闻传播的历史至少与人类的历史一样久远。古人"尝恨天下无书以广新闻"，这大约是中国新闻传播活动走向制度化的一次比较早的觉醒。

消息、传闻、故事、新闻、报道，乃至愈来愈切近的信息、传播、大数据，它们或者与人们的生活特别相关、比较相关、不那么相关、一点也不相干，或者被视为一道道桥上的风景、一缕缕窗边的闲情抑或一粒粒天际的尘埃，转眼消失在风里。微观地看，除了极少数的场景外，新闻多一点还是少一点，未必会造成实质性的差别；本质地看，人类作为社会性的动物，莫不以社会交往，包括新闻传播的存在和丰富化为前提。

这也恰好是新闻传播生存样态的一种写照——人人心中有，大多笔下无。它的作用机制和内在规律究竟为何，它的边界究竟如何界定，每每人见人殊。要而言之，新闻传播学界其实永远不乏至为坚定、至为执着的务求寻根问底的一群人。

因此人们经常欣喜于新闻传播学啼声的清脆、交流的隽永，以及辩驳诘难的偶尔露峥嵘。重要的也许不是发现本身，而是有越来越多的研究者参与其中，或披荆斩棘，或整理修葺。走的人多了，便有了豁然开朗。倘若去粗取精，总会雁过留声；倘若去伪存真，总会人过留名。

走的人多了，我们就要成为真正的学术共同体，不囿于门户之见，又不息于学术的竞争。走的人多了，我们也要不避于小心地求证、深邃地思考，学而不思则罔。走的人多了，我们还要努力站在前人、今人的肩膀上，站得更高一些，看得更远一些。

这里的"我们"，所指的首先是暨南大学的新闻传播学人。自 1946 年起，创系先贤、中国第一位新闻学博士、毕业于德国慕尼黑大学的冯列山先生，以及上海《新闻报》总经理詹文浒先生等以启山林，至今弦歌不辍。求学问道的同好相互砥砺，相互激发，始有本文库的问世。

"我们"，也是沧海之一粟。小我终究要融入大我，我们的心血结晶不仅要接受全国同一学科学术共同体的检验，还要接受来自新闻、视听、广告、舆情、公共传播、跨文化传播等领域的更多读者的批评。重要的不完全是结果，更多的是过程。在这一过程中我们特别关注以下剖面：

第一，特定经验与全球视野的结合。文库的选题有时是从一斑窥起，主要目标仍然是研究中国全豹，当然，我们也偶或关注印度豹、非洲豹和美洲豹。在全球化时代，我们的研究总体会自觉不自觉地增添一些国际元素。

第二，理论思辨与贴近现实的结合。犹太谚语云"人类一思考，上帝就发笑"，或许指的是人力有时而穷，另外一种解释是万一我们脱离现实太远，也有可能会堕入五里雾中。理论联系实际，不仅是哲学的或革命的词句，也是科学的进路。

第三，新闻传播与科学技术的结合。作为一个极具公共性的学术领域，新闻传播的工具属于拿来主义的为多。而今，更是越来越频繁地跨界，直指5G、云计算、人工智能等自然科学的地盘。虽然并非试图攻城拔寨，但是新兴媒体始终是交叉学科的前沿地带之一。

归根结底，伟大的时代是投鞭击鼓的出卷人，我们是新闻传播学某一个年级某一个班级的以勤补拙的答卷人，广大的同行们、读者们是挑剔犀利的阅卷人。我们期望更多的人加入我们，我们期望为知识的积累和进步贡献绵薄的力量，我们期望不辜负于这一前所未有的气势磅礴的新时代！

编委会

2019 年 12 月

前　言

……

一直以来，技术与我们的生活息息相关。人类的发展引发的技术革命与信息革命，强烈地呼唤着新媒体技术标准的完善与优化，因此，对新媒体技术标准的形成与扩散的研究也越来越重要。

然而中国新媒体技术标准发展存在很多问题：第一，虽然投入巨大，但新媒体技术标准的创新导向性存在问题；第二，规管机构内部存在矛盾，导致利益分化；第三，新媒体技术标准发展参与者之间关系不稳定，这其中既有国际化和本土实力的角逐，也有联盟引发的利益纷争；第四，用户需求和媒体的作用没有得到重视。

本书对 CMMB、TD-SCDMA、HTML5 等新媒体技术标准的案例进行了分析，通过深度访谈，探寻了对新媒体技术标准产生影响的因素及其影响过程，并讨论了如何合理有效地促进新媒体技术标准形成与扩散的策略与建议。

全书主要分为五个部分：

第一部分是第一章，主要介绍研究的缘起、背景以及意义。

第二部分是第二章，为文献探讨和理论框架。通过对新媒体技术标准相关理论的梳理以及对行动者网络理论的回顾，对理论框架和研究假设进行了阐述。

第三部分是第三章，提出了具体的研究设计和研究方法，以及相关案例的选择依据，最后对访谈对象和信度效度评估也进行了描述。

第四部分是第四、五章，也是本书的研究主体，分别对新媒体技术标准的形成期和扩散期，从行动者网络构成的角度，分析以焦点行动者为中心的行动者网络关系稳定性。

第五部分是第六章，对前两章的发现进行了总结，认为：行动者网络没有共享好利益；缺乏有效的沟通、协调；无法达到完全一致的共识是行动者网络发展的重要不稳定因素。并提出了相关建议：规管系统需要更有效配置资源，协调不同机构关系，尊重市场规律；创新资源应更多向中小企业倾斜；重视媒体运作和用户需求；市场系统需要顺应一定规律；关注和尊重每一个参与者的利益，不盲目扩张，联盟策略需注重长期利益。最后作了研究不足的补充和未来的展望。

本研究首次引入行动者网络理论对新媒体技术标准实施系统性研究，是一个观察问题的新视角[①]，有一定创新性。新媒体技术标准发展的研究，属于社会学和传播学的交叉领域。笔者大胆引入了行动者网络理论，在研究行动和策略的基础上，主张关注策略的产生机制与评价，并增加了媒体系统的变量。

在成果应用上的新价值[②]体现在提出了以下建议：

对于规管部门和创新机构，要正确引导创新系统，支持自由性和延续性的创新。创新主体应该在企业、厂商引领业界创新，给予企业更多自由。

对于规管系统，在新媒体技术标准治理中，需要避免多元化规管系统的管理，否则可能导致资源浪费和行动者网络不稳定。

对于各个行动者，特别是焦点行动者，需要充分利用媒体的作用，通过修辞的运用，进行有效的、连贯的、有表达性的传播，对新媒体技术标准的社会建构进行优良辩护，从而能够长足地推动新媒体技术标准的发展。

对于运营商等，应高度重视市场的需求，特别是用户的需求。用户作用的提升，反映了其能动性，用户除了是主动的消费者，还能通过媒体等渠道对新媒体技术标准产生影响。

---

① 董泽芳. 博士学位论文创新的十个切入点. 导师论坛，2008（7）：12 – 18.
② 董泽芳. 博士学位论文创新的十个切入点. 导师论坛，2008（7）：12 – 18.

目　录
contents

新媒体技术标准的形成与扩散

第一章

绪　论

　　中国政府在新媒体行业以及标准研究上的投资力度很大，且相当重视。新媒体技术标准发展和相关研究十分重要。本研究在理论上具有一定的学术意义，从行动者网络角度研究了新媒体技术标准的发展。此外，以手机电视 CMMB（中国移动多媒体广播）作为研究的主要案例，既兼顾了现实针对性，也对新媒体技术标准的后续发展有一定借鉴意义。

第一节 新媒体技术标准研究的重要性

2014年5月28日，中国广播电视网络公司正式挂牌成立，赵景春任董事长。这一重量级国家有线电视网络公司，承载着整个广播电视网络运营商整合的重任，也是三网融合的主力运营商之一。[①] 该企业注册资本45亿元，而据多位业内分析人士推测，40亿元的启动资金中的大部分会用于相关行业标准的制定与推进工作。[②]

早在2010年1月，国务院为推动我国三网融合政策，下发了《推进三网融合的总体方案》条例，简称"国发5号文"。其中提出：在三网融合试点阶段，需要集中力量组建一个国家电视网络运作公司，该公司作为一个国家级实体，将会继续推进三网融合。[③] 随后两年内，这个国家级有线电视网络公司组建方案经多方辗转，最终获批，并得到了财政部40亿元的拨款作为启动资金[④]。

由此可见，政府在新媒体行业以及标准研究上的投资力度很大，且相当重视。这也可以看出新媒体技术标准发展和相关研究的重要性。

新媒体技术标准的发展和研究如此重要，那么它是否离我们遥不可及呢？恰恰相反，新媒体技术标准的发展，与我们的生活息息相关。生活中，小到手机制式的选择，大到国家电信网传输技术的选择都是不同新媒体技术标准的博弈。日常生活中常常可以看到一些充满高精尖术语的推广信息，例如专业4K摄影机或者电视屏幕。4K是什么呢？就是4K resolution的简称，是一种新媒体的

① 中国广播电视网络有限公司正式成立. 新闻战线，2014（6）：53.
② 贵州广电网. "国网"的困境：先天不足挂牌遇阻. （2013 - 01 - 31）［2015 - 03 - 05］. http://www.gzgdwl.com/ArtcleDetail.aspx?ID=159.
③ 三网融合这一理念，从2010年十一届全国人大三次会议开始，就被多次写入了总理的政府工作报告，国务院总理温家宝对其进行了明确定义，并反复强调了三网融合的重要意义。2015年3月的第十二届全国人民代表大会三次会议上，国务院总理李克强又进一步强调了要全面推进三网融合。由此可见，三网融合是当前我国政府非常重视的一个重大课题。目前，三网融合的主要阵地之一是中国广播电视网络有限公司。
④ 新浪科技. 国家广电网络公司将成立，中移动未参与出资. （2012 - 11 - 15）［2015 - 03 - 20］. http://tech.sina.com.cn/t/2012 - 11 - 15/03037799520.shtml.

分辨率标准。作为新兴的数字电影和电脑视频的新标准，在原有分辨率 3 840 ×
2 160 像素的基础上，4K 更加细致，分辨率提高至 4 096 × 2 160 像素。

新媒体技术标准发展如此重要，又和我们生活息息相关，但在新媒体技术
标准发展方面，现实中却存在一些问题。技术的创新是重要的技术标准发展的
动力和导向，新媒体技术标准的发展源于新媒体技术的创新。《国家中长期科学
和技术发展规划纲要（2006—2020 年）》中已经指出，在技术标准和技术创新
方面，"需要积极发展技术市场，在中国大力推进自主创新，并且建立以企业为
主体、市场为导向、产学研相结合的技术创新体系，引导和支持创新要素向企
业集聚，促进科技成果向现实生产力转化"。① 但是中国现阶段的新媒体技术标
准创新的资金投入以及政策支持，与这种指导思想在一些情况下略显脱节。现
实中，新媒体技术标准创新仍然由中小企业以外的机构主导。

影响新媒体技术标准发展的因素，首先是技术的优劣，好的技术会给人类
带来更高的效率，当然也有加速的经济甚至被替代的工作②，但在现实生活中
却往往不仅仅如此，有更多其他影响因素，特别是在市场普及时，不同新媒体
技术标准的扩散往往受到更多技术优劣性以外的因素影响。例如，从 3G 到 4G，
不同运营商大力推动着自己的制式，普通手机用户在对 3G 标准的抉择中，可选
择电信的 CDMA2000（码分多址 2000），也可选择联通的 W-CDMA（宽带码分
多址）或是移动的 TD-SCDMA（时分同步码分多址）。用户选择的背后除了有
新媒体技术标准本身的优劣在左右行业的运转，也有运营商的角力，更有相关
研究院和芯片厂商的研发部门的成果竞争，还有表象上看不见的规管部门利益
集团在背后的角力。此外，更广泛层面的用户利益的诉求和消费者的呼声，也
在相当程度上影响着技术标准的发展。

因而，一方面，政府在新媒体技术标准研究上的投资很大；另一方面，在
现实中，新媒体技术标准发展却存在一些问题。第一，虽然投入巨大，但新媒
体技术标准的创新导向性存在问题，存在一定的非市场运作和行政干预；第二，
规管系统内部存在矛盾，双规管系统存在利益分割和利益分化；第三，新媒体

---

① 中国技术市场管理促进中心. 国家技术转移促进行动实施方案. [2015 - 03 - 01].
http://www. sinotechmart. org/chinajishushichangguanli/cjxd/cjxd. shtml.

② BRYNJOLFSSON E, MCAFEE A. Race against the machine: how the digital revolution is
accelerating innovation, driving productivity, and irreversibly transforming employment and the
economy. Brynjolfsson and McAfee, 2012.

技术标准发展参与者关系不稳定，这其中存在国际化和本土实力的角逐，也出现了各式各样的产业联盟；第四，用户需求和媒体的作用没有得到足够的重视。针对这些新媒体技术标准发展中的现实，本书将重点研究其影响因素、影响过程，并提出策略建议。

另外，在学术传承上，对新媒体技术标准的研究也延续了笔者硕士学位论文的研究。2007 年笔者的硕士学位论文题为 "3G Licensing in China"（中国 3G 牌照发放），其中对中国电信行业发展，特别是 3G 牌照的制定、发放、扩散进行了梳理，并对前人的相关研究进行了评述，针对中国 3G 发展提出了发展动力方程，强调了规管的重要性，对政府规管进行了研究。12 年后的今天，笔者回顾之前的研究发现有部分被印证，但也有一些不足。事实上，除了政府规管方面，仍有需要进一步研究的，例如市场的运作，用户的反馈，创新系统、媒体系统的参与等，因此，笔者也希望能够进一步深化之前的研究，发现更为全面的影响新媒体技术标准形成和扩散的因素及其背后的机制。

近年来，在新媒体技术标准发展的道路上，相关学者和政界人员，以及企业家们，都在不断探讨着适合中国的发展方向和路径。而随着近年新媒体技术标准的不断发展，这些力量逐步成为推动行业发展的动力，但时代的文化历史背景在不断变化，标准和创新、用户参与、技术民族主义的崛起、本土化和全球化的冲突、生态的发展等方面，都展现出了与以往媒体生态的诸多不同之处，因此新的标准的形成和发展也必然有更多方的参与。由此可见，对新媒体技术标准形成和扩散的研究也需要从更多层面进行分析和探索。

第二节　新媒体技术标准研究的理论和现实意义

本研究在理论上具有一定的学术意义，从行动者网络角度研究了新媒体技术标准的发展。

新媒体技术标准的研究在我国比较匮乏，不完整也不系统。学术界对新媒体的研究虽然有一定关注度，但是针对中国新媒体技术标准的研究却比较少见，特别是传播学中对新媒体技术标准的研究更为缺乏。笔者在中国知网上以"新媒体技术标准"为主题进行搜索,发现相关及类似主题的文章仅有18篇,而从行动者网络理论角度分析的就更为鲜见了。少量学者在新媒体技术标准的研究中涉及了行动者网络理论,例如《基于分层演化观点的技术标准的形成机制探析》[①] 通过网络外部性、行动者网络理论的考察,分析了技术标准形成的自组织本质,并提出了分成演化模型。《基于行动者网络理论的通信标准化战略研究——以 TD-SCDMA 标准为实证》[②] 一文通过对 TD-SCDMA 技术标准的行动者网络理论分析,给出了标准化战略的一些启示。复旦大学的朱剑峰学者应用行动者网络理论分析了毒奶粉事件中的科学鉴定技术、质检技术和标准化制度等对事件的社会影响。[③] 国外的研究中也有少数涉及的,例如《发展中国家电子政务的挑战:泰国智能身份证项目的行为者网络分析》(*Challenges of Egovernment in Developing Countries:Actor-network Analysis of Thailand's Smart ID Card Project*) 一文关于泰国智能身份证标准的推广就是从行动者网络理论角度的分析,通过对转译过程的描述,总结了推行该项标准失败的原因和教训。[④] 另外还有对挪威健康信息系统的技术标准研究[⑤],对韩国设计基础设施的复杂演变的研究[⑥]等。但这些研究限于篇幅或者时期,都只是关注了某项新媒体技术短期内的发展,或者设计了一个参考了行动者网络理论的模型,而不能针对本研究提出的问题进行回答。而且这些论文研究视角主要有传播学、经济管理学、科学哲学技术学、自然科学等,但是各自为营,没有从学科交叉角度对新媒体技术标准进行研究。例如,从传播学视角的研究,往往就忽略了经济体制的影响力和科技等元素的影响;而从管理学视角的研究,又可能没有注重技术本身的影响,或忽

---

① 王程韡,李正风. 基于分层演化观点的技术标准的形成机制探析. 中国软科学,2007 (1):42 – 48.

② 詹爱岚,李峰. 基于行动者网络理论的通信标准化战略研究——以 TD-SCDMA 标准为实证. 科学学研究,2011 (1):56 – 62.

③ 朱剑峰. 从"行动者网络理论"谈技术与社会的关系:问题奶粉事件辨析. 自然辩证法研究,2009,25 (1):37 – 41.

④ GUNAWONG P, GAO P. Challenges of egoverment in developing countries:actor-network analysis of Thailand's smart ID card project. In Proceedings of the 4th ACM/IEEE International Conference on Information and Communication Technologies and Development, ACM, 2010:17.

⑤ HANSETH O, MONTEIRO E. Inscribing behavior in information infrastructure standards. Accounting, management and information technologies. 1997, 7 (4):183 – 211.

⑥ YOO Y, LYYTINEN K, YANG H D. The role of standards in innovation and diffusion of broadband mobile services:the case of South Korea. The journal of strategic information systems 14, 2005 (3):323 – 353.

视了重要的政府力量的参与以及文化因素的影响等，以至不能全面地、动态地解释新媒体技术标准产生的具体选择行为。因此，本研究首次引入行动者网络理论，对新媒体技术标准实施系统性研究。

关于行动者网络理论的研究，在我国属于科学哲学研究范畴的较多，例如有刘济良的《拉图尔行动者网络理论研究》①和郭明哲的《行动者网络理论（ANT）——布鲁诺拉图尔科学哲学研究》②，这两篇学位论文主要从科学哲学角度解读该理论，而从行动者网络理论视角研究新媒体技术标准的发展的就很少了。由此可见，原有的研究存在的主要理论上的问题比较匮乏是一方面，另一方面是没有从一个适合的角度进行完整的、系统的研究和分析。

而我国新媒体技术标准的发展，又显现出与国外的明显区别，需要专门研究。这体现在中外国家体制、经济发展、制度机制、文化方面等差异上。正如部分学者所言："技术标准不再是通过普遍化技术方案最大化推广商品，而仅仅是按照游戏规则支出大量的技术许可费。对于许多发展中国家而言，技术标准并不意味着经济利益的更优配置，而是在不利的利益分配格局中，得到价值分配链的末端剩余。"③ 一方面，这体现了中外对于技术标准认知的区别；另一方面，也说明了技术标准研究的重要性。又例如，美国不需要考虑三网融合问题，所有网络、电话、电视都是单独商业化运营的机构，商家以赢利为目的，兼顾社会责任，又服务用户。而在中国，三网融合作为国策，有政府的力量来大力介入，并且此政策是新媒体技术标准发展重要的阵地，它指的是电信网、广电网、互联网三网的融合。对我国新媒体技术标准进行研究，需要在历史的维度上看这几个网的变迁，这三网不是物理上的三网，而是与中国媒体发展的历史渊源密切相关的。另外，中国技术的民族主义的崛起、全球化与本土化、与国外标准之间的冲突等，都带有明显的中国特色。由于中国的新媒体技术标准发展研究具有其独特性，有别于传统工业标准，也有别于国外的相关标准研究，既不可借用，又不可套用，因此，必须专门针对中国新媒体技术标准的发展作出研究，而引用行动者网络理论即可实现之。

① 刘济良. 拉图尔行动者网络理论研究. 哈尔滨：哈尔滨工业大学，2006.
② 郭明哲. 行动者网络理论（ANT）——布鲁诺拉图尔科学哲学研究. 上海：复旦大学，2008.
③ 裴涵，陈侃. 文化研究：技术标准化研究的新视角. 浙江社会科学，2011（4）：10，19－24，155.

　　另外，本研究的主要案例是广电主导的自主产权标准——手机电视 CMMB。相关研究中，南洋理工大学的 Lin 的研究十分具有阶段性学术和生产指导意义，但是由于时间所限，研究只关注到了部分时间段的数据和影响力，没能全面地对 CMMB 的整体发展作出讨论，故而有一定局限性。①

　　而这些前人研究的不足，可以通过科学哲学研究视角中的行动者网络理论使其更为科学。行动者网络理论能够生动表征新媒体技术标准的动态发展过程，也能全面地、系统地对新媒体技术标准发展过程进行解读。行动者网络成功建立并稳定，是一个新媒体技术标准化成功达成的过程。行动者网络理论强调平等的行动者之间的关系，这是十分难得的，它将人与非人、物与非物放到一起考虑，是一种冲出思维枷锁的创新的思考方式；同时，行动者网络理论提供了一个具有实践操作性的视角，这个视角非常独特，适用于商业环境中的技术创新扩散解读。故而研究新媒体技术的标准化过程，可以使用行动者网络理论来分析。

　　本研究也兼顾现实针对性，并且对新媒体技术标准后续发展有一定借鉴意义。针对本研究发现的新媒体技术标准发展中的三大现实问题，需要探讨中国新媒体技术标准的发展有哪些影响因素，这些影响因素如何影响了中国新媒体技术标准的发展。笔者通过对中国新媒体技术标准的影响因素进行考察，从行动者网络理论角度解读，通过深度访谈等方法，研究了相关重点案例，收集了大量一线资料，对中国新媒体技术标准发展的影响因素进行了系统的分析。一方面，对历史上的成败进行了总结；另一方面，提出了一系列建设性意见，为解决问题和进行决策提供了科学的依据，对后续的新媒体技术标准的发展，也有一定借鉴意义。

　　① LIN T T. Prospect of mobile TV broadcasting in China: socio-technical analysis of CMMB's development. Chinese journal of communication, 2012, 5（1）: 88 - 108.

第三节　学术史回顾和简评

笔者以新媒体技术、部分具体的新媒体技术标准（CMMB、3G、4G、OTT等）、标准化等为关键词从知网以及英文文库进行相关论文检索，在删掉不相关主题论文后，最后所收集文献共计506篇。[①] 经过归纳总结，发现有关新媒体技术标准[②]的研究视角主要有传播学、经济管理学、科学哲学、自然科学等。以下，分别按上述学科视角综述其主要研究问题及其研究成果，评述其研究不足或缺陷，以定位本文的研究空间。鉴于研究论文的数量过大，限于篇幅，本文选择各学科中较有代表性的几篇论文加以简单综述。

一、技术标准的传播学研究

众所周知，新媒体技术推动着新媒体的发展，新媒体的变迁最初无一不是新媒体技术发展的结果。印刷技术的发明，人类从口语传播进入印刷传播；电子技术的发明与发展，人类有了广播和电视；数字技术和互联网技术的进步与创新，带来了互联网传播时代，且迅猛地从桌面互联网系统发展到移动互联网世界，成就了随时随地的传播。显然，媒介的变迁、传播的进步无一不是技术推动的结果。因此，新媒体技术的标准一直是传播学研究领域的传统话题。

关于技术标准的相关领域，应用型传播学研究中有少数关于新媒体技术标准的媒介管理的相关文献，如窦鑫磊对 WLAN（无线局域网）的标准 WAPI（无线局域网鉴别和保密基础结构）进行的安全媒体解决方案研究[③]，给规管部

---

① 检索时间为 2015 年 12 月。

② 这些研究中包括部分关于技术标准的研究。由于新媒体是一个相对性的概念，所有当代的对比出现在其之前的都是新的，故而广泛概念下的技术标准的研究，对于新媒体技术的标准也具有一定参考价值。

③ 窦鑫磊. 从 WAPI 看标准战略. 中国发明与专利，2004（4）：54－56.

门提出了策略建议。另外，也有学者专门对数字媒体 DRM① 技术标准进行了一系列研究，并且对研发自主 DRM 技术标准，提出了管理和创新的一些建议。②这些研究都对国家传媒政策的制定、各传播主体的传媒策略的选择产生了深远的影响和积极的促进作用。

经典传播学理论研究中，也有对技术标准和社会互动中的传播学现象进行研究的。例如以哈贝马斯、伯明翰学派、法兰克福学派的相关理论为基础，试图从文化研究的角度去探寻技术标准与社会系统之间的互动关系的研究。这些理论研究为应用型研究提供了一定基础和决策依据，例如在传播技术标准的相关研究中：

在文化研究的视野里，技术标准的研究走出了自然与技巧的二元对立（nature-artifice dichotomy），提供了在科学技术的层面外，从社会的角度进行解读的研究理念。技术标准的产生和制定并非自发产生，并且完全由技术因素决定的；在实践中，社会、文化、经济及政治等因素也起到了重要的作用。

并且，特别在新媒体研究中，用户的主观能动性在消费中得到体现，用户从被动的消费者变成了主动的消费者，逐渐被研究者重视。

另外，在本土化与全球化问题中，以赵月枝③、邱林川④为代表的一批学者关注了在中国全球化视角下，与技术民族主义的崛起相关的研究，这些研究涵盖了中国广电系统、电信系统、IT 技术发展标准的历史。

当然还有其他部分专门对于中国标准发展进行研究的学者，他们强调了中国的新媒体技术标准的差异性和地方性，在作出比较后，为后续研究提供了全

① DRM 是 Digital Right Management 缩写，即数字内容版权管理。它是随着数字图书和音视频节目在互联网上的广泛传播而发展起来的一种新技术。DRM 首先在互联网音视频节目传播上得到应用，并将逐步应用到其他固定和移动数据业务等领域。
② 王美华，范科峰，岳斌，等. 数字媒体内容版权管理技术标准研究. 广播与电视技术，2007（6）：19-23.
③ ZHAO Y Z. China's pursuits of indigenous innovations in information technology developments：hopes, follies and uncertainties. Chinese journal of communication, 2010（3）：266-289. ZHAO Y Z. After mobile phones, what? re-embedding the social in China's "digital revolution". International journal of communication, 2007, 1（1）：29. ZHAO Y Z. Caught in the Web：the public interest and the battle for control of China's information superhighway. Info, 2000, 2（1）：41-66.
④ QIU J L. Chinese techno-nationalism and global wifi policy//Reorienting global communication：Indian and Chinese media beyond borders. Urbana, IL：Universty of Illinois Press, 2010：289-303.

新视角。按照相关研究主题视角综述如下：

1. 文化研究角度的总体解读

据上文所述，在文化研究视野下，有部分相关技术标准的研究。基于文化研究学的观点，制定国际统一的标准的整个过程，和西方宣扬的普世价值（universality）一样，应该以审慎和批判的精神去看待其可能存在的霸权本质，从而揭示国际统一标准化过程中的相关利益群体是如何利用霸权地位（hegemonic status）系统地影响国际统一技术标准的创立和演进的。源自西方情景的技术标准并不一定代表了西方所称的普世价值，而有可能是代表了握有权势的利益集团的利益诉求。文化研究的视角秉承着对技术标准可能的霸权本质的批判精神和客观的审视，是一种置身于外部（detachment）进行的分析，而非被内部所局限。

在此基础上，文化研究学者也在"阐释"之外作出了实践性的努力，以"改变现有权力结构"为目的在不断努力。藤村（Fujimura）等学者是这样定义所谓"正确的"文化研究的："与内在的、在充满压迫的社会中所必须做到的事情相关。"[①] 这正是文化研究批判性和反抗精神的体现。这种研究除了批判的视角，还具有改造现实世界的指导作用。

2. 新媒体角度文化研究关注点：受众，主动的受众的提出

一个重要的关注点在于对主动的受众的研究，强调了用户的主观能动性，这点正体现了新媒体技术标准中用户的作用的提升，为传媒机构的策略决策和新媒体技术标准的规管机构提出了新思路和新要求。

用户的主观能动性体现在很多学者的研究中，主要的观点集中于消费者权力被赋予了来自生产者的预测，即究竟哪些产品能够被消费掉。尽管在文化工业的研究范畴中，受众被"收编"为商品消费者，但受众却总能主观选择是否躲避"收编"，进一步地按照自己的意图来解读文本信息，这是一大进步，也是一大创新。相当多的学者和研究都提及了这一系列观点，如费斯克（Fiske）对于大洋洲土著居民进行研究，并发现在欣赏美国电影《第一滴血》（*First Blood*）时，土著居民将主人公"兰博"（Rambo）的形象"改造"为抵抗的象征，他十分欣赏这个角色，并将其吸纳进自己的政治与文化斗争体系。这种基于消费者的主观能动性，体现在对文本信息的个体解读，它不直接来自于文本

---

① 罗吉，刘象. 文化研究读本. 北京：中国社会科学出版社，2000：77 – 91.

自身，而是结合了用户的功能性、抵抗性的属性和背景。①

　　3. 技术民族主义角度

　　文化研究走出了自然与技巧的二元对立，在科学技术的层面外从社会的角度进行解读，学者在这方面的研究中关注到了技术民族主义在多个层面的体现。以赵月枝②、邱林川③为代表的学者引入西方学界"技术民族主义"（technological nationalism）的概念和理论研究中国广电系统、电信系统以及相关IT技术标准发展历史，从而为新媒体技术标准研究提供了一个批判性的新视角。

　　例如，邱林川在分析我国 Wi-Fi 技术标准 WAPI 的文章中总结道，技术民族主义不再是一个中央集权科技部门掌控下的自上而下的结构表现了，在当今社会，它更多地体现在一个相关的有弹性的互相连接的多参与者的网络基础上，这个网络包括政府部门、研究所、军事机构等。自 1978 年后，市场系统的加入，特别是非政府企业的加入使得中国这个结构更加生机勃勃。中国的技术标准发展不再是自上而下的官方裁决，而越来越转向一个多面的、包容的多方讨论，其中包括政府、市场、大众的参与。他认为在我国 Wi-Fi 技术标准 WAPI 的发展中，除了参与者的增加，大众民意的集聚和冲突，特别是两极分化阵营的形成也是显著特征，而这些都离不开商业媒体和新媒体的出口在其中起着巨大的作用。例如在我国 Wi-Fi 技术标准 WAPI 的发展中，作为财经方面的主流媒体的《财经》杂志对其进行了大量报道，而博客中国的讨论更是将大众的参与和民意推向了一个又一个高潮。当然在这其中，也有一些关键人物的采访，例如科林·鲍威尔（Colin Powell），Wu Yi 等，但这些关键性个人的出现，是在媒体的报道中一步一步出现，并推动着整个标准和社会的互动的。④ 由此可见，技术民族主义的崛起在新媒体技术标准的发展中已经展现其力量，而且有相应的

　　① 陈立旭. 操纵和抵抗：文化工业意识形态再审视. 中共宁波市委党校学报，2008（4）：55 – 61.

　　② ZHAO Y Z. China's pursuits of indigenous innovations in information technology developments：hopes，follies and uncertainties. Chinese journal of communication，2010，3（3）：266 – 289.

　　③ QIU J L. Chinese techno-nationalism and global wifi policy//Reorienting global communication：Indian and Chinese media beyond borders. Urbana，IL：University of Illinois Press，2010：284 – 304.

　　④ QIU J L. Chinese techno-nationalism and global wifi policy//Reorienting global communication：Indian and Chinese media beyond borders. Urbana，IL：University of Illinois Press，2010：284 – 304.

一套运行方法和影响途经,例如通过媒体的放大作用等。

4. 中国本土的相关研究

文化研究还强调了差异性和地方性,对于中国的技术标准,就需要单独专门来进行研究,不能直接引用西方的观点和理论。中国的高科技标准相关研究涉及面比较广泛,对于这类研究,中外的学者都各持己见。国际上相关研究相对来说数量较少,研究的深度也较浅。

例如印第安纳大学的肯尼迪(Kennedy)的研究关注了中国自主产权标准在视频光盘(SVCD)、家庭网络、3G 网络(TD-SCDMA)方面的发展,通过对相关商业力量的联合描述,他进一步指出中国的标准制定与发展收益甚微,并未从专利费和牌照发放上带来任何实质性的工业上的优势,而国外的公司没有因此和中国公司进行交叉许可,也没有基于这些标准的产品,打入市场的只取得了有限效益。[①] 也就是说中国标准的发展基本上对国外公司的影响不存在。

又例如,南洋理工大学的 Lin 在研究 CMMB 的文章中通过广泛的文献分析和对利益相关者的访谈,指出 CMMB 社会技术研究有几个子系统需要分析,包括技术、政策政府、市场工业等。研究认为,中国手机电视的发展如此迅速是政策、政府推动力度大和技术储备优秀的结果。然而,在实际发展过程中,多个技术标准以及监管机构之间的矛盾阻碍了它的初始部署。市场/行业的子系统内出现了内容/服务的稀缺,不良的定价方案,以及认知度低的品牌,最终遏制了 CMMB 的扩散。[②]

对比来说,境内新媒体技术标准的研究数量更多,大多集中于市场推广和技术开发难度上。例如,广电相关的标准中数字音视频编解码技术标准 AVS(音视频编码标准)受到部分学者的关注,黄铁军、高文、王国中在研究中指出,AVS 建立了由上百项自主专利组成的专利群,扭转了我国本领域相关企业长期受制于国外标准高额专利费而难以健康发展的被动局面,带动了 20 多家芯片企业开发出了符合的芯片,构建了"以我为主、全面开放"的完整产业链,全国 20 多个省市和多个国家采用 AVS 标准播出的电视频道有上千路。研究对

---

① KENNEDY S. The political economy of standards coalitions: explaining China's involvement in high-tech standards wars. Asia policy, 2006, 2 (1): 41 – 62.

② LIN T T. Prospect of mobile TV broadcasting in China: socio-technical analysis of CMMB's development. Chinese journal of communication, 2012, 5 (1): 88 – 108.

中国自主产权的标准 AVS 持十分的乐观和肯定态度。[①]

又例如，赵月枝在她的《陷入网络：公共利益与中国信息高速公路的控制之战》（*Caught in the Web：the Public Interest and the Battle for Control of China's Information Superhighway*，下文简称《陷入网络》）一文中研究了中国的电信网和广电网的发展历史，其中有着大量中国自主技术标准的使用，但它们的使用和发展都受到了中国特殊环境下的影响和推动。电信网自 1950 年起至 1990 年中期，随着电话资费的改革，崛起的中产阶级开始"吐槽"昂贵的电话费用并表达对商用网络的愤恨。她是这样描述那段发展史的：以发展为核心，特殊利益导向的发展历史。广电网的发展要从有线电视的出现谈起。闭路电视（天线系统）让之后发展而成的广电网在很多年以后都一直保持着自负盈亏的状态和垂直网络结构的特点和传统。[②] 在对广东南方新媒体发展有限公司（简称南方新媒体公司）进行调研期间，访谈中，也得到了对那段时期相应的补充印证。网络结构多样且自下而上，理论上是联通的，但实际上会有很多不统一的技术标准和组网方式，这也为以后的发展埋藏了一定隐患。

总结传播学研究，既有应用型的对新媒体技术标准的参与机构及其策略和政策制定进行直接研究的，亦有追本溯源，对社会和新媒体技术标准互动中的传播现象进行理论研究的。可以说是深度解构了国际技术标准化历史上林林总总的博弈活动，例如从文化研究的角度去探寻技术标准与社会系统之间的互动关系的研究，技术标准的研究走出了自然与技巧的二元对立，提供在科学技术的层面外，从社会的角度进行解读的研究理念。一些重要观点被提出，如：用户从被动的消费者变成了主动的消费者，逐渐被研究者重视。除了对用户的主观能动性的关注，还有其他一些关注点，例如，对技术民族主义的关注和研究，即注重了全球化与本土化的冲突，又能从历史中追根溯源，提供全新视角。另

① 黄铁军，高文，王国中. 数字音视频编解码技术标准 AVS 发展历程与应用前景. 上海大学学报（自然科学版），2013，19（3）.

② ZHAO Y Z. Caught in the Web：the public interest and the battle for control of China's information superhighway. Info，2000，2（1）：41-66.

外，一个重要的研究关注点在于中国的相关研究，以赵月枝①、邱林川②为代表的一批学者关注了在中国全球化视角下，技术标准发展的个案和体制变迁，这些研究涵盖了中国广电系统、电信系统、IT 技术标准发展的历史。但是，传播学研究中，往往忽视了对新媒体技术标准发展尤为重要的经济、科技、社会等元素的影响，这也是本研究需要补充的方向。

二、技术标准的经济学、管理学研究

经济学、管理学的理论很早就被学者们引入，用来解释影响技术标准化的经济因素。从整个新媒体产业的角度来看，市场因素必然会深刻地影响新媒体技术标准化的制定和普及。经济管理学的理论有利于阐述某些新媒体企业个体的分工、协作和竞争，以及整个行业的发展状态和采用的技术标准的演化。这些理论明显地跳出了传播学或者工程学技术决定论的传统认知，而将经济因素囊括进来。简言之，经济学、管理学研究从产业和市场的视角，去关注技术标准制定和普及的经济因素和收益情况，即技术标准的形成和演化是如何在市场力的作用下进行的。

经济学上，在解释技术标准的形成分析中，有学者认为有三种影响因素和两种标准。三种影响分别是：政府影响、行会影响、市场影响。而事实标准（de facto standards）和法定标准（de jure standards）/委员会标准是两种主要的标准化的方式。③（图 1 - 1）另外，在涉及新媒体技术的标准相关的经济学理论中，网络外部性（network externalities）和转换成本（switching costs）是两个主

---

① ZHAO Y Z. China's pursuits of indigenous innovations in information technology developments：hopes，follies and uncertainties. Chinese journal of communication，2010，3（3）：266 - 289. ZHAO Y Z. After mobile phones，what? re-embedding the social in China's "digital revolution". International journal of communication，2007：1（1）：29. ZHAO Y Z. Caught in the Web：the public interest and the battle for control of China's information superhighway. Info，2000，2（1）：41 - 66.

② QIU J L. Chinese techno-nationalism and global wifi policy//Reorienting global communication：Indian and Chinese media beyond borders. Urbana，IL：University of Illinois Press，2010：284 - 304.

③ WEITZEL T，BEIMBORN D，KÖNIG W. A unified economic model of standard diffusion：the impact of standardization cost，network effects，and network topology. MIS quarterly，2006（30）：489 - 514.

要概念，这两个概念在解释新媒体技术标准的形成和发展上有一定的说服力。波特的五力模型也是重要的、经典的可以用以分析新媒体技术标准发展的模型。利益相关者理论以及在其基础上的相关研究，为关键的参与者的判定，提供了理论支撑。这些研究都为新媒体技术标准发展中的传播系统行业主体决策提供了参考和理论支撑。

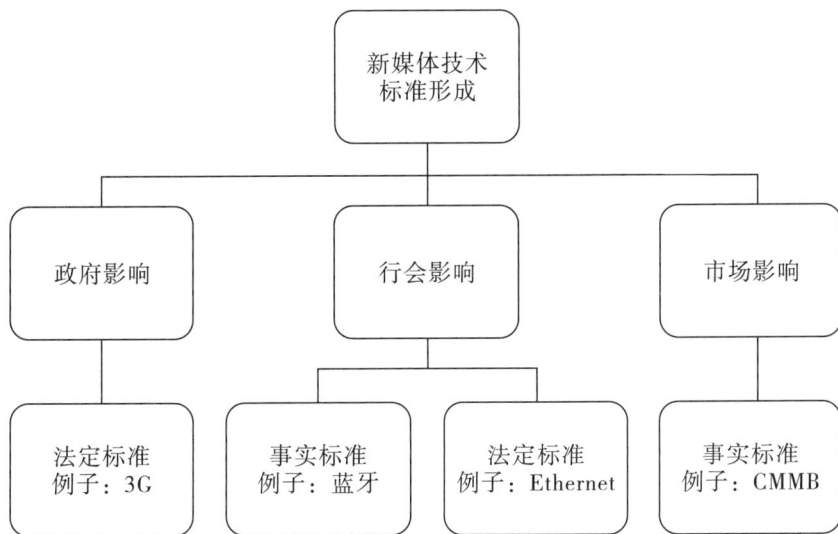

图1-1　新媒体技术标准形成的影响因素

1. 网部外部性和转移成本

网络外部性的概念和事实标准相关，它指的就是商品对某一用户的价值决定于其他用户对此商品的认可度（recognition）。网络外部性又分为直接网络外部性和间接网络外部性。直接网络外部性的典型案例包括电话、电报等；而间接网络外部性的典型案例包括电脑硬件及与其相匹配的软件。硬件不会直接影响到用户对软件的使用，但是由于兼容性限制、硬件效果限制和价格限制等诸多因素，硬件最终会间接地影响用户对软件的选择。网络外部性理论直接导致了赢者通吃的结果，即形成所谓的事实标准[1]。例如，在20世纪90年代初，腾讯QQ庞大的用户群就奠定了QQ相关产品，乃至腾讯旗下各项产品在市场上的

① WEITZEL T, BEIMBORN D, KÖNIG W. A unified economic model of standard diffusion: the impact of standardization cost, network effects, and network topology. MIS quarterly, 2006 (30): 489-514.

不俗占有率和发展前景。

而法定标准更多是（国内或者国际）权威机构组织或行业协会（Industrial Associations）指定的行业标准。

另外一个关键概念转换成本（switching cost）也和事实标准相关，指的是消费者放弃正在使用的产品及服务而转向其他商品和服务时产生的一次性成本。很显然，事实标准达成之后，转换成本就很高。转换成本作为一个经济学概念，由学者迈克·波特提出[1]。由于规避转换成本，尤其是在转换成本过高的情况下，坚持使用原有产品和服务的用户被称为锁定用户（lock-in customers）。这种现象被称为锁定影响（lock-in effect）。

2. 波特的五力模型

波特同时也提出了系统的分析产业结构的理论范式，包括业内公司的竞争、提供商和用户的议价能力等，都是影响技术标准形成和演变的不可忽略的因素。[2] 其著名的并被广泛肯定的五力模型就是一个有代表性的有力分析工具。[3]

该模型比较成熟，属于经典当代产业经济学理论，被广泛地应用于解决现实中的各种问题，例如如何帮助商家获得最优的竞争力和利润[4]。波特五力模

---

① PORTER M E. Competitive strategy: techniques for analyzing industries and competitors. Simon and Schuster, 2008: 10.

② PORTER M E. Competitive strategy: techniques for analyzing industries and competitors. Simon and Schuster, 2008: 10.

③ 物理模型的测量标准：消费者的议价能力（bargaining power of customers）、消费者集中度（buyer concentration to firm concentration ratio）、谈判杠杆（bargaining leverage）、消费者购买数量（total buyer volume）、消费者相对于厂商的转换成本（buyer switching costs relative to firm switching costs）、消费者获取资讯的能力（buyer information availability）、消费者垂直整合（bargaining leverage, backward integrate）的程度或可能性、现存替代品（availability of existing substitute products）、消费者价格敏感度（buyer price sensitivity）、总消费金额（price of total purchase）、来自供应商的议价能力（bargaining power of suppliers）、供应商相对于厂商的转换成本、投入原料的差异化程度、现存的替代原料、供应商集中度、供应商垂直整合（bargaining leverage, forward integrate）的程度或可能性、原料价格占产品售价的比例、来自潜在进入者的威胁（threat of new entrants）、进入障碍、规模经济、品牌权益、转换成本、强大的资本需求、掌控通路能力、绝对成本优势（absolute cost advantages）、学习曲线、政策、来自替代品的威胁（threat of substitute products or services）、消费者对替代品的偏好倾向、替代品相对的价格效用比、消费者的转换成本、消费者认知的品牌差异、来自现有竞争者的威胁（intensity of competitive rivalry）、现有竞争者的数目、产业成长率、产业存在超额产能的情况、退出障碍、竞争者的多样性、资讯的复杂度和不对称、品牌权益、每单位附加价值摊提到的固定资产、大量广告的需求。

④ SIMKOVIC M. Competition and crisis in mortgage securitization. Indiana law journal, 2013, 88 (1): 214-271.

型也得到了其他众多学者的积极修正和补充。20 世纪中期,耶鲁大学管理学院的两名学者布兰德伯格(Brandenburger)和纳尔波夫(Nalebuff)在其基础上提出了第六种力量——补充者,用以解释商业策略联盟的产生和运作。

作为经典的战略管理理论,波特的五力模型及发展后的六力模型都是基于完美的市场机制,这些理论在考虑策略形成方面,忽视了利益相关者的影响,认为起到主要决定因素的是产业结构本身。因此利益相关者理论在这一点上可以说是一个绝对的创新。

3. 利益相关者理论

利益相关者理论是管理学中重要的企业理论,20 世纪 60 年代以来在理论和实践方面都有了长足的进步和丰富。

这一概念产生于 20 世纪 60 年代,来源于股东(stockholder)至上主义向利益相关者(stakeholder)影响的转化。斯坦福研究中心的学者们对"利益相关者"进行了定义,将其概括为"没有他们支持组织就无法存在的团体"。这一期间,"利益相关者"这一全新概念被作为"外部变化"受到研究,主要考量如何扫描外部变化并提高组织内部的绩效,其中,利益相关者成为环境因素备受关注,同时股东至上观点也遭到冲击,由传统的观念转化为利益相关者影响观念。

相关研究的中期主要表现是对"利益相关者"参与互动的关注。自 20 世纪 70 年代起,以迪尔(Dill)为代表的一系列学者对该理论进行了丰富,体现在从影响到"利益相关者参与"。[①]

研究的后期则起始于 20 世纪 90 年代初,这一期间是以利益相关者共同治理观的形成作为代表的,德国公司的合作治理模式受到推崇,学者们开始关注利益相关者合作的研究。[②] 传统的股东至上观点被全面颠覆,利益相关者作为平等主体积极参与共同治理,合理的权益在多元社会中体现出竞争力。公共治理和实践新视角朝着多元化、分权化、利益化、均衡化方向发展,组织对利益相关者的权益以及权力也日益得到保障及合理化转化。

将利益相关者这一概念应用于管理学的重要突破始于 1984 年。弗里曼

---

① DILL W. Public participation in corporate planning: stakeholder theory of the corporation: concepts, evidence, and implication. Academy of management review, 1995 (1): 65 – 91.

② 李维安,王世权. 利益相关者治理理论研究脉络及其进展叹息. 外国经济与管理, 2007 (4): 10 – 17.

(Freeman) 开始将利益相关者理论引入企业战略管理分析，从而使之成为管理理论的重要基石。他是第一个对利益相关者理论作了系统化归纳的学者，尽管这一概念的提出并不是弗里曼的功劳，之前在管理学、社会学中就有这一概念的出现，但是这之前的利益相关者的研究仅仅停留在非系统性的零星的观点或者研究，而不是系统化的理论，因而弗里曼在该理论的系统化创立上是功不可没的。弗里曼对利益相关者是这样界定的："能够影响一个组织的目标的实现，抑或受到一个组织实现其目标的过程的影响之所有个体和群体。"① 在对战略管理的过程进行研究后，弗里曼将其分为三个不同层面，即理性层面（rational level）、过程层面（process level）以及交易层面（transactional level）。他的研究主要从企业的视角出发，同时也兼顾了企业的战略管理方面。

以弗里曼为代表的学者提出的利益相关者理论虽然注意到了很重要的战略形成过程，对利益相关者进行了分类，在管理学上十分实用，但是在解释宏观的利益相关者管理上缺乏一定的说服力。他并没有指出这其中的利益相关者是如何相互影响的，以及这些企业资源是如何在各个部门之间进行配置的，也没有具体指出一个系统的识别和排序的具体标准，而且在针对某企业中的利益相关者管理时，忽略了大的社会、文化、历史情境。另外，从行业角度来探讨，利益相关者在多个问题上的综合性的方法和过程是必要的，但是利益相关者理论也没有涉及这种复杂情境。② 这一方面否定了企业与利益相关者之间是一对一的独立的二元关系，另一方面也说明了这是一个由相互联结的关系构成的网络。之后学者的研究中也特别关注企业的生存和发展，认为所有权、经济依赖性和社会利益是三个重要的角度。吴玲等学者在实证研究后得出结论，利益相关者可以分类。在企业生命周期相关理论的基础上，可以视其不同，将其分为关键利益相关者、非关键利益相关者和边缘利益相关者。这些都是利益相关者理论的一些研究空间。而在社会科学角度的行动者网络理论中，这些研究可以得到很好的完善与结合。③

另外，江若尘等学者在此基础上，对背景不同的利益相关者的影响程度进

---

① FREEMAN R E. Strategic management: a stakeholder approach. Cambridge University Press, 1984.

② KEY S. Toward a new theory of the firm: a critique of stakeholder "theory". Management decision, 1999, 37 (4): 317 – 328.

③ 吴玲，贺红梅. 基于企业生命周期的利益相关者分类及其实证研究. 四川大学学报（哲学社会科学版），2005 (6): 34 – 38.

行了研究，通过排序和实证研究，发现：企业规模不同，经营目标有差别时，利益相关者的重要性也存在差异，且其排序也是相异的；而那些不同规模企业的利益相关者，他们的重要性也是有差异的。① 这也为新媒体技术标准化的参与者、关键参与者的判定等，提供了重要的依据和理论基础。

总结经济学、管理学角度的解读，在新媒体技术标准的形成研究中，政府影响、行会影响、市场影响，以及事实标准和法定标准的分类，能够对于市场、企业以及其策略进行解释，在其发展趋势和影响因素上都有一定说服力，但是多属于一个静态的、离散的描述和解释，没有动态地解释新媒体技术标准产生的具体选择行为。波特的五力模型，以及后续的发展，较少从适应中国新媒体发展的角度，考察系统内部的相关性或者互斥性，同时对于合作共赢或者合作选择等机制也缺乏关注。而利益相关者理论，及在其基础上的相关研究，虽然能为新媒体技术标准的情景提供一个判断关键参与者的基准和理论基础，但更多的是梳理了局部的某个市场的经济发展、某个企业的管理研究，或者关注某个单一行业，而非全局变量地整体把握和分析。而且经济学的重点在更多地强调外部客观性而忽视了重要的政府力量参与以及一些文化因素等，这在中国是不符合实际情况的。因而进一步从社会学角度进行考察可以更加完善对于新媒体技术标准形成的理解。

三、技术标准的自然科学研究

在新媒体技术标准的研究中，还有一类是从自然科学角度进行解读的。通过数学的严谨、模型的简化、现实语境的回归，在纷繁中梳理逻辑，进行分析。其中博弈论研究的是决策策略的行为；分形与混沌理论、自组织理论（self-organized complexity）以及耗散理论（dissipative structure theory）则试图还原一个基于现实语境、在运动演化的动态的系统，以对现实作出解释和推演。例如，王程韡、李正风学者在《基于分层演化观点的技术标准的形成机制探析》② 一文中通过对网络外部性、行动者网络理论的考察，分析了技术标准形成的自组织本质，并提出了分成演化模型，为中国技术标准的形成机制提出了科学解读，

---

① 江若尘. 企业利益相关者问题的实证研究. 中国工业经济, 2006（10）: 67 - 74.

② 王程韡, 李正风. 基于分层演化观点的技术标准的形成机制探析. 中国软科学, 2007（1）: 42 - 48.

在新媒体技术标准的研究中可以进行借鉴和参考。

1. 博弈论对决策的研究

博弈论（game theory）起源于数学科学，是应用数学的一个分支。如果看过《美丽心灵》这部电影，那么对博弈论一定不会陌生。但博弈论其实始于另外几名科学家，他们包括冯·诺伊曼，还有恩斯特·策梅洛以及埃米尔·博雷尔，当然最终是由冯·诺伊曼以及奥斯卡·摩根斯坦第一次将其理论系统化和形式化。① 电影主人公约翰·纳什利用不动点定理证明了均衡点的存在，并获得诺贝尔经济学奖。自此，博弈论被广泛应用于各种领域，如经济学、政治学、计算机科学、逻辑学、哲学、生物学等。

博弈论研究的是决策策略行为，对理性智慧的决策者的合作或者冲突进行数学建模研究（the study of mathematical models of conflict and cooperation between intelligent rational decision-makers）。② 也有学者称其为互动的决策理论。③ 通过对游戏中的个体的预测行为和实际行为进行考量来研究它们的优化策略。故而，在表面上出现的是相互作用不同，但可能表现出来的却是相似的激励结构（incentive structure），例如囚徒困境就是这样。

博弈有多种分类，最普遍的分法将博弈分为合作博弈以及非合作博弈。其间差别是：是否有某个具有约束力的协议存在。合作博弈有，而非合作博弈没有。海萨尼（Harsanyi）对于合作博弈进行研究，理论研究已经可以精准地计算结果。④ 而纳什规划（Nash Program）也对联合这两者作出了诠释。⑤

2. 自组织理论提供分析视角

自组织理论提供了一个系统的全面分析技术标准形成的视角，因为自组织理论的复杂性为我们分析技术标准整体现象提供了可能性。⑥ 有学者对行动者

① NEUMANN J V, MORGENSTERN O. Theory of games and economic behavior. Sixtieth anniversary edition. Princeton University Press, 2007：x – xii.

② MYERSON R B. Game theory：analysis of conflict. Harvard University Press, 1991：1.

③ AUMANN R J, DREZE J H. Rational expectations in games. The American economic review, 2008, 98（1）：72 – 86.

④ HARSANYI J C. An equilibrium point interpretation of stable sets. Management science, 1974, 20（11）：1472 – 1495.

⑤ HOUBA H, BOLT W. Credible threats in negotiations. A game-theoretic approach. Vol. 32. Netherlands：Kluwer Academic Publishers, 2002.

⑥ ANDERSON P. Perspective：complexity theory and organization science. Organization science, 1999, 10（3）：216 – 232.

网络理论进行完善，在《信息和通信技术标准的组织策略》（*Organizational Strategy for Information and Communication Technology Standards*）一文中，结合自组织理论提出"组织的现状，组织对现状的解读，组织对标准策略的选择"是更加系统分析技术标准发展的方法。① 这些元素和因素达到了价值创造和获得，是组织策略理论的重要基础。②

分形与混沌理论以及耗散理论也有相关的研究，但比较偏向客观自然的模拟，而缺乏对于中国新媒体行业的关注。

总之，自然科学领域的关于技术标准的研究比较有限，其中博弈论在技术标准的相关策略的采纳以及发展上，有着重要的解释力，但是只能针对简单的理想化的环境中的参与者作出准确的分析。因而在复杂多变的新媒体生态中，将它用于新媒体技术标准的阐释时，无法一一进行解释。而自组织理论能够提供一个有利的分析视角：从现状、解读和策略决策来分析，可以更科学地对策略决策的机制进行分析。现状、解读、决策也是值得本研究借鉴的一种分析视角。

四、技术标准的科学、哲学研究

技术标准的发展，也是人类科学技术发展与社会之间互动的发展。关于科学技术和社会进步之间的讨论永远也没有停息过。是科学技术推动了社会进步，还是社会发展引领着技术方向？这似乎是个时代的终极拷问，无数学者在这条科学社会学的道路上匍匐求索着。科学、哲学的视角中有大量的研究是关于技术发展的，但是和标准相关的就不是那么多了。科学技术学的相关理论中包括了众多核心理论，从时间上梳理，依次经历了科学技术决定论、知识社会学、科学知识社会学阶段。其中的行动者网络理论，就是科学知识社会学中的一种重要的理论。

1. 科学技术决定论

20 世纪 70 年代之前，科学的进步给人类社会带来了无数可能性，这一阶段

---

① SEO D. Organizational strategy for information and communication technology standards. 2007 5th International Conference on Standardization and Innovation in Information Technology, 19 September 2008.

② LEPAK D P, SMITH K G, TAYLOR M S. Value creation and value capture: a multilevel perspective. Academy of management review, 2007, 32（1）: 180–194.

学者认为知识决定社会，并有以比克（Bijker）和豪克罗夫特（Howcroft）为代表的学者在研究中认为技术是主导，社会和组织变化都是由技术决定的（technology is treated as a given and where social and organizational change is largely or wholly determined by technology）。但这一阶段的科学社会学完全倒向了科学技术决定论一方，忽视了社会的参与，有失偏颇，较为极端。①

2. 知识社会学

70 年代之后，欧洲的莫顿主义、功能主义纲领大行其道，而后又涌现了一批学者提出了知识社会学（sociology of knowledge，SK），关注社会参与，认为知识产生由社会决定，社会影响知识内容形式，代表学者为曼海姆等。社会学在涂尔干等早期学者那里，就具有一定"社会决定论"色彩，强调研究人类一切活动要把社会性因素放在首位。② 但是也有学者发出批评，如伍尔提出"曼海姆式的错误"，认为这是自然科学知识和文化知识的二元对立。曼海姆在知识分类上，在传统的二分法上有所继承，而其文化社会学（也就是知识社会学）研究知识和其文化基础的相互关联，并重点考察社会理论与意识形态。他与默顿呈现出巨大差异，一个是英美经验主义的科学取向，另一个则是德国思辨哲学传统的精神取向。故而知识社会学内部也存在相当的差异研究路径。③

3. 科学知识社会学

早在 1938 年，较有影响力的学者默顿就在其著作《十七世纪英国的科学，技术与社会》中提出科学体制化气质，科学的社会组织运行，认为科学和社会之间是互动的关系④，但其学说缺乏对科学内容研究的关注。在 20 世纪 70 年代中期，由此互动思想，发展兴起了科学社会互动的学派：科学知识社会学（sociology of scientific knowledge，SSK）以维特根斯坦、哈贝马斯的思想为起源，其主要成员以巴恩斯（B. Barnes）、布鲁尔（D. Bloor）、柯林斯（H. Collins）、拉图尔以及哈拉维（D. Haraway）等为代表，另一部分来自爱丁堡大学科学研究部（Science Studies Unit of the University of Edinburgh），故而，被称

---

① YOO Y J, LYYTINEN K, YANG H D. The role of standards in innovation and diffusion of broadband mobile services: the case of South Korea. The journal of strategic information systems 14, 2005（3）：323 – 353.

② 苏国勋. 社会学与社会建构论. 国外社会科学, 2002（1）：4 – 13.

③ 苏国勋. 社会学与社会建构论. 国外社会科学, 2002（1）：4 – 13.

④ MERTON R K. Science, technology and society in seventeenth century England. Osiris, 1938：360 – 632.

为爱丁堡学派，他们提出强纲领（strong programme），即对科学知识生产和增长的宏观解释策略。① 行动者网络理论就是拉图尔等学者的代表理论思想。巴黎学派影响力也十分深远，英国的爱丁堡学派是社会建构学的代表性学派，提出了系统的关于科学研究的纲领，并且解释科学知识本身必须作为一种社会产品来理解，科学知识不是一个独立的系统，而是和社会密不可分的，是一个社会化的过程。这也是后来在学术讨论中被以巴黎学派为代表的学者们广为诟病的一个观点。提出质疑的学者认为科学知识有其特殊性，与文化知识及其他社会科学知识都不一样，也正是这些思想火花的碰撞，造就了行动者网络理论及其相关理论系统的产生。

拉图尔的行动者网络理论在社会学角度中解读了技术标准化的社会建构过程，其关注点是科学技术，而非原先的科学知识，其深厚的理论根源于科学社会学。作为巴黎学派的代表学者，拉图尔也吸取了其他的巴黎学派的学者的理论之所长，从而在科学哲学领域产生了深远的影响。行动者网络理论的产生很难归结于某一本书的篇章或者某一篇文章中，关于行动者网络的部分相关译作，言语生涩难懂，枯燥无味，所言离原作甚远，造成了很多国内学者对行动者网络理论的生疏甚至误解。国内有部分学者有专门针对行动者网络理论的研究，刘济良的《拉图尔行动者网络理论研究》② 和郭明哲的《行动者网络理论（ANT）——布鲁诺拉图尔科学哲学研究》③。

事实上，该理论体现在拉图尔、卡龙、劳等多位学者的重要学术著作中，其研究领域和方向也一直有所变化。代表性著作主要包括：拉图尔与伍尔加（Steve Woolgar）合写的《实验室生活：科学事实的建构》（1979）、《行动中的

---

① 苏国勋. 社会学与社会建构论. 国外社会科学，2002（1）：4 – 13.
② 刘济良. 拉图尔行动者网络理论研究. 哈尔滨：哈尔滨工业大学，2006.
③ 郭明哲. 行动者网络理论（ANT）——布鲁诺拉图尔科学哲学研究. 上海：复旦大学，2008.

科学》①、《法国的巴斯德灭菌法》②、《我们从未现代化》③、《重组社会》④ 等。

行动者网络理论应用十分广泛，很多学者从行动者网络理论角度分析了科学技术等领域的现象，解读了社会与科学之间的互动过程。例如复旦大学的朱剑峰学者，就通过应用行动者网络理论，分析了毒奶粉事件中的科学鉴定技术、质检技术和标准化制度对社会的影响。⑤ 又例如《发展中国家电子政务的挑战：泰国智能身份证项目的行动者网络分析》一文关于泰国智能身份证标准的推广，是从行动者网络理论角度分析的，通过对转译过程的描述，总结了推行该项标准的失败原因和教训。⑥ 对新媒体方面的研究也相当广泛，例如对挪威健康信息系统的技术标准研究⑦、对韩国设计基础设施的复杂演变的研究⑧等。

但是行动者网络理论也有一定的局限性：首先，行动者网络理论可以很好地解释一个时间点或者一个时间段的技术关系网发展演变，但是作为一个产业发展的宏观整体以及全面的循环生态来说，行动者网络的解释略显乏力，对不同技术竞争中的多个行动者网络，或者更新换代中的动态变化的多个行动者网络缺乏精准描述。例如无法动态、完整地诠释技术发生初始值是如何变化的，后续被替代是如何产生的；而且，由于将人与非人共同作为行动者考虑，这之间的影响是不可以一概而论的，缺乏有效的对相关行动者的一个系统的归纳划分甚至评定机制；并且行动者网络理论更倾向于一个现象描述形式的理论框架，

① LATOUR B. Science in action: how to follow scientists and engineers through society. Cambridge, Mass., and London: Harvard University Press, 1987: 30 – 33.

② LATOUR B. The pasteurization of France. Cambridge, Mass., and London: Harvard University Press, 1993: 227.

③ LATOUR B. We have never been modern. Cambridge, Mass., and London: Harvard University Press, 2012: 11.

④ LATOUR B. Reassembling the social-an introduction to actor-network-theory. Oxford University Press, 2005: 316.

⑤ 朱剑峰. 从"行动者网络理论"谈技术与社会的关系：问题奶粉事件辨析. 自然辩证法研究, 2009, 25 (1): 37 – 41.

⑥ GUNAWONG P, GAO P. Challenges of egovernment in developing countries: actor-network analysis of Thailand's smart ID card project. In proceedings of the 4th ACM/IEEE International Conference on Information and Communication Technologies and Development, ACM, 2010: 17.

⑦ HANSETH O, MONTEIRO E. Inscribing behavior in information infrastructure standards. Accounting, management and information technologies, 1997, 7 (4): 183 – 211.

⑧ YOO Y J, LYYTINEN K, YANG H D. The role of standards in innovation and diffusion of broadband mobile services: the case of South Korea. The journal of strategic information systems, 2005, 14 (3): 323 – 353.

而解释现象背后的成因、具体案例分析、预测动态、说明缘由则需要辅佐其他的理论框架以及进一步的研究，对动态复杂的变化过程也需要一些修正。爱丁堡大学的威廉姆斯（Williams）等于是提出了"发展舞台"（development arena）的概念，并且通过这个框架分析技术标准，分析了英国医疗服务通信标准的案例，认为"行动者、人造物、标准等因素；行动、知识、想象的一些场所以及一系列转译"，这些不同要素应该加入新的认知空间，从而才能说明"标准发展核扩散、分散化的异质空间"①。发展舞台的概念与行动者网络的概念有一定相似处，例如它们都表征了技术标准化的过程，但是发展舞台的概念能够一定程度上弥补行动者网络及其相关理论的缺陷。行动者网络理论不能描述不同世界的不同领域的"行动者世界"之间是如何合作、竞争，从而导致技术标准动态演变的，而发展舞台概念可以成功传递和表达不同行动者网络世界正在构建中的观点和问题。

综上所述，不同视角的关于新媒体技术标准的研究各有所长，也各有其局限性。传播学视角没有关注经济、科技、社会等重要元素的影响；经济学、管理学的视角又往往脱离中国的实际情况，去侧重考虑外部客观性，而忽视了重要的政府力量参与以及一些文化因素等；自然科学视角关于技术标准的研究比较有限，但提供了很好的现状、解读、决策的分析视角；而科学哲学研究视角中的行动者网络理论，却能够生动表征一个新媒体技术标准的动态发展过程。故而本研究可以使用行动者网络理论视角来分析。但是行动者网络理论也存在一定弊端，需要和其他理论共同构建一个新的基于行动者网络理论的研究框架，传播学、经济管理学、自然科学等很多相关研究都可以对其进行补充，这在后文文献探讨中以及理论框架推演中将会具体解释。

---

① 裘涵. 技术标准化研究新论. 上海：上海交通大学出版社，2011.

第四节 研究视角与创新点

一、行动者网络理论视角分析的优势

本节主要是用行动者网络理论来分析中国的新媒体技术标准发展的优势。

第一,行动者网络理论突破了定式思维的传统二分法,既不极端分离考虑社会和科技的影响,也没有从科层结构去分析新媒体技术标准的发展。也就是说,行动者网络理论视角打破了传统二分法的两层分析范式(two-level analysis),从整体论上重构科学与社会的网络,给了所有影响新媒体技术发展的因素一个平等的平台来参与考量。

第二,从行动者网络理论视角,可以结合不同学科的优势,不单纯关注经济学、管理学或者科学哲学,还可以特别关注传播学。

例如,转译过程里修辞手法的应用,是客观事实与话语构建的重要方法,也是传播学研究中的重要内容。客观事实与修辞有区别亦有相关性。对标准修辞的使用有学者进行分类,如学者哈尔斯特龙揭示了非政府组织在全球社会和环境中的标准制定分四种能力类型:①象征性名称能力(symbolic power),指与特定组织关联的名称标识而获得的资源和能力;②认知能力(cognitive power),指行为者可提供独特知识和能力的能力;③社会力量(social power),指社会相关资源网络,例如学界常提及的“社会资本”;④监控能力(monitoring power),指非政府组织要求加强跨国公司、州和政府间组织的问责制,从而可以监控这些参与者的表现。① 对这些能力的使用都是修辞的具体途径。故而,对新媒体技术标准的行动者网络视角的研究也属于传播学研究范畴。

第三,新媒体技术标准的发展,根据其特征属性,是一个快速迭代、迅猛

---

① BOSTRÖM M, HALLSTRÖM K T. NGO power in global social and environmental standard-setting. Global environmental politics, 2010, 10(4): 36 – 59.

发展的过程，而行动者网络理论角度的分析，恰恰能够生动及时地表征新媒体技术标准动态发展是一个动态的过程；一个新媒体技术标准化的行动者网络成功建立并稳定，即是一个新媒体技术标准化过程成功达成的过程。

故而研究新媒体技术标准化过程时，使用行动者网络理论来分析有一定优势。笔者在尊重行动者网络理论理论系统核心概念和关键表述的同时，兼容并蓄其他理论作为有利的补充，能够一定程度上弥补行动者网络理论在诠释中国新媒体技术标准发展上的缺陷。故而本研究可以使用行动者网络理论，并需要考虑时期分类、行动者分类，以及行为的一些决策机制等。后文在推演理论框架时会逐一提及。

二、创新点分析

首先，本研究的创新体现在观察问题的新视角[①]。诚如上文所述，新媒体技术标准发展的研究引用行动者网络视角，呈现了一定先进性和优势。而新媒体技术标准发展的研究，属于社会学和传播学的交叉领域。笔者首次采用了行动者网络理论视角，并在前人研究的基础上进行了补充和改进，在行动者网络理论研究行动和策略的基础上，本研究进一步关注策略的产生机制以及评价。此外，还增加了媒体系统的变量。媒体话语建构能力的重要作用体现在其能够通过修辞进行社会构建，以使社会适应对中国新媒体技术标准的研究，这是本研究观察问题视角上的创新。

其次，本研究在成果应用上也有新价值[②]，且理论上的创新对实践也有一定的指导意义，据此本研究对中国新媒体技术标准发展提出如下建议：

对于规管部门和创新机构，要正确引导创新系统，需要支持自由性和延续性的创新。创新主体应该在企业、厂商引领创新，给予更多自由。

对于规管系统，在新媒体技术标准治理中，需要避免多个规管系统的管理，否则可能导致资源浪费和行动者网络不稳定。

对于各个行动者，特别是焦点行动者，需要充分利用媒体的作用，通过修辞的运用，进行有效的、连贯的、有表达性的传播，对新媒体技术标准的社会

---

① 董泽芳. 博士学位论文创新的十个切入点. 导师论坛，2008（7）：12–18.
② 董泽芳. 博士学位论文创新的十个切入点. 导师论坛，2008（7）：12–18.

建构进行优良辩护,从而长足地推动新媒体技术的标准发展。

对于运营商等,应高度重视市场的需求,特别是用户的需求。用户作用的提升,反映了其能动性,用户除了是主动的消费者,还能通过媒体等渠道对新媒体技术的标准产生影响。

第五节 本研究的主要工作

本研究分为六个章节,分别是:第一章的绪论,着重介绍文章的缘起和背景,指出本研究的主要研究问题、创新点。第二章在理论探讨后推演出本文的框架,基于行动者理论,作出理论上的一些改进和针对中国新媒体技术的标准发展的适应。第三章对研究设计和研究方法进行阐明,并对本研究涉及的案例以及选择的深度访谈对象作出选择原因的说明,最后评估信度、效度。第四章和第五章分别按照形成期和扩散期,对中国新媒体技术标准进行研究,从行动者网络构成和以焦点行动者为中心的行动者网络关系稳定性角度,作出案例分析,并予总结。第六章总结全文的发现,并在此基础上提出策略性的建议,最后作研究不足的补充,以及未来展望的说明。

第二章

文献探讨和理论框架

　　从中国现实情况分析，新媒体技术标准十分重要。研究新媒体技术标准，无论对理论，还是对现实，都有重要意义。考察国内外的相关研究，极少是针对中国新媒体技术标准的。而行动者网络理论对于中国新媒体技术标准的研究，具有独特的适应性和优势。针对我国新媒体技术标准的发展，研究这些技术标准发展的影响因素，则需要在国内外的学者的研究中，对新媒体技术标准的研究脉络、策略相关理论加以梳理，以行动者网络理论为视角进行解读，从而建构文本的理论框架。

第一节　文献探讨

要运用行动者网络理论来探讨我国新媒体技术标准的形成与扩散，就需要关注几个关键概念：新媒体技术、新媒体技术标准及其形成与扩散、中国的新媒体技术标准。以下就从这几个方面来进行讨论。

一、新媒体与新媒体技术

（一）新媒体和新媒体特征

新媒体的技术标准是否和其他行业的技术标准一样呢？下文通过对新媒体定义的梳理，对新媒体特征的界定，以及对新媒体技术标准和其他行业技术标准的比较，来讨论其特殊性的所在。

新媒体的定义是一个相对的、宽泛的概念。新媒体是相对性概念，新的技术带来的小的进步或是大的变革，都是对人类智慧累积、发展的嘉奖。新媒体（new media）这个术语的出现，来源于1967年一份电子录像商品计划书中对于新兴媒体形式的描述，它由当时美国的哥伦比亚广播电视网的研究所所长戈尔德·马克提出。[①] 我国的学者也对新媒体进行了相关的定义和研究，例如陆地、高菲就对新媒体作了定义，认为新媒体囊括了新兴媒体和新型媒体这两个范畴。[②] 其中新型媒体是指虽在本质上与传统媒体没有根本区别，但在数字技术的应用、改造上进行了更新的媒介和媒体。而新兴媒体是在理念和形态上都有了质的飞跃的媒体和媒介形式。新媒体和我们的社会息息相关，麦克卢汉提出"媒介即讯息"，中国部分学者提出了"新媒介即关系"的观点，陈先红就曾在其文章《论新媒介即关系》中大胆强调该观点[③]。

新媒体的特征可以用以下几个方面来概括："新的文本的体验：新媒体提供

---

① 匡文波. "新媒体"概念辨析. 国际新闻界，2008（6）：66-69.

② 陆地，高菲. 新媒体的强制性传播研究. 北京：人民出版社，2010：3.

③ 陈先红. 论新媒介即关系. 现代传播，2006（3）：49-49.

了新的类型形式，如电脑游戏、仿真、特殊剧院等；新的对世界的表达方式：模糊界定的提供新的可行经验的媒体，如虚拟环境、多媒体动态屏幕等；新的主体关系（用户和消费者）以及媒体技术；新的体现，身份和社区之间关系的新体验：从本土化到全球化角度体验我们自身以及世界上的定位，由个体化到社会化的时空地域感受；新的个体概念与技术媒体的关系：接受人类和人工智能、自然和技术、身体和媒体技术假体、真实和虚拟的区别的挑战；新型组织和生产：媒体文化、工业、经济、接口、主权、控制、规管的重组和整合。"[1]

综合前人的定义和解读，本研究在互联网时代对新媒体的定义为：

新媒体在当下互联网时代，作为一个相对性概念，指的就是新近产生的以互联网、移动设备为代表的，以互动、迅速、即时为特征的，新型和新兴的媒介和媒体形态。

综上所述，新媒体行业和其他行业有着重要区别，故而新媒体行业技术相关的技术标准也和其他行业的技术标准有着巨大的不同。也正是因为新媒体有了这些特征，又和我们的生活息息相关，所以在研究新媒体技术标准时，需要注意到这些新的特征，这是在前人的关于标准的研究，或者关于普通技术的标准的研究中被忽略的，例如新媒体技术的快速迭代、新媒体与社会和用户的互动、新媒体技术标准在社会中的反馈、在媒体平台上的表征等。

（二）新媒体技术的分类

新媒体技术的分类方法十分丰富，早在 1986 年，学者就对电信服务技术进行了分类，按照信息流通模式分为四种：

（1）分配（allocation）模式。由中心向用户个体的一个分配模式。

（2）对话（conversation）模式。两终端相互交流信息反馈模式。

（3）商议（consultation）模式。

（4）注册（registration）模式。[2]

---

① LISTER M, DOVEY J, GIDOING S, et al. New media: a critical introduction. Abingdon, Oxon: Routledge, 2009: 12 – 13.

② MIT. The new media reader. Cambride, Mass., and London: MIT Press, 2003: 575 – 581.

　　从形成过程分，可以分成事实标准或者法定标准①。这种分类方法在分析规则制定因素以及分析标准形成影响因素时常常被使用。

　　从用户群组传播内容系统分类包括：视频的，音频的，文字图像的，互联网基础的，等等。②

　　IT 行业的定义是电脑、电子、通信行业的集合行业。③ 而 ICT（信息与通信技术）的定义则要看 ETSI（European Telecommunications Standards Institute，欧洲电信标准协会）。ETSI 是一个全球提供使用的 ICT 通信标准的机构，提供包括固话、手机、无线电、覆盖、广播和互联网技术。其定义的通信标准具体包括：航空、宽带无线接入、广播、DECT（增强型数字无绳电信系统）、数字移动广播、EMC（电磁兼容）、环境问题相关、固网接入、网格和云计算、人为因素、智能交通、M2M（数据在机器间传送的一种数据算法模型）、海上、媒体内容分发、医疗相关、毫米波传输、移动、移动边缘计算、下一代网络、NFV（网络功能虚拟化）、电力线、开放无线电设备接口、协议规范、服务质量、量子密钥分配、无线电、监管与法规、安全、卫星、安全、智能卡、智能电网、测试、TETRA（泛欧集群无线电）、过去的标准。④

　　按照新媒体技术层次可以分为：用户界面—内容，操作系统—应用，网络页面—html 编码，高等编程语言—汇编语言—机器语言等。⑤

　　基于功能角度的标准分类具有一定普遍性，分为：兼容性/接口标准，最低质量/可靠性标准，信息标准/计量标准，减少多样性标准。⑥ 而斯旺（Swann）对标准之作用进行了分类，如表 2 - 1 所示：

---

① TILSON D A. The interrelationships between technical standards and industry structures：actor-network based case studies of the mobile wireless and television industries in the US and the UK. Case Western Reserve University. 2008：42 - 45. https://etd. ohiolink. edu/.

② LIEVROUM L A, LIVINGSTONE S. Handbook of new media：social shaping and consequences of ICTs. Trowbridge, Wiltshire：The Cromwell Press Ltd, 2002：223.

③ QIU J L. Chinese techno-nationalism and global wifi policy//Reorienting global communication：Indian and Chinese media beyond borders. Urbana, IL：University of Illinois Press, 2010：284 - 304.

④ ETSI. [2014 - 12 - 10]. www. etsi. org.

⑤ MANOVICH L. The language of new media. Cambridge, Mass., and London：MIT Press, 2001.

⑥ TASSEY G. Standardization in technology-based markets. Research policy, 2000, 29 (4)：587 - 602.

表2-1 基于功能角度的标准的分类和影响①

标准类别	积极影响	消极影响
兼容性/接口标准	网络外部性	垄断过度自信
最低质量/可靠性标准	减少交易成本；修正格雷欣法则	提高竞争者成本；管制俘虏
信息标准/计量标准	有助于贸易；减少交易成本	管制俘虏
减少多样性标准	规模经济；建立集聚和必要的集聚	减少选择

总体来看，媒体技术的分类有很多种。传播学模型的研究给新媒体技术标准的研究提供了系统的理论基础，如传播学模型香农—韦弗（Shannon-Weave），模型②。最早此模型是用来研究模拟广播及电话技术的，此期间模型相对简单，包括三个部分：发送设备、信道及接收设备。后期此模型引入对噪音的处理、对信号的还原等，继而又分成了五个部分：信息源、发送设备、信道、接收设备、受信者。

本书基于香农—韦弗此传播学模型的分类方法，将新媒体技术的标准分为信息源、传输通道、用户端三种大类别，将它们作为本研究的新媒体技术的标准分类。

信息源的新媒体技术标准主要包括：视频和音频新源编码的技术标准，版权保护的技术标准，数字水印的技术标准，签名的技术标准，信息加密的技术标准，移动流媒体技术的信源采取的标准等。我国的主要信息源的标准就是AVS。CMMB拥有一部分相关压缩技术。

传输通道的新媒体技术的标准包括：传播信道编码技术标准，调制解调技术等传输中使用的相应技术标准，如3G网络传输途中不同运营商使用不同传播途径进行信道选择。中国的主要传输的新媒体技术标准包括：TD-SCDMA，CDMA2000，WCDMA，TD-LTE，FD-LTE。CMMB也拥有一部分传输的技术标准等。

用户端的新媒体技术标准主要包括：流技术标准，相关软件技术标准，信

---

① SWANN G P. The economics of standardization. University of Manchester. 2000.

② GRIFFIN E. A first look at communication theory. 4th edition. Boston：McGraw-Hill，2003：37.

道解码、信源解码、解密技术的标准，机顶盒技术等终端相应的技术标准，例如 HCS、QT、HTML5 等。

二、新媒体技术标准及其形成与扩散

（一）形成期与扩散期

为了适应新媒体技术标准研究，需要一个时间阶段的划分，以费农为代表的产品周期理论可以很好地解决这一问题。费农认为技术创新活动是有周期的，而在一个制成品的生命周期处于末端，将要结束之时，厂商会有迫切的需求进行新产品的开发，于是新产品的生命周期开始了。并且在制成品的定型期，新产品的标准化程度越来越高，而技术的转移或者扩散就开始了。扩散期的表现是技术追随者使用低廉劳动成本优势，模仿和生产标准化了的产品。① 新媒体技术的标准也属于技术创新，故而费农的生命周期理论有一定的适用性。

A-U 创新过程模型假设产品的革命性创新必须遵循一般模式，在时间的维度上经历 "定位阶段" "成熟化阶段" "标准后阶段"②，不同阶段的创新和竞争策略与发展阶段休戚相关。③ A-U 创新过程模型不专门针对新媒体技术的创新，但是这个模型考虑到了策略的适用，是十分可取的。

新媒体技术的标准化分为制定和扩散两个不同的时期。④ 邱林川在分析中国 Wi-Fi 标准 WAPI 的生命周期时，提出孵化期、实施期、竞争期三个时期。⑤ 在裴涵的《标准化研究新论》中标准化被分为产生和扩散两部分。⑥

---

① ANDERSON P, TUSHMAN M L. Technological discontinuities and dominant designs: a cyclical model of technological change. Administrative science quarterly, 1990: 604 – 633.

② VERNON R. International investment and international trade in the product cycle. The quarterly journal of economics, 1966: 190 – 207.

③ UTTERBACK J M, ABERNATHY W J. A dynamic model of process and product innovation. Omega, 1975, 3 (6): 639 – 656.

④ 我国的通行标准定义来自于国家标准 GB/T 2000.1 – 2002《标准化工作指南》中的定义："为了在一定范围内获得最佳秩序，经协商一致规定并由工人机构批准，共同使用以及重复使用的一种规范文件。注：标准宜以科学、技术的综合成果为基础，来促进最佳的共同效益为目的。"（李春田，2005）

⑤ QIU J L. Chinese techno-nationalism and global wifi policy//Reorienting global communication: Indian and Chinese media beyond borders, Urbana, IL: University of Illinois Press, 2010: 284 – 304.

⑥ 裴涵. 技术标准化研究新纶. 上海：上海交通大学出版社，2011：75 – 77.

本研究认为，新媒体的标准化分发布前的制定和发布后的实施扩散两部分，简称为形成期和扩散期。这两个时期分别承载着标准化的两个重要过程。在形成期，标准主要受到创新系统的影响，同时在市场预期和规管机构治理中打磨成型；在扩散期，标准在被发布之后逐渐进入市场，得到现实的考验和用户的评价反馈，继续在规管机构的规范下得到修正和推广。新媒体在互联网时代的特点是创新迭代迅速，所以增加了消亡和更替的生命周期。

（二）技术标准的定义

在划分了重要的时期后，来看看技术标准的定义。我国关于标准的定义[①]和西方[②]比较相似，总体来看，比较权威的关于技术标准的定义是这样的：

技术标准是对重复性的技术事项在一定范围内所做的统一规定。它以科学、技术和实践经验的综合成果为基础，经有关方面的协调一致，工人机构批准，以特定形式发布，作为社会生产、建设及商品流通中共同遵守的技术准则和依据。[③]

技术标准是一个静态的概念，但是技术标准的发展是一个动态的概念，为了更好地研究这个动态的技术标准发展的过程，就需要研究标准的"标准化"过程。首先需要考察标准化的定义，标准化的定义主要包括编制、发布以及实施标准的过程。[④]

（三）新媒体技术标准的形成与扩散

前文定义了技术标准的形成与扩散即技术的标准化，而本研究中主要涉及的标准化是新媒体技术相关领域内的标准化研究，属于传播学的研究范畴。

在新媒体技术标准研究中，用户和媒体作用的体现，是重要的新媒体技术标准元素的表征。邱林川在分析我国 Wi-Fi 标准 WAPI 的文章中总结到，除了参

---

① 参见国家标准 GB/T 2000.1 – 2002 的《标准化工作指南》上的定义。

② 西方关于标准的研究始于二十世纪八十年代，大卫等在对标准的研究中是这样定义标准的：一系列遵循生产者要求的，默认的或者达成一致意见的技术的规格。

③ 李春田. 标准化概论. 北京：中国人民大学出版社，2005.

④ 李春田. 标准化概论. 北京：中国人民大学出版社，2005.

与者的增加，大众民意的集聚和冲突是显著特征，商业媒体和新媒体的出口在其中起着的巨大作用。① Wi-Fi 标准是重要的网络技术标准，属于有代表性的新媒体技术标准，由此可类推，媒体系统对于新媒体技术标准研究具有重要作用。

三、中国新媒体技术标准的形成与扩散的特殊性

除了新媒体技术标准和传统工业行业的技术标准，以及用户和媒体作用体现有差异，中国的技术标准和国外技术标准也有一定差异性。一方面，不兼容的标准体系是保护民族产业的策略，会相当程度地影响标准的制定和普及。例如，T-DMB 和 CMMB 之争。2006 年 5 月，南方广播影视传媒集团开通数字多媒体"天声"手机电视，首期开通的城市为广州、东莞、深圳、佛山、中山、珠海。② 这应用的是自韩国引进的手机电视 T-DMB 系统，由广东地方广电主导，但是 CMMB 出来之后，由于两种系统不兼容，T-DMB 发展与国家广电之间产生了直接利益冲突，出于保护民族产业目的，T-DMB 项目被迫搁浅。另一方面，在国外相关研究中政府的重要影响力也是不常见的。还有一种情况是多个规管部门同时存在，并且它们之间缺乏有效的协调，这在中国也需要被关注，因为行政部门无效重置会导致资源分化、浪费，甚至行业恶性竞争。这也是本书在案例选取和分析中会重点关注的。

---

① QIU J L. Chinese techno-nationalism and global wifi policy//Reorienting global communication：Indian and Chinese media beyond borders，Urbana，IL：University of Illinois Press，2010：284 – 304.
② 腾讯科技. 广东"半张牌照"手机电视 17 日"落地". (2006 – 05 – 12) [2015 – 02 – 01]. http://tech.qq.com/a/20060512/000063.htm.

第二节 理论框架

一、行动者网络理论概述

（一）行动者网络理论简介

行动者网络理论属于科学哲学研究的范畴，提出该理论的学者主要有拉图尔、劳和卡龙。行动者网络理论提供了解读技术标准化的社会建构的视角，它是一个过程导向且描述关系的理论①，可以用以描述科学技术的社会构建过程和不同行动者作为影响因素对这个过程的影响。其中，行动者（actor）是一个重要概念，另一个重要概念则是行为（action），即网络（network）中的络（work），需要强调行动的重要作用②。

行动者网络理论中，行动者是任何一个能结合在一起的元素，可以是人、技术设备、组织、机构等，而且它们之间没有优先级的存在，不存在科层结构，应该被平等对待。③④ 行动者网络理论的一个优势在于它强调了对人和非人两方的对称处理，而且使用"actants"来代替原有的"actors"或者"artifacts"。⑤这一创举使得在分析异质性网络的技术标准化现象时，行动者网络理论有一定适用性。

① LAW J. Notes on the theory of the actor-network：ordering，strategy，and heterogeneity. System practice，1992，5（4）：379 – 393.

② LATOUR B. Reassembling the social—an introduction to actor-network-theory. Oxford University Press，2005：143.

③ CALLON M. Sociey in the making：the study of techonology as a tool for sociological analysis//The social construction of technology systems：new directions in the sociology and history of technology. Cambridge，Mass.，and London：MIT Press，1987：83 – 103.

④ GUNAWONG P，GAO P. Challenges of egovernment in developing countries：actor-network analysis of Thailand's smart ID card project. In proceedings of the 4th ACM/IEEE International Conference on Information and Communication Technologies and Development，ACM，2010：17.

⑤ LEE H，OH S. A standards war waged by a developing country：understanding international standard setting from the actor-network perspective. The journal of strategic information systems，2006，15（3）：10.

通过对这些行动者的研究可勾勒出社会与技术互动中的影响因素有哪些，而这些影响因素，即行动者之间的关系也就是另外一个重要概念：行为。行为，即网络中的络，是需要强调的重要概念。[①] 行为在行动者网络理论中，体现为关系的动态呈现，是一个过程。该理论把个体组织和物件看成相互影响的力量。而且行动者是相互关联的影响因素，而非简单的独立的因子。[②] 故而，不同行动者之间的行为和关系是一个复杂的动态互动过程，不论行动者是相关联的，还是异质的，行为都尤为重要，它是从一个行动者到另一个行动者的连接，具体来说，有焦点行动者的行为策略及论坛反馈形成互动等。所以理论框架中会涉及行动者和行为这两个重要概念。

除了行动者和行为，行动者网络理论中，还引入了以下几个重要概念：铭写、转译、封装组件、焦点行动者和论坛反馈等。铭写和转译能够生动地表征技术标准化中出现的利益嵌入以及结合的过程。铭写是指负责设计研发和传播技术的行动者将他们认为最合适的使用方式、使用意图以及对社会和外界的想象嵌入非人行动者中去的方式。[③] 转译指的是行动者网络连接的方法，这也是重要的分析技术标准形成的步骤，分为四个阶段：问题化（problematisation），利益赋予（interessment，这是一个法语里面的专有词汇，英文翻译为 profit-sharing，即利益分享），招募（enrollment）和动员（mobilization）。后文会着重对本研究框架有关的行动者、转译、封装组件、焦点行动者和论坛反馈等概念进行梳理。

（二）行动者网络理论的突破性意义

行动者网络理论在科学、哲学研究的发展中是一座重要的里程碑，因为此理论突破了自然与技巧的二分法，从本体论角度重新思考社会与技术的关系。行动者网络是一个根据一系列的关系构建的，由人以及非人的实体组成的，有

---

① LATOUR B. Reassembling the social—an introduction to actor-network-theory. Oxford University Press, 2005: 143.

② LAW J. Notes on the theory of the actor-network: ordering, strategy, and heterogeneity. System practice, 1992, 5（4）：379－393.

③ LEE H, OH S. A standards war waged by a developing country: understanding international standard setting from the actor-network perspective. The journal of strategic information systems, 2006, 15（3）：10.

着共同特殊的行为关注的网络①。本节主要解读并分析拉图尔在 2011 年的演讲中对于行动者网络理论的回顾，来再现该理论的突破性意义。

　　行动者网络理论是直指自然与技巧二分法的症结的，它强调了广义对称性（super symmetric），强调人与非人（nonhuman）应该是被同等对待的行动者。具体分析，传统的社会学、传播学中对于现象集成的解释基于以二分法为基础的三个不同理论的隐喻和释意。拉图尔分析为：来自于器官学说的"整体高级于个体"，来自经济学说的"看不见的手优化简单个体的计算结果"，来自自组织理论的"新出现结构"。② 这些模型用于解释高度发展具有复杂结构的现代人类社会和由包含大量个体信息的数字足迹（digital footprints）累积而成的大数据及影响深远的网络关系时，阐释力日益显现不足。因为上述理论假设或理论本身都根基于一个交互式无差别个体从属于更高一级人类社会的二分法，即两层分析范式（two-level analysis）。例如，分子合成了器官，器官高级于分子；市场中，个体在博弈中根据经济人（economic agents）的需求和绝对理性（absolute rationality），实现自我利益最大化，从而在这个简化了的完美市场中简单表现出可模拟、计算、推测的行为和结果等。故而传统社会学家们得出的结论是：集体由个体组成，集体高级于个体（现象由个体互动造成，现象高级于个体）。

　　也就是说，典型的行动者网络摒弃了传统社会学中无差别个体的假设。正如拉图尔提出的，更好的是"一层结构，各个行动者都高级于整体，现象的产生也不高级于个体"③，这样的一层结构模型是一种对经典物理学、生物学、经济学的基本假设和论断的颠覆，是一种重新解构个体和社会之间关系这个社会学基本命题的批判性视角。行动者网络是摒弃了个体从属于社会的传统结论，设置在单层结构的基础之上的，将个体和社会的关系定位为一类具象的行动者和网络。

　　总结来说，行动者网络理论是一个过程导向、重视关系的理论。行动者是由其与其他行动者之间的关系来定义的，这是其本体论上的一个特殊立场（ontological stance）。这个立场可以理解为：行动者网络理论将重心放在行动者

---

　　① PRIEST S H, ed. Encyclopedia of science and technology communication. Sage Publications, 2010.

　　② LATOUR B. Network theory | networks, societies, spheres: reflections of an actor-network theorist. International journal of communication, 2011, 5: 796 – 810.

　　③ LATOUR B. Network theory | networks, societies, spheres: reflections of an actor-network theorist. International journal of communication, 2011, 5: 794 – 810.

之间的异质性关系和交互上，而非行动者本身。而且这套理论系统对行动者系统的形成和边界的设定并没有过多涉及，这也是行动者网络理论受到其他学术流派批判甚至质疑的地方。本书旨在对新媒体技术标准形成以及普及过程中关键行动者的博弈与协作进行自反性的理解与阐释，主要关注点是行动者和行为，从而回避了不必要的对行动者网络理论的深度批判，而只是将该理论系统作为一个恰当的分析工具。

二、本研究关键概念界定

本研究涉及较多专业术语，特别是行动者网络理论相关的术语比较繁杂，本节集中对这些术语进行界定。其中，为了对参与行动者网络的影响因素进行研究，需要了解行动者的定义和特质；为了对行动者网络的动态形成过程进行研究，需要解释框架中使用的转译的概念；而本研究中为了归类和简化，对具体行动者进行了分类，涉及了封装组件概念，本节也会重点分析；在对行动者行为进行研究时，涉及了焦点行动者行为和其他行动者反馈，所以需要了解焦点行动者行为和论坛反馈的含义。

（一）行动者的关键概念界定

根据卡龙的解释，行动者的定义如下：行动者是任何与文本（texts）、人、非人、资金（money）相关的参与实体（entity）。相应的，通过对其历史（histories）、身份属性（identity）、相互关系（interrelationships）的考察可以发现，这些实体可以与其他实体或多或少地相互定义和组建一个世界。[①]

行动者这个概念应用很广泛，在技术标准的研究中，涵盖面很丰富，人、技术设备、组织、机构都在研究范畴中。[②] 在行动者网络理论中，行动者个体的意义巨大，包含的信息也很丰富。"当个体不再是自给自足的原子结构，而是具有一系列差异和复杂性，例如包含各种信息的属性时"——拉图尔称其为

---

① CALLON M. Techno-economic networks and irreversibility//LAW J, eds. A sociology of monsters: essays on power, technology and domination. London: Routledge, 1991.

② GUNAWONG P, GAO P. Challenges of egovernment in developing countries: actor-network analysis of Thailand's smart ID card project. In proceedings of the 4th ACM/IEEE International Conference on Information and Communication Technologies and Development, ACM, 2010: 17.

"比整体甚至更复杂的"行动者，[①] 这时的行动者再也不是简单的数学模型中的无差别个体，而是复杂的，有多重属性的、相互紧密联结依存并存在各种变化可能性的多维度活性个体。

行动者的特点包括："互相依存"和"与行动者网络关系可逆"。"互相依存"指的是：行动者在网络中是互相依存的，就像一个生态系统一样。拉图尔将个体从"简单互动自给自足的个体"延伸到了"互相依存共同演进的行动者"。正如他本人所述："每个个体都是矩阵的一部分，也都是别的个体的组成部分，一条边或者一个列。"[②] 因而，行动者的变化演进不可能是个体本身的，不可能完全由个体本身决定，而会影响并受制于其他行动者。个体的变化具有相当大程度的整体性，这是不应该被忽略的。"与行动者网络关系可逆"是指：行动者和行动者网络的关系在一定程度上是可逆的。每个个体的信息是包含着整个网络的相互关联逻辑的，故而从一个行动者的关系属性可以折射出整个行动者网络的机制。从一个行动者网络的观察中亦可以解释其中某一个行动者的行为和动机。这是传统的二层结构非常欠缺的，也是在行动者和行动者网络关系中孰重孰轻所不能轻易定义的。用拉图尔的话来进行解释，就是"这是彻底可逆的，一个行动者可以代表的就是一个行动者网络，一个行动者网络也可以就是一个行动者，这就是所谓行动者网络理论之原创性所在。网络之概念可以用于重新分配和部署行动"。

焦点行动者是一个重要的行动者，其概念以及其与论坛的关系在后文中会详细叙述。

（二）转译及其四个步骤的关键概念界定

在了解了什么是行动者，什么是行动者网络，以及它们之间的关系的基础上，再来界定一下行动者网络理论中另一个重要的概念——转译，以及了解转译的四个步骤。

转译是行动者网络理论的中心概念，又称为转移社会学。创新者努力营造一个论坛，作为一个所有行动者都赞同和认可的中心网络。卡龙将转译分为四

[①] LATOUR B. Network theory | networks, societies, spheres: reflections of an actor-network theorist. International journal of communication, 2011: 795 – 811.

[②] LATOUR B. Network theory | networks, societies, spheres: reflections of an actor-network theorist. International journal of communication, 2011: 796 – 812.

个步骤：问题化（problematisation），利益赋予（interessement），招募（enrollment）和动员（mobilization）。①

其中问题化阶段，指的是焦点行动者对行动者网络内部的不同行动者可能接受利益进行设定的阶段；利益赋予阶段是完成设定后，焦点行动者运用修辞和已有资源进行说服的阶段；招募阶段是在焦点行动者的说服后，其他行动者反馈接受其利益设定和说服，加入到行动者网络中的阶段；而最后的联盟动员阶段指的是焦点行动者确保其他行动者按照他的先设协定进行行动的阶段。具体分析如下：

1. 问题化阶段

问题化指的是焦点行动者对行动者网络内部的不同行动者可能接受利益进行设定的过程，其中问题化是一个重要的步骤，在问题化时，焦点行动者要确认当前行动者，定义他们的属性，并确定他们在建立关系网中的必要通行点（OPP，obligatory passage point），这样他们就是网络中不可或缺的元素。② OPP是指行动者网络中，行动者都存在对某一个提出议程的赞同。在技术标准化的转译分析中，总结以上问题化的过程，问题化具体被表征为：现实行动者网络、行动者兴趣③、行动者预期的未来行动者网络变迁以及标准化策略④。

故而对焦点行动者以及论坛来说，焦点行动者在问题化过程中需要准确对每个行动者进行利益设定、需求评估、兴趣发掘、发展预测。焦点行动者如果正确判断，论坛会积极反馈，促使标准发展；而如果没有正确判断，论坛会不均衡发展，最终阻滞标准发展。

① ROEBUCK K. Application delivery controller（ADC）：high-impact strategies—what you need to know：definitions, adoptions, impact, benefits, maturity, vendors. Brisbane：Emereo Publishing, 2012：77 – 82.

② CALLON M. Some elements of a sociology of translation：domestication of the scallops and the fishermen of St. Brieuc Bay. Sociological review, 1984, 32（1）：196 – 223.

③ CALLON M. Some elements of a sociology of translation：domestication of the scallops and the fishermen of St. Brieuc Bay. Sociological review, 1984, 32（1）：196 – 223.

④ TILSON D A. The interrelationships between technical standards and industry structures：actor-network based case studies of the mobile wireless and television industries in the US and the UK. Case Western Reserve University, 2008：42 – 45. http://etd. ohiolink. edu/.

2. 利益赋予阶段

利益赋予是行动者网络转译的第二个步骤，行动者可以同意参与行动者网络，但这个过程是没有绝对保障的，而且，利益赋予过程中联盟锁定点是连续的，是变化的过程，其间行动者的初始属性、目标、项目、动员、动力、兴趣都可能有变数。通过这些活动，某一行动者可能使得其他行动者达到问题化中定义的稳定状态。[①] 利益赋予过程是完成设定后，焦点行动者运用修辞和已有资源进行说服的过程；而利益赋予的成功体现在招募的达成。[②] 因此在利益赋予阶段，对焦点行动者以及论坛来说，焦点行动者在利益赋予过程中需要运用修辞和已有资源对其他行动者进行说服。成功的利益赋予，会使论坛中行动者达到问题化中的稳定状态，促使标准发展；而不成功的利益赋予会导致论坛的不稳定状态，最终阻滞标准发展。

例如，在新媒体技术的标准发展中，"厂商研发部门"在利益赋予过程中的兴趣，是基于厂商日后利益最大化的，是市场导向的；而"规管下属创新机构"是由政府控股的，在创新工作中，如果市场和政府导向有矛盾时，就会存在不可调和的矛盾。也有可能会影响之后的招募和动员，故而提出另一个推论："厂商研发部门"和"规管下属创新机构"有可能存在不可调和的矛盾。

而在前文提及的新媒体技术标准的形成过程中，用户作为个体，行动者网络中每个个体都可以表征整体，有重要的意义。而用户作为社会的组成部分之一，主动的消费者具有能动性，在标准的选择中具有选择权，还可通过媒体发声，或者通过人际传播造成影响，这和普通的技术标准行动者网络是有区别的。故而在利益赋予得到满足时能促进标准发展和行动者网络稳定性，反之会产生不良影响。所以有以下推理：

市场系统中用户的利益得到满足时，行动者网络稳定发展；用户的利益受损时，行动者网络面临崩溃的可能。

3. 招募阶段

招募是在焦点行动者的说服后，通过一系列策略给行动者定义和进行合作分配过程，描述动员的过程就是描述了一个多元沟通、力量角力、伴随利益赋

[①] CALLON M. Some elements of a sociology of translation: domestication of the scallops and the fishermen of St. Brieuc Bay. Sociological review, 1984, 32 (1): 195 – 223.

[②] CALLON M. Some elements of a sociology of translation: domestication of the scallops and the fishermen of St. Brieuc Bay. Sociological review, 1984, 32 (1): 196 – 224.

予并使其达成的策略实现的过程。招募定义社会为一个由角色和角色拥有者组成的实体。[①] 这是一个指出招募路径，而使内部相互关系的行动者互动的过程，其他行动者或许反馈接受其利益设定和说服，加入到行动者网络中，也可能不参与行动者网络。

4. 联盟动员阶段

联盟动员指的是确保其他行动者按照他的先设协定进行行动，且形成的行动者联盟是有代表性的，如果是有代表性，则动员取得了积极支持。[②] 联盟动员如果成功，则行动者网络关系稳定。[③] 故而，招募动员的过程，对焦点行动者以及论坛而言，有如下设定：焦点行动者在招募动员过程中需要使其他行动者接受定义和分配。

成功的招募动员，会使论坛中行动者接受设定，形成具有代表性的联盟，促使标准发展；而不成功的招募会导致论坛中行动者退出，最终阻滞标准发展。

（三）封装组件的关键概念界定

本研究为了更有推广性地总结以及更有条理性地简化结论，对具体行动者进行了分类，例如 CMMB 案例中的运营商、设备厂商等都是用户系统的，都以利益最大化为目标，故而将其合并成为一个行动者"市场系统"。"封装组件"（punctualization）就是这样分类的理论根据。

封装组件的概念是卡龙提出的[④]，他认为：封装组件的过程是将一整个网络封装为另一个网络的节点。这样的行动者网络中，根据观察角度的不同，一个点也可以单独是另一个网络的存在。（the process of punctualization thus converts an entire network into asingle point or node in another network，everything is both an actor and a network—it simply depends on perspective.）

具体来说，封装组件指的是行动者网络中的某个行动者可以是该网络中的

① CALLON M. Some elements of a sociology of translation：domestication of the scallops and the fishermen of St. Brieuc Bay. Sociological review，1984，32（1）：196 – 223.

② ROEBUCK K. Application delivery controller（ADC）：high-impact strategies—what you need to know：definitions，adoptions，impact，benefits，maturity，vendors. Brisbane：Emereo Publishing，2012：77 – 82.

③ CALLON M. Some elements of a sociology of translation：domestication of the scallops and the fishermen of St. Brieuc Bay. Sociological review，1984，32（1）：196 – 223.

④ CALLON M. Techno-economic networks and irreversibility//LAW J，eds. A sociology of monsters：essays on power，technology and domination. London：Routledge，1991：153.

一个单一节点，也同时可以作为一个独立的行动者网络。这个概念是行动者网络理论的一个独特且颇具创新的理论贡献，因为按照构建主义的逻辑，几乎任何行动者都是可以被继续细分为一组下级组件（a set of subordinate elements）的集合。行动者网络理论的主要理论贡献者提出了一个很形象的借喻来阐释封装组件，这就是黑箱（black box）。黑箱指的是一个内部运转机制被掩盖，从而无法让观察者从外部准确理解的状态。黑箱通常呈现出不同程度的对其内部机制的掩盖，因此也被形象地分为全黑箱（black box）和半黑箱（beigie box）[1] 或者不透明的黑箱（opaque box）[2]。黑箱可能因为行动者的连贯性表现，得到一定程度上的输入输出的预测性。[3] 黑箱是指一个行动者网络中，特别趋同的，且不可逆的组件组成的一个同化的集合，它们可以独立地、有预测性地行动。[4]其中，全黑箱指的是完全无法从外部观察和理解内在机制的状况，而半黑箱或者不透明箱指的是，可以部分地或是某种程度上，从外部观察和理解其内部机制的状况。两者本质一致，区别仅在于程度的不同。另有一些学者提到了一个更容易理解的相近的概念：封装（encapsulation）。封装是指在面向对象的环境中，行动者或者异质性实体，在行动者网络中有着自己的方法和特质，并由其他一些对象或者行动者组成[5]。

　　基于这个特殊的批判性理论视角，笔者对本研究中的行动者进行了进一步的分类，根据不同的独立的、有预见性的行动和趋同的集合性质，将行动者集合分为了创新系统，市场系统，规管系统和媒体系统，并作了相应定义和解释，可详细参考后文的"图4-1 新媒体技术标准发展行动者分类"。由于行动者网络是一个动态的理论范式，组件的交叉和游移成为分析中的一个重要特征。详细来说，就是不同的行动者可能共有某些组件从而形成有趣的交集，或是某些组件在不同时期，从一个行动者游移向另一个行动者，从而从结构上改变了

---

① CALLON M. Techno-economic networks and irreversibility//LAW J, eds. A sociology of monsters：essays on power, technology and domination. London：Routledge, 1991：153.

② CRESSMAN D. A brief overview of actor-network theory：punctualization, heterogeneous engineering & translatio. 2009 April. http：//summit. sfu. ca. /item/13593.

③ CALLON M. Techno-economic networks and irreversibility//LAW J, eds. A sociology of monsters：essays on power, technology and domination. London：Routledge, 1991：153.

④ CALLON M. Techno-economic networks and irreversibility//LAW J, eds. A sociology of monsters：essays on power, technology and domination. London：Routledge, 1991：152.

⑤ CLARKE S, ed. Socio-technical and human cognition elements of information systems. Igi global. Information Science Publishing, 2002：273.

整个行动者网络的构成和其内部运行的机制，这点在后文的分析中体现在一些下级组件的变换和交叉归属。例如，厂商的研发部门在机构归属上，属于在市场中需要赢利的厂商，所以是市场系统；但在功能上，特别在形成期，技术标准没有入市产生直接经济效应时，是创新工作的重要承担机构，所以属于创新系统。

（四）焦点行动者和论坛的反馈关键概念的界定

行动者网络理论的应用是解释性的，行动者是一个重要概念，而一部分行动者承载着主导的作用，积极推动着行动者网络的发展，他们就是焦点行动者。

行动者概念来源于符号学家（semioticians）所描述的概念行为体（actant）。① 在对行动者进行研究时发现：一部分行动者在网络中起着主导作用，他们就是焦点行动者（focal actor）。在行动者理论中，行动者网络是一个异质性的人与非人的行动者组成的网络，而焦点行动者在此网络的组建中，通过对行动者各种角色、关系、活动的处理来定义一个实际中的问题。②

研究行动者网络的具体行动者时，谁是焦点行动者，焦点行动者行动后其他行动者的反馈如何，都需要根据新媒体技术的标准的特征进行分类讨论。而行动者中有焦点行动者和其他行动者，不同时期也有不同的结构和不同的焦点行动者。焦点行动者的行为会引发其他行动者的反馈和互动，这时其他行动者和焦点行动者就形成了一个"论坛"，而行动者网络的演进就在这种互动中继续被推动了。论坛的定义如下：论坛是在行动者网络理论中，创新者努力试图营造的，一个所有行动者都赞同和认可的中心网络。③

（五）其他概念的界定

另外还有部分术语将分散在后文中被提及，为了便于归类，统一在这里总

---

① GREIMAS A J. Sémiotique：dictionnaire raisonné de la théorie du langage. Paris：Classiques Hachette，1979.

② ROEBUCK K. Application delivery controller（ADC）：high-impact strategies—what you need to know：definitions，adoptions，impact，benefits，maturity，vendors. Brisbane：Emereo Publishing，2012：290 - 293.

③ ROEBUCK K. Application delivery controller（ADC）：high-impact strategies—what you need to know：definitions，adoptions，impact，benefits，maturity，vendors. Brisbane：Emereo Publishing，2012：80.

结其定义。

中介（intermediaries）：中介通常被看作是被动的（passive）不起到任何影响（ineffective）行为（actions）最终效果的媒介。

传递者（mediator）：在行动者网络理论中，将传递者/传播者这个概念定位为主动的（active），它是可以在不同程度上影响行为最终结果的媒介。

修辞：拉图尔在《科学在行动》一书中是这样描述修辞的功能的："研究人们是如何被导致去相信和行动的，同时还教导人们如何说服别人。"[①]

社会构建：社会构建在拉图尔《重装社会：一个行动者网络理论介绍》一书中，是被这样定义的："是与客观事实相关的，社会的一种存在形式，表征于物（a kind of stuff）以及相关活动（movement）。"[②]

三、新媒体技术标准发展的理论框架的推演

据上文介绍，行动者网络理论很适合用以分析新媒体技术标准的发展，也需要加入一些新的理论来取长补短，例如加入时期的分类。行动者网络研究需要关注时间（时期分类）、行动者（行动者网络构成）和行为（行为和关系稳定性）。也就是说，行动者网络视角的研究需要关注不同时期的行动者网络的构成及其行为和关系稳定性。

第一，研究新媒体技术标准时，根据其特征和属性，需要确认规定入市的具体时间分段，故而需要分不同的时期，前文对行动者理论框架进行一个时间阶段的划分，即形成期与扩散期，本节就不再赘述。

第二，行动者分析，重点在分析行动者网络构成。在分析行动者网络构成时，首先，需要研究行动者网络的具体行动者有哪些，再根据新媒体技术标准的特征进行分类讨论。其次，还需要判定焦点行动者。判断了谁是焦点行动者，行为研究中就可以对焦点行动者的行为、决策以及论坛反馈进行考察。最后，在分析行动者网络构成时，需要对行动者网络的形成过程进行分析，这就需要

---

① LATOUR B. Science in action：how to follow scientists and engineers through society. Cambridge，Mass.，and London：Harvard University Press，1987：30 - 33.

② LATOUR B. Reassembling the social—an introduction to actor-network-theory. Oxford University Press，2005：316.

针对转译的研究。转译首先是一个过程，然后才是结果。^① 在解释转译的概念时，劳认为行动者网络理论的社会构成是一个动词而非名词。^② 转译关注的是行动者网络形成过程中连续的变化和转译过程，例如目标、兴趣、人的设备和铭写的变化，以及作为不断协商结果的转译。^③ 卡龙认为转译能够聚集不可比元素（行动者），并在异质性网络中形成相互关系，这些关系可能长期维系，也可能进一步发展和影响转译过程。也就是说行动者网络形成是一个动态过程，故而在对行动者行为进行研究时需要讨论转译的步骤，解释这个动态的过程。^④

第三，行为需要着重关注行动者关系发展。行为在行动者网络理论中，是关系动态呈现的一个过程。该理论把个体组织和物件看成相互影响的力量。而且行动者是相互关联的影响因素，而非简单的独立的因子。^⑤ 行动者行为是关系的体现，所有的行动者是相对的关系的体现，而非科层结构的掌控关系。卡龙认为应该针对不同的案例有不同的分析情况。^⑥ 本研究就针对一个主案例、七个辅助案例进行分析，并加入自组织理论的相关概念，强调情景、认知、决策分析的过程，并讨论在什么情境下，行动者做了如何的解读，做了何种策略决定。

（一）时间：形成期与扩散期

根据前文分析，根据入市的具体时间，对新媒体技术标准的发展，需要进行一个时间阶段的划分：形成期与扩散期，本节就不再赘述。

---

① CALLON M. Some elements of a sociology of translation: domestication of the scallops and the fishermen of St. Brieuc Bay. Sociological review, 1984, 32（1）: 196－223.

② LAW J. Notes on the theory of the actor-network: ordering, strategy, and heterogeneity. System practice, 1992, 5（4）: 379－393.

③ GUNAWONG P, GAO P. Challenges of egovernment in developing countries: actor-network analysis of Thailand's smart ID card project. In proceedings of the 4th ACM/IEEE International Conference on Information and Communication Technologies and Development, ACM, 2010: 17.

④ CALLON M. Techno-economic networks and irreversibility//LAW J, eds. A sociology of monsters: essays on power, technology and domination. London: Routledge, 1991: 132－161.

⑤ LAW J. Notes on the theory of the actor-network: ordering, strategy, and heterogeneity. System practice, 1992, 5（4）: 379－393.

⑥ CALLON M. Some elements of a sociology of translation: domestication of the scallops and the fishermen of St. Brieuc Bay. Sociological review, 1984, 32（1）: 196－223.

（二）行动者：行动者网络构成

按照上文关键概念中关于行动者网络构成的界定，需要从焦点行动者、行动者网络构成两方面进行讨论。当然具体到案例中，还需要对行动者进行分类，这一部分在具体的形成期和扩散期中会针对案例进行讨论。

1. 焦点行动者判定

在分析行动者网络构成时，对参与行动者进行观察，需要关注焦点行动者，这是行动者网络中最为重要的行动者，谁是焦点行动者是一个重要问题。根据行动者网络理论的定义，焦点行动者在一个由异质性的人与非人的行动者组成的网络的组建中，通过对行动者各种角色、关系、活动的处理来定义一个实际中的问题。①

2. 行动者网络形成

转译指的是行动者网络连接的方法，这也是重要的分析标准形成的步骤，在卡龙的研究中被称为转译社会学（sociology of translation）。转译这一概念是指行动者不断强调和转换其他行动者的兴趣、目标、问题。②

通过这种转换使得行动者网络中一部分行动者一直被表征着，一步一步地参与进行动者网络，而所有行动者都在这种不断转化的过程中互动，从而最终形成了行动者网络。

故而要描述行动者网络的形成，就需要还原这个动态过程，通过这种转译可以很好地分析。转译首先是个过程，而最后才是个结果。③ 转译的机制是社会和自然都存在的，结果往往是一种掌控和被掌控的权力分布。具体关于转译的四个步骤在前文转译关键概念的介绍中已经提及，这里就不重复了。

---

① ROEBUCK K. Application delivery controller（ADC）：high-impact strategies—what you need to know: definitions, adoptions, impact, benefits, maturity, vendors. Brisbane: Emereo Publishing, 2012：290 – 293.

② CALLON M. Some elements of a sociology of translation: domestication of the scallops and the fishermen of St. Brieuc Bay. Sociological review, 1984, 32（1）：196 – 223.

③ CALLON M. Some elements of a sociology of translation: domestication of the scallops and the fishermen of St. Brieuc Bay. Sociological review, 1984, 32（1）：196 – 223.

（三）行为：行动者网络关系稳定性

上文中提到过行动者网络的重要概念除了时期，就是行动者和行为。[①] 那么在分析了行动者后，需要对行动者网络的行为进行进一步的了解和诠释。

关注行为就是关注行动者网络关系稳定性。因为行动者行为是关系的体现，所有的行动者是相对的关系的体现，而非科层结构的掌控关系。而且行动者是相互关联的影响因素，而非简单的独立的因子。[②]

另外，对焦点行动者加以关注，可以分析关系的变化，即行动者网络稳定或者不稳定的原因。因为，在行动者网络理论里，焦点行动者非常重要，其通过不停地表征其他行动者的诉求，统一和团结行动者网络向同化方向发展。鉴于其重要性，在本研究的理论框架中，为了更好地研究焦点行动者行为及其关系的变化动态过程，对决策机制进行研究，需要结合其他理论。自组织理论就提供了一个更丰富的视角，因为自组织理论的复杂性为我们提供了分析技术标准整体现象的可能性。[③] 有学者对行动者网络理论进行完善，结合自组织理论提出"组织的现状，组织对现状的解读，组织对标准策略的选择"是更加系统分析技术标准的方法[④]，故而，在对行动者策略进行机制研究时，可以沿用此结构框架进行分析。本研究对新媒体技术标准发展中的行动者策略的机制的研究，就是沿用了这个分析框架，从而讨论焦点行动者行为，以及他们在什么情境下，做了如何解读，做了何种策略决定。

1. 行动者网络关系稳定性

关注行为就是关注行动者网络关系稳定性。因为行动者行为是关系的体现，在转译的过程中，联盟动员如果成功，则行动者网络关系稳定。[⑤] 所有的行动

① LATOUR B. Reassembling the social—an introduction to actor-network-theory. Oxford University Press, 2005: 143–180.

② LAW J. Notes on the theory of the actor-network: ordering, strategy, and heterogeneity. System practice, 1992, 5 (4): 379–393.

③ ANDERSON P. Perspective: complexity theory and organization science. Organization science, 1999, 10 (3): 216–232.

④ SEO D. Organizational strategy for information and communication technology standards. 2007 5th International Conference on Standardization and Innovation in Information Technology, 19 September 2008.

⑤ CALLON M. Some elements of a sociology of translation: domestication of the scallops and the fishermen of St. Brieuc Bay. Sociological review, 1984, 32 (1): 196–223.

者是相对的关系的体现，而非科层结构的掌控关系。在关于泰国智能身份证技术的行动者网络理论视角研究中，研究员认为：不稳定的因素是要合理平衡行动者的兴趣、平等对待人与非人，如何维系和平衡行动者网络使之达到目标是保障其稳定的重点。[①]

那么如何可操作化研究行动者网络关系的稳定性呢？前文关键概念界定中，已经提及了焦点行动者和论坛反馈的概念。而焦点行动者在行动者网络中起着网络核心的推动作用，他的行为会引发论坛反馈和互动。故而研究焦点行动者行为和论坛反馈可以用以研究行动者网络关系稳定性。

另外行动者网络在招募和动员中的稳定性，随着联盟的成员数目增加而出现变化，在关于联盟的研究中，联盟成员的多元性使其管理复杂化[②]。作为一种竞合组织，往往竞争中的合作与合作中的竞争并存，利益的获取永远是最终的目的，这也增加了管理的复杂性。如果不能妥善解决分歧，甚至会导致冲突的产生。由此可见，在一个不稳定的行动者网络中如果加入新的成员会增加管理复杂性，更加激化已有矛盾，故而得出结论：稳定的行动者网络可以继续加入新生行动者；不稳定的行动者网络加入新成员会导致原网络不稳定。

由此可见，关注新生行动者，通过对焦点行动者行为策略以及其论坛反馈和对新增行动者进行分析可以研究行动者网络稳定性。

2. 焦点行动者行为策略

焦点行动者行为策略涉及策略的机制和评价研究，首先，需要对新媒体技术的标准策略进行分类。在前人关于技术标准的策略形成研究中，有一些不同的策略分类和分析。

有学者对标准战略进行研究，发现企业实施技术标准战略的不同时期的八种典型模式。[③] 它们分别是标准形成初期的技术战略：收购策略、技术输出战略、参与标准制定战略、联盟战略，标准形成后的技术战略：标准引进战略、市场扩张战略、追随战略、研发替代标准战略。这八个战略虽然不是专门针对新媒体技术提出的，但是分成了形成初期以及标准形成后期，在时间分段上有

---

① GUNAWONG P, GAO P. Challenges of egovernment in developing countries: actor-network analysis of Thailand's smart ID card project. In proceedings of the 4th ACM/IEEE International Conference on Information and Communication Technologies and Development, ACM, 2010: 17.

② 袁静. 图书馆联盟不稳定性的理论基础解析. 图书情报工作, 2010 (23): 43 – 55.

③ 叶林威，戚昌文. 技术标准战略在企业中的运用. 世界标准化与质量管理, 2003, 2 (3): 2.

一定的参考价值。

另有学者将标准战略分为标准竞争战略和标准跟进战略等。① 他定义标准竞争战略是我国标准化部门应在充分研究我国产品特点的基础上，有针对性地制定适合我国国情的技术标准，一方面保护我国的相关产业，另一方面也为外部顺利进入我国市场形成良好竞争作铺垫。标准跟进战略以及标准创新战略，能提高我国标准在国际标准化组织的采标率，也能加大技术创新力度。虽然这种分类有一定重复包含关系，但是这种分类是针对中国的技术标准现状的，故而有一定的参考价值。

另有学者对技术标准联盟进行研究，龙剑友等学者就认为：技术标准联盟能在技术标准的确立时有重要影响，是因为其联盟特殊性。技术标准联盟属于一种新的战略联盟形式，与传统联盟相比有以下特点：技术标准是技术标准联盟的核心；联盟成立方式多为集体发起成立；联盟结构呈现层次性；联盟成员网络复杂；联盟发展与技术标准发展同步。② 而为了组建标准技术联盟，谋求确立技术标准的联盟通常有两种形式：与供应商组成的纵向联盟；同竞争对手组成的横向联盟。③ 技术标准联盟中的联盟成员企业，可以通过"化敌为友""综合利用"，以及"学习内化"等方式，来最终对技术标准联盟进行升级与扩展。④

由此可见，我国的新媒体技术标准有着自己的特色，而本研究根据新媒体技术标准特点，结合以上策略和行动者网络的相关理论，总结认为：合理的行动策略可以增加行动者网络稳定性和发展速度；不合理的行动策略会导致行动者网络发展迟滞。

四、理论框架说明

在对新媒体技术标准的时间、行动者、行为等相关理论进行探讨和推演后，

---

① 杨剑，梁樑. 基于生命周期理论的区域创新系统研究. 中国科技论坛，2006（1）：41－45.
② 龙剑友，张琰飞. 技术标准联盟：信息产业发展的新趋势. 财经理论与实践（双月刊），2009，30（161）.
③ 王生辉，张京红. 网络化产业中的技术标准竞争战略. 科学管理研究，2004，22（2）：46－50.
④ 曾德明，彭盾，张运生. 技术标准联盟价值创造解析. 软科学，2006，20（3）：5－8.

本研究加入了针对新媒体技术标准的自组织理论和生命周期理论等，提出一个基于行动者理论视角的新媒体技术标准的形成与扩散研究框架：

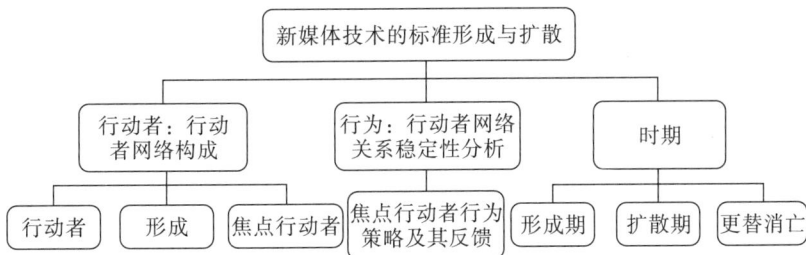

图 2 - 1　基于行动者理论视角的新媒体技术标准形成与扩散研究框架

这个基于行动者理论视角的新媒体技术标准形成与扩散研究框架分三大部分，左边是行动者，中间是行为，右边是时期。根据行动者网络理论，对行动者网络构成，在不同时期的行为和行动者网络关系稳定性进行探讨，动态分析新媒体技术标准的形成与扩散。

其中行动者网络构成方面除了分析行动者有哪些，更重要的是判定焦点行动者，以及动态分析形成过程中的转译，通过问题化、利益赋予、招募和动员解构新媒体技术标准的行动者及其参与的过程。

而在行为方面，焦点行动者的行为、策略以及论坛的反馈，是行动者网络关系的具体体现，也是关系稳定性的分析必不可少的关注对象。

根据新媒体技术标准的特性，不同时期的行动者网络略有不同，所以在时期上需要加以区分。本研究中，以标准入市为界，分为形成期与扩散期。

同样，本研究框架为了适应新媒体技术标准，还在原行动者网络理论基础上，作出了一些别的改进。

五、本书理论框架在行动者网络理论基础上的改进

总体来看，本书理论框架借鉴了行动者网络理论的基本框架，在其基础上进行了如下改进：

（1）新媒体在互联网时代的特点是创新迭代迅速，所以将其分为形成期、扩散期，增加了消亡和更替的生命周期。

（2）行动者网络理论只关注行动策略的产生但不关心策略的产生机制和评

价,故本研究将讨论策略的形成机制并提出问题:在什么情境下,行动者做了如何的解读,行动者做了何种策略决定?是否有利于新媒体技术标准的形成或者扩散?

(3)关注到了不同时期行动者角色的变化规律。

第三章

研究设计和方法

本研究为了回答以下研究问题：

（1）中国新媒体技术标准的发展有哪些阶段？

（2）中国新媒体技术标准的发展有哪些影响者？

（3）这些影响者在不同阶段采取了哪些不同行为与策略？

（4）这些行为与策略是如何影响标准发展的？

本研究以中国新媒体技术标准发展为主题，使用实地研究的方法，并通过案例分析进行支撑，继而使用深度访谈、文献收集和历史资料比较的方法进行分析。本章对以上几种方法的使用及细节作出说明。

第一节　研究问题以及范围界定

本研究以中国新媒体技术标准为对象，对其形成与发展提出如下研究问题：

（1）中国新媒体技术标准的发展有哪些阶段？

（2）中国新媒体技术标准的发展有哪些影响者？

（3）这些影响者在不同阶段采取了哪些不同行为与策略？

（4）这些行为与策略是如何影响标准发展的？

其中，中国新媒体技术标准前文已经提及，包括中国自主产权的本土机构研发的新媒体技术标准和境外引进的新媒体技术标准。这里也专门对本研究的范围进行一下界定。因为本研究关注的是中国新媒体技术标准的形成与扩散，所以自主产权的新媒体技术标准的形成与扩散都在中国本土，而境外引进的新媒体技术标准的扩散在本土进行，和自主产权的新媒体技术标准有着利益的冲突或合作。故而，可以一同界定入本研究的范围之内。

例如，中国自主产权的新媒体技术标准如手机 3G 的通讯标准 TD-SCDMA 的形成和扩散都在本土，往往受到行政力量的有力扶持。另外，还有一类国外引进的较为完善成熟的新媒体技术标准，例如 T-DMB 是韩国的多媒体手机电视标准。这类标准虽然形成于国外，但其扩散期在我国境内，它们与本土的自主产权的标准进行博弈，体现出有趣的不同行动者的利益和考量。竞争中是保护民族产业，还是鼓励更成熟的技术发展，哪些行动者利益得到了保护，而哪些行动者利益受到了损失，这些都是选取案例时的重要考虑因素。

第二节 研究方法

本研究的主要研究方法是对于案例的实地的分析研究，然后通过深度访谈、文献收集和历史资料比较进行分析。本节主要对这几种研究方法的使用，以及访谈问题的推理作出说明。

一、研究方法及其使用

本研究以中国新媒体技术标准发展为主题，使用了实地研究的方法，并通过案例分析进行支撑，继而使用了深度访谈、文献收集和历史资料比较的方法进行分析。下文分别对这几种方法的使用作出说明。

1. 实地研究

为了对新媒体技术标准发展作出研究，特别在中国这个特殊的环境中，需要对各种影响因素和变量进行真实环境中的收集和分析。而实地研究是一种十分适合的重要的研究方法，照美国学者艾尔·巴比的分类有个案研究与参与观察两种。[①] 本研究使用的是个案研究的方法。其目的在于在社会研究中，对于中国新媒体标准形成和扩散的状况，通过对真实情境中变项间的关系及其互动的研究进行分析。本研究采用探索性实地研究，通过对影响新媒体技术标准的各种因素进行分析，了解实际情境中的变量，而不对变量做探求或预测。故而，探索性的实地研究的主要目的包括：发现实际情境中对中国新媒体技术标准的发展产生影响的一些重要变项；描述这些变项之间的互动和关系，并对后期研究能进行更系统、更严谨的假设检验打下基础。实地研究作为社会研究的一种方式，我国学者应用其已有近 60 年历史，主要采取的是访谈法收集资料，而少用文献法，参与观察法用得最少。[②]

---

① RUBIN A, BABBIE E R. Brooks/cole empowerment series: research methods for social work. Boston, MA: Cengage Learning, 2013.

② 风笑天, 田凯. 近十年我国社会学实地研究评析. 社会学研究, 1998 (2): 109 - 110.

2. 案例分析

案例分析在本研究中也被使用，是因为在中国，自主产权的新媒体标准和国外的新媒体技术标准都被广泛适用，近年来新媒体标准涵盖广泛，不可能一一列举，而新媒体技术标准的形成和扩散又是十分重要的研究，故而，本研究需要对新媒体标准的形成和扩散进行描述，就只能选取重要的、具有代表性的案例进行案例分析。

3. 深度访谈

在本研究中，除了描述新媒体技术标准的发展状况，也需要对一些影响因素之间的互动关系，以及不同参与者之间的态度和决策原因等问题进行研究。也就是说，笔者需要对新媒体标准的形成和扩散过程提出一些"为什么"以及"如何"的问题，从而对其策略的形成机制以及评判进行探讨，这些都是在二手资料中很难获得的，也没有办法通过量化的研究进行收集。而深度访谈是一个很好的质化研究的方法，深度访谈中主体是受访人员，而访谈的目的就是了解他们的思考角度、理解他们的感受以及尊重他们的行为决策①。所以本研究可以通过深度访谈进行挖掘，在深度访谈的应用中，部分公司、个人或者机构是有别于行动者网络中的其他行动者的，故而根据所在行业和所处公司还需专门设置问题，这些问题是因人而异或者因公司而异的，所以，访谈提纲是半结构化的。

4. 文献收集和历史资料比较

本研究需要对中国新媒体标准的形成和扩散进行描述，因此选取的主要案例是 CMMB。而要完整地、系统地反映这个形成和扩散的过程需要对历史进行梳理，例如规管机构的历史变迁、电信广电系统的演进等。研究中查阅了大量相关的年报、内部资料、新闻、公开声明、期刊、行业书籍，它们都是十分重要的资料来源。例如从运营商中广传播公司内部收集了 32 期内部期刊《晴彩杂志》，这些资料中包含大量当时的领导发言稿，以及对客观情况的观察和解读、对问题的决策分析，它们对研究的帮助十分充分，故而使用历史资料比较法。

---

① HENDERSON K A. Dimensions of choice：a qualitative approach to recreation，parks，and leisure research. State College，PA：Venture publishing，Inc.，1991.

二、访谈问题的得出

本研究为了研究中国新媒体标准的形成和扩散，需要对行业内关键的行动者进行深度访谈，本节主要考察这些深度访谈的问题是如何提出的。

根据前文的文献探讨和理论框架，对中国的新媒体标准的发展起到关键影响作用的是三大因素：行动者、行为、时期。而行动者又包括四大系统；行为分成问题化、利益赋予、招募和动员阶段；时期分为形成期和扩散期。故而相应的问题也根据理论框架分为形成期和扩散期的；每个时期又分为问题化、利益赋予、招募和动员阶段；每个阶段又主要针对这些系统之间的关系、不同阶段的主要行动和特征，以及决策的原因进行访谈问题的推演。具体推演和问题如下：

1. 问题化阶段

问题化阶段是焦点行动者对行动者网络内部的不同行动者可能接受利益进行设定的过程。在访谈中首先要确认行动者网络的构成，即有哪些参与者，也需要确认谁是焦点行动者，也就是影响力最大的参与者是谁，在此基础上还需要确认当前行动者的一些属性、定义、未来计划、与其他行动者的关系、有些什么策略等。故而在问题化阶段的相关深度访谈问题推演如下：

形成期的行动者有哪些？焦点行动者是谁？其中规管机构、创新系统、市场以及其他的行动者都有哪些？扩散期的行动者有哪些？其中规管机构、创新系统、市场以及其他的行动者都有哪些？

形成时期的行动者网络、行动者兴趣、行动者预期的未来行动者网络变迁以及标准化策略是什么？扩散时期的现实行动者网络、行动者兴趣、行动者预期的未来行动者网络变迁以及标准化策略是什么？

形成时期的行动者之间的关系是什么样的？扩散时期的行动者之间的关系是什么样的？

形成时期的行动者之间如何排序？扩散时期的行动者之间如何排序？

形成期当前的标准情境是如何的？行动者如何解读当前情境？行动者采取了哪个或者哪些策略？扩散期当前的标准情境是如何的？行动者如何解读当前情境？行动者采取了哪个或者哪些策略？

2. 利益赋予阶段

利益赋予阶段，是行动者网络转译的第二个阶段。利益赋予中，参与者目标、项目、动员、动力、兴趣都可能有变数。而通过一系列的活动，某一行动者使得其他行动者达到问题化中定义的稳定状态。[①] 兴趣化过程需要了解利益的设置和赋予是怎样的，而且这个阶段常常有些变数，故而需要专门询问有没有特别事件引起了怎样的变化。故而，利益赋予阶段的深度访谈问题如下：

形成期如何设置、赋予利益？扩散期如何设置、赋予利益？

形成期标准化的各个时期，是否有一些特别事件，改变了行动者的动力、兴趣？扩散期标准化的各个时期，是否有一些特别事件，改变了行动者的动力、兴趣？

3. 招募阶段

招募阶段是在焦点行动者的说服后，给行动者定义和进行合作分配的阶段，招募将社会定义为一个由角色和角色拥有者组成的实体。[②] 深度访谈中需要关注多元沟通中利益赋予的说服和策略实现的过程，以及其他行动者的反馈。其他行动者可能接受其利益设定和说服，加入到行动者网络中，也可能不参与行动者网络，并且需要询问做这些决策的原因是什么。故而，这个阶段的深度访谈问题如下：

形成期标准化的各个时期，是否有主导的行动者（焦点行动者）？如果有，焦点行动者如何说服？扩散期标准化的各个时期，是否有主导的行动者（焦点行动者）？如果有，焦点行动者如何说服？

形成期经过焦点行动者的说服，其他行动者是否接受了其利益设定和说服以及反馈为什么要加入或者不加入行动者网络？扩散期经过焦点行动者的说服，其他行动者是否接受了其利益设定和说服以及反馈为什么要加入或者不加入行动者网络？

4. 动员阶段

动员阶段指的是确保其他行动者按照自己之前的设定进行行动的阶段。这个阶段需要考察形成的行动者联盟是否有代表性，具体有什么策略行为，是否

---

① CALLON M. Some elements of a sociology of translation：domestication of the scallops and the fishermen of St. Brieuc Bay. Sociological review，1984，32（1）：196 – 223.

② CALLON M. Some elements of a sociology of translation：domestication of the scallops and the fishermen of St. Brieuc Bay. Sociological review，1984，32（1）：196 – 223.

与预期相符。故而，这个阶段的问题如下：

形成期如果这些行动者加入，它们具体的行动是什么？是否按照其先设协定进行行动？有些什么策略行为？扩散期这些行动者如果加入，它们具体的行动是什么？是否按照其先设协定进行行动？有些什么策略行为？

形成期这些策略是否促进了标准的发展？扩散期这些策略是否促进了标准的发展？

由于过多的专业词汇和时间上的划分使得访谈问题比较晦涩难懂以及略有重复，故而在经过3次预访谈之后，笔者进行了调整，将形成期和扩散期用新媒体技术的标准入世进行划分，对一些专业词汇等进行了替代，并将具体问题进行简化处理和通俗化处理。

访谈时归纳提问的顺序如下：

（1）标准入世前后的参与者有哪些？他们分别属于规管系统、创新系统还是市场系统？标准牌照发放前后是否有区别？主导的单位或者个人（焦点行动者）是谁？

（2）标准入世前后这些参与者的兴趣是什么？对未来的发展预期如何？标准牌照发放前后是否有区别？

（3）标准入世前后参与者之间的关系是什么样的？参与者之间按照对于标准发展的影响力如何排序？标准牌照发放前后是否有区别？

（4）标准入世前后的标准的发展环境状况是如何的？贵公司或者机构或者组织如何解读当时情境？采取了哪个或者哪些策略？其他的公司或者机构或者组织有没有哪些给你深刻印象的策略？这些策略是否促进了标准的发展？标准牌照发放前后是否有区别？

（5）标准入世前后参与者中有没有主导的参与者？如果有，它是如何给其他参与者赋予利益的？

（6）主导的参与者是如何说服其他参与者的？其他参与者者是否有反馈接受其利益设定和说服，为什么要加入或者不加入？如果加入，这些参与者的具体行动和策略是什么？标准牌照发放前后是否有区别？

（7）标准入世前后是否有一些特别事件，改变了参与者的动力、兴趣？

第三节　案例选择

为了对中国新媒体技术标准的发展进行研究，本研究需要对具有代表性的案例进行分析。下文主要从自主产权的新媒体技术标准介绍、案例的选择原因及具体案例情况的角度来展开关于案例选择的描述。

一、自主产权的新媒体技术标准介绍

上文研究范围界定中已经指出，本研究以中国新媒体技术标准为对象，包括中国自主产权的本土机构研发的新媒体技术标准和境外引进的新媒体技术标准。而且着重关注有自主产权的案例，因为这些案例能一定程度上为我国的自主产权的新媒体技术标准带来反思和启迪。同时也关注了几个国外的新媒体技术标准，将其作为在中国发展得很好的国外标准的代表。他们之间有着合作以及矛盾，在当今的中国，需要特别加以讨论。

由于曾在很多技术领域吃过没有标准而需承担巨额专利费的亏，我国近年来一直很重视新媒体产业内涉及的自主产权技术标准。国外在中国使用的新媒体技术标准就不一一归纳了，下面简要介绍一下我国的自主产权的新媒体技术标准有哪些：

（1）数字电视地面广播系统：代表性技术标准是 DTMB，它是我国拥有自主创新知识产权的数字电视地面广播系统；另外还有我国自主研发的 AVS +，这是一种广播电视先进视频编解码技术；以及 DRA，是多声道数字音视频编码的技术标准。

（2）移动通信系统类：信息通信系统中的 GSM、EDGE、CDMA2000、TD-SCDMA、WCDMA、TD-LTE、FD-LTE，盛极一时的 WAPI，下一代 NGB 里面的 HomePlug AV、C-DOCSIS 技术标准等。

（3）互动电视系统类别：IPTV 涉及的技术标准，CMMB，OTT 涉及的技术标准等。

二、中国新媒体技术标准案例选择原因

本研究选择的主案例是 CMMB 标准案例。选择 CMMB 为主案例的原因是：首先，三网融合是我国的重要国策，而互动电视是三网融合的重要战地；其次，这个案例能在一定程度上为我国的自主产权的新媒体技术标准带来反思和启迪，早期在 DVD 产权上吃了专利亏之后，我国一直很重视新媒体产业内涉及的自主产权技术标准；最后，CMMB 的技术标准横跨新媒体技术标准三大分类中的两大类，[①] 涉及信息源、传输通道两部分。故而 CMMB 是我国重要的有代表性的一种新媒体技术标准，这也是本书选其作为主要案例的考量。CMMB 作为自主产权的新媒体技术标准，对其进行研究，对我国今后发展自主产权的新媒体技术标准有特别的借鉴意义，为新媒体机构和组织的规管和行业决策也会提供一定的理论参考和实操建议。

OTT 作为 CMMB 重要用户迁徙去向的案例，体现了用户的重要作用，因此本书也对 OTT 案例进行了收集和探讨。另外，文中还嵌套了几个小案例。3G 的标准是近十几年来通信行业的主要标准，而其中包括的 TD-SCDMA 标准又是中国拥有一部分自主产权的。还有 4G 的 TD-LTE、TD-SCDMA 和 TD-LTE 在发展中都是由移动来主导，都是拥有或者部分拥有自主产权的案例。另外还涉及了 CDMA2000。CDMA2000 作为重要的 3G 标准之一，是 TD-SCDMA 的竞争对手，在媒体宣传上有过激烈斗争，关于 CDMA2000 的行销广告备受争议的案例，可体现媒体系统在新媒体技术标准的行动者网络中的重要作用。

在互联网方面，我国有自主产权的技术标准比较少，早年的 Wi-Fi 标准 WAPI 是中国自主产权的，但是在与国外的竞争中销声匿迹了。此外，文中还涉及了 TMMB 的案例，选它的原因在于它是 CMMB 行动者网络形成期的一个重要竞争对手。该案例讲述了工信部和广电总局的历史纠葛，体现了多于一个的规管系统容易造成行动者网络失衡。

另外本研究还涉及 HTML5、T-DMB 这两个国外的标准案例，虽然不是中国研制的标准，但是 HTML5 通过产业联盟等策略在中国应用较广泛，T-DMB 却在

---

① 提出基于传播学模型香农—韦弗模型（Shannon，1949）的分类方法，将新媒体技术的标准分为信息源、传输通道、用户端三种大类别。CMMB 包括信息源、传输通道标准。

早期竞争中很快就失去了发展阵地，可见国外的技术标准在我国的扩散，规管系统的影响力是起主导作用的。

所以，本研究以一个主案例贯穿，又穿插其他 7 个小的案例，数目比较合适，分布也覆盖了所有新媒体技术标准的分类，既足以对新媒体技术标准的形成和扩散进行梳理，而又不至于因为过多而让数据庞杂难以分析。

三、案例分类和介绍

我国明确规定的准入市的新媒体技术标准有很多，前文介绍了本研究提出基于香农—韦弗此传播学模型的分类方法，将新媒体技术标准分为信息源、传输通道、用户端三种大类别，作为本研究的新媒体技术的标准分类。使用行动者网络理论视角进行研究时，卡龙认为应该针对不同的案例有不同的分析情况。[①] 本研究从中选取相关具有典型性的案例进行分析，其中 CMMB 是主要案例，又穿插其他 7 个小的案例，具体案例情况介绍如表 3 - 1 所示：

表 3 - 1　案例分类

	信息源	传输通道	用户端	是否有自主产权
CMMB	*	*		*
TD-SCDMA		*		*
CDMA2000		*		
HTML5		*	*	
OTT	*	*	*	*
TMMB	*	*		*
TD-LTE		*		*
T-DMB	*	*		

注：＊表示新媒体技术标准属于该类型。

（一）自主产权的信息源和传输通道新媒体技术标准：CMMB 案例

CMMB 是自主产权的信息源和传输通道新媒体技术的标准，其英文全称是 China Mobile Multimedia Broadcasting，即中国移动多媒体广播。该服务通过卫星

---

① CALLON M. Some elements of a sociology of translation：domestication of the scallops and the fishermen of St. Brieuc Bay. Sociological review，1984，32（1）：196 - 223.

使用 2.6GHzS 波段频率、25MHz 带宽，在城市地区使用 UHF 覆盖。中广传播集团有限公司（简称中广传播，CBC）① 的成立意味着 CMMB 标准手机电视的产业运营市场部署基本定型，由国家政府部门主导逐渐向公司化运作转型。早在北京奥运会期间，CMMB 标准手机无延时接受赛事信号，实现了中国对世界的许诺。艾媒咨询曾经发布 CMMB 手机电视研究报告，报告指出截至 2012 第一季度，中国 CMMB 用户终端已达 3 690 万台。2006 年 10 月末，国家广播电影电视总局就正式颁布了中国移动多媒体广播行业标准。

国际性移动多媒体广电标准主要有以下几种：澳大利亚的 DVB-H、高通的 MediaFLO、日韩的 T-DMB 和 S-T-DMB 等。下面按照影响的重要程度和影响的分类对几家新媒体技术标准的行动者进行分析和介绍：

主要的创新机构是广科院，作为一个国家广播电影电视总局② 下属的大型社会公益类科学研究机构，其前身是于 1958 年成立的广播科学研究所，1994 年由广播科学研究所更名为广播科学研究院，其下设有 6 个分支机构，例如电视技术研究所、有线网络技术研究所等。CMMB 主要研发机构北京泰美世纪科技有限公司是其院属机构。其他院属机构包括：北京数字广天有限公司、北京美展科技有限公司以及北京数字广天技术有限公司等。

除了国家相关的研究机构，还有一些有国家背景的独立运行的公司，其中，北京泰美世纪科技有限公司（TiMi Technologies）就是对 CMMB 起到重要影响的一家。它成立于 2003 年 2 月，是最主要的 CMMB 技术的出产公司之一，广电总局下属广播科学研究院拥有该公司的 55.5% 的股份。它是中关村科技园区内的高新技术企业，拥有超过 38 项发明专利和 8 项 PCT（专利合作条约）国际申

① 中广传播集团有限公司经国家工商行政管理局和国家广电总局批准，于 2005 年 6 月在北京注册成立。为国家广电总局无线电台管理局的全资公司，主要承担我国卫星移动多媒体广播 CMMB 项目的投资和运营、系统设计、广播卫星相关技术开发和信号传输服务。利用地面或卫星广播电视覆盖网面向手机、PDA、MP3、MP4、数码相机、笔记本电脑以及在车船上的小型接收终端点对面提供广播电视节目的移动多媒体广播，满足人民随时随地获取广播电视节目和信息的需求，使移动多媒体广播成为宣传党和国家声音、传播先进文化的新阵地成为发展文化产业的一个重要领域。

② 现为"国家广播电视总局"。2013 年 3 月 14 日，国务院将国家新闻出版总署和国家广播电影电视总局的职责整合，组建国家新闻出版广播电影电视总局，随后将其更名为国家新闻出版广电总局；2018 年 3 月，在国家新闻出版广电总局广播电视管理职责的基础上组建国家广播电视总局，不再保留国家新闻出版广电总局。为方便表述，后文统一将该总局简称为"广电总局"。

请。公司与多个国际公司皆有合作，2009 年就爆出和摩托罗拉一起联合开发具备交互功能的下一代 CMMB 技术，并开发 CMMB 美国市场的新闻。另外，泰美世纪也和英特尔等合作，并通过战略性协议，积极推荐 CMMB 中的重要技术标准 STiMi，最终成为国际电联以及 IEEE802.16 的标准提案。同时，它是科技部和广电总局在 2008 年 12 月 4 日共同签署的下一代广播网（NGB）科研项目的重点参与单位。

另外还有一些规模不大，但是作为新媒体技术标准重要承载者的公司在起着作用。其中，泰合志恒技术有限公司地位很重要，它是 CMMB 技术的重要持有者，是 CMMB 技术的创始团队于 2007 年成立的。现在在上海、深圳、硅谷均有设有分公司，致力于在手机电视芯片方面成为世界领先的技术公司。泰合志恒研发的 CMMB 标准信道解调芯片在中国得到了广泛的应用。GSM、TD-SCDMA 手机以及其他移动设备都可以适用。

除了传播通道还有信息源以及接收器的一些重要配套新媒体技术标准的开发。例如思亚诺公司（Siano Mobile Silicon）就是代表之一，它于 2004 年成立，针对移动数字电视市场进行高集成芯片接收器开发。思亚诺公司的产业合作包括模块、中间件以及软件应用等的开发。思亚诺公司在 CMMB 芯片开发上拥有一定话语权，属于主要的早期芯片开发厂商之一。

（二）自主产权的传输通道新媒体技术标准：TD-SCDMA 案例

TD-SCDMA（time division-synchronous code division multiple access，时分同步码分多址）是我国拥有一定专利数的 3G 标准。属于传输通道的传输层面的新媒体技术标准，也是得到了国际认可的、国际电信联盟 ITU 正式发布的第三代移动通信空间接口技术规范之一。TD-SCDMA 也到了 3GPP（3rd generation partnership project，第三代合作伙伴计划）及 CWTS（China wireless telecommunication standard group，中国无线通信标准研究组）的肯定。我国 3G 牌照于 2009 年 1 月 7 日发放，在这之后，中国移动也是 TD-SCDMA 的唯一运营商。

我国其他主流的 3G 技术标准还包括 WCDMA、CDMA2000。下面就根据影响的重要程度和影响的分类对相关新媒体技术标准的行动者进行分析和介绍：

首先中国移动通信集团公司（简称中国移动，CM）是各项推广的组织者，可以说是 TD-SCDMA 的主要利益相关者，它在 TD-SCDMA 的行动者网络中扮演着重要的角色，是市场系统内部重要的电信运营商。中国移动是一家基于 GPRS（通用分组无线服务）网络的移动通信运营商，和中国电信、中国联通在电信运营商领域常年形成三足鼎立局势。

其他参与行动者网络的机构和公司有很多产业链上的研发机构和公司，他们也起到了举足轻重的作用。例如中兴科技（全名中兴通讯股份有限公司，ZTE）和华为。其中，中兴科技是中国大陆研发生产通信设备和终端的公司，在手机终端中负责主要芯片的研发制造工作。而华为是一家抓住了机会迅猛发展的公司，在中国改革开放的浪潮中，抓紧了国际性 ICT 行业高速发展的契机，成为中国公司在该领域的领头羊。华为的主要业务包括电信网络设备、IT 设备和智能终端，还有相关的解决方案，在中国及其他 170 多个国家和地区都有业务，在 3G、4G、互联网等新媒体技术领域更是我国的前沿厂商。2004 年华为开始与西门子合作成立合资公司，开发 TD-SCDMA 解决方案；2012 年华为在 3GPP LTE 核心标准中贡献了全球通过提案总数的 20%。[①]

（三）从境外引进的传输通道新媒体技术标准：CDMA2000 案例

CDMA2000 是从境外引进的传输通道的新媒体技术标准，是成熟的、全球多地使用的一种 3G 标准，在北美、韩国以及日本等地被广泛使用。在中国，2006 年由中国联通投得 CDMA2000 牌照，两年后的六合三电信大重组后，拆分给中国电信经营，现在中国电信是中国唯一的 CDMA2000 运营商。

电信是该技术的最主要行动者，是该标准的指定运营商，也是推动者和组织者，也可以说是该新媒体技术标准的主要利益相关者。中国电信是中国三大主要电信运营商之一，据中国电信 2013 年年报数据，2013 年 11 月，中国电信 3G 移动用户突破 1 亿户，用户占比超过 50%。2013 年 12 月，中国电信成功获得 LTE/第四代数字蜂窝移动通信业务（TD-LTE）的经营许可，至此迎来了第四代移动业务运营时代。

（四）从境外引进的传输通道和用户端新媒体技术标准：HTML5 案例

HTML5 是从境外引进的传输通道和用户端的新媒体技术标准，是 HTML 最

---

① 华为公司官方网站（http://www.huawei.com/）相关资料显示华为公司创立于深圳，起初为一家生产用户交换机（PBX）的香港公司的销售代理。

新的修订版本，在 2014 年 10 月由 W3C 即万维网联盟出台相关标准。HTML5 包括 HTML、CSS 以及 JavaScript 等。作为一套成熟的技术组合，在原来 HTML 4.01 和 XHTML 1.0 标准的基础上，针对互联网应用迅速发展新时期的需求，又增加了一些新内容。使用 HTML5 时，和以往比较，能够减少对于一些插件的需求，从而加强了网络应用的有效性。例如减少了部分网页浏览器对 Adobe Flash、Microsoft Silverlight 与 Oracle JavaFX 的要求。[①] HTML5 作为一个跨平台标准，在新媒体技术的发展中占有重要的地位，是新兴技术发展的方向和当前最为主要的面向用户端的新媒体技术标准之一。

具体分析 HTML5 重要的变化了的语法特征点，包括音频、视频、多媒体方面的，例如"＜video＞""＜audio＞"和"＜canvas＞"元素。新添加的元素能够使网页更容易加载，并处理相关多媒体以及图片内容。另外为了丰富文档的数据内容，还有新元素如"＜section＞""＜article＞""＜header＞"和"＜nav＞"的添加。移除部分元素后，起到了相应的改进简化作用，如"＜a＞""＜cite＞"和"＜menu＞"被修改等。这些重要的变化既体现了 HTML5 是一项成熟的新媒体技术的标准，也体现了其全球动态更新的完善机制，能够与时俱进，时刻跟进时代需求。

HTML5 在全球有各地设立的联盟机构，正是这些机构的良好运作保障了该新媒体技术标准的扩散在不同文化背景、不同需求下不断被满足和更新。

（五）横跨信息源、传输通道、用户端的新媒体技术标准：OTT 业务涉及新媒体技术标准的分析

OTT 是"over the top"的缩写，OTT 采取"云电视"的技术系统架构，在互联网传输的基础上，将视频节目传输到终端上，可以是电视、电脑、机顶盒、PAD、智能手机等，本研究统一将以上终端称为互联网电视。OTT 有广义的亦有狭隘的定义。广义地说，有"跨过运营商"这个概念的，都可以归类到 OTT 阵营，各种终端，如 TV/PHONE/PAD 等上的很多业务也都是 OTT。本研究 OTT 是指互动电视中，消费者通过终端机器（如智能电视、智能手机、平板电脑或个人电脑），在非托管宽带网络渠道上（即电信运营商管理的 IPTV 网络以外的

---

① BRIGHT P. HTML5 specification finalized, squabbling over specs continues. (2014 - 10 - 29) [2014 - 10 - 29]. http://arstechnica.com/information - technology/2015/03/atts - plan - to - watch - your - web - browsing - and - what - you - can - do - about - it/.

渠道），接受节目服务提供商提供的互联网电视节目，即是典型的 OTT 业务，也称互联网电视业务，横跨信息源、传输通道、用户端。其中涉及的新媒体技术标准就是本书研究的对象。这种应用和目前运营商所提供的通信业务不同。它仅利用运营商的网络，而服务则由运营商之外的第三方提供。广电总局 2010 年发放了 7 张互联网电视集成播控牌照，7 个广电播出机构获批。之后广电总局又发放了相应的互联网电视内容服务牌照，共计 9 家广电播出机构获批。这样设备和内容都有了 OTT 的正式牌照。

获得牌照的商家比较复杂，例如牌照商有 CNTV、SMG、华数、南方传媒、湖南电视台、CIBN、中央人民广播电台；而机顶盒也另有牌照颁发，百视通盒子小红、华数盒子、阿里盒子、小米盒子等获得牌照。

除了获得牌照的商家，还有主要的几家相关的公司也对 OTT 行业新媒体技术的标准发展产生了深远影响。

例如蓝汛公司是 CDN 服务的提供商，它的英文名为 ChinaCache，它于 1998 年成立，2000 年得到信息产业部许可，成为第一批 CDN 服务提供商。它在中国处于领先地位，在全球也有设点，通过超过 19 000 台服务器，在亚洲、美洲和大洋洲开展业务。

而国广控股（全名国广环球传媒控股有限公司）也在整合资源上起到了重要作用，是一个综合性媒体和文化产业平台。它是一家由中国国际广播电台设立的公司，致力于优势国际广播电台资源。其业务囊括广播、出版等业务以及电视、新媒体领域，拥有齐全的媒体经营资质和牌照。国广控股旗下拥有 CRI 手机电视、CIBN 互联网电视、中华浏览器、国际在线、中华网、DOPOOL、移动电视华闻传媒部分股份等。

当然，主要的内容运营公司也起到了举足轻重的作用，中国网络电视台（简称 CNTV）就是内容运营公司的主力之一，其他的爱奇艺和乐视等也是重要的内容运营公司。CNTV 属于中央电视台，是直属央视国际网络有限公司主办的一家国家网络广播电视播出机构，正式开播时间是 2009 年 12 月。CNTV 全面部署多终端业务架构，有五个大型集成播控平台：网络电视、IP 电视、手机电视、移动电视、互联网电视。并且在全球 190 多个国家都有业务，一共推出了 6 个外语频道，还有另外 5 个少数民族语言频道。爱奇艺于 2010 年 1 月成立，是百度旗下的独立视频网站。乐视简称乐视网、LETV，全称为乐视网信息技术（北京）股份有限公司，是一家成立于 2004 年的业务面十分广阔的视频网站公司，其业务包括大屏应用市场、电子商务、互联网视频、生态农业、智慧终端机，以及影视制作与发行等。该公司拥有"平台＋内容＋终端＋应用"的垂直生态模式。

（六）自主产权的信息源和传输通道新媒体技术标准：TMMB 案例

TMMB 标准是互动电视的一种标准，是我国拥有自主产权的信息源和传输通道的新媒体技术标准。其性能具有以下优点：频谱效率高、支持频率范围广、兼容性好、系统成熟等。TMMB 标准属于我国具有完整自主知识产权的标准，由北京新岸线公司领头研发。2008 年 6 月，TMMB 已通过国家标准委员会审查，成为国家手机电视标准，但是 CMMB 最后成为行业强制性标准后，TMMB 就销声匿迹了。

（七）中外合作的传输通道新媒体技术标准：TD-LTE 案例

LTE（long term evolution，长期演进）是 3G 的演进标准，也是 4G 的主要标准之一，包括 OFDM 和 MIMO 等关键技术。全球有 3 个主要 4G 标准，中欧合作的是 LTE 标准，现在应用最为广泛，以高通为首的企业提出的 UMB 标准于 2008 年基本停止，另外 WIMAX 标准是以美国 Intel 为首的企业提出的一项标准。中欧合作的 LTE 分为 TD-LTE 和 FD-LTE，大唐电信科技产业集团（简称大唐）拥有 LTE 标准 TD 分支中部分核心技术。中国移动和其他两大运营商均于 2013 年底拿到了中国工业和信息化部发放的 LTE-TDD 牌照，然而，全球范围内，只有中国移动成为主力推动的运营商。2013 年 9 月，工信部发放了国内首批 4G 手机入网许可，三星、索尼、中兴和华为获得了 TD-LTE 手机的相应的入网许可。

大唐是主要几家该技术的行动者之一，对该新媒体技术标准的发展产生了深远的影响。该公司是由国务院下属的国有资产监督管理委员会直接进行管理的一个公司。大唐是一家大型高科技中央企业，其主营业务是我国相关电子信息系统装备开发以及生产和销售。大唐的总资产规模十分庞大，将近 500 亿元人民币，在 3G 及 4G 的 TD-SCDMA 和 TD-LTE 中都拥有相当数量的专利。

（八）从国外引进的信息源和传输通道新媒体技术标准：T-DMB 案例

T-DMB 全称多媒体数码广播（digital multimedia broadcasting），是韩国开发

的数码无线电传输技术，是信息源和传输通道的新媒体技术标准，在中国有着短期推广的历史。该标准可以将电视、电台以及数据广播传输到移动设备。手机电视、移动电脑以及车载导航系统等都是 T-DMB 的应用终端。它不仅可以通过卫星（S-T-DMB），也可以通过地面（T-DMB）来传输数据，而且还是中国手机电视标准 CMMB 的竞争对手。

2005 年 6 月，国家广电总局批准了南方传媒集团进行 T-DMB 有区域限制的手机电视试验，限制区域在广东省境内，虽然不是全国通用，但亦有代表性，被业内人士戏称为"半张手机牌照"。

可以说南方新媒体发展有限公司是主要的该项新媒体技术标准的行动者，主导着该项标准的发展。2012 年南方传媒集团启动了广东广电整合工作。早在 2010 年，南方新媒体发展有限公司成立，对集团新媒体经营性资产和业务资源等进行了大型整合。《广东广播电视台组建方案》于 2013 年最终报批，年底南方广播影视传媒集团作为广东省正厅级的广播电视台成立了。其中南方新媒体发展有限公司就是原来的新媒体部门，而在全国范围内，也是获取牌照资源最全、业务涵盖范围最广、跨越平台最多的新媒体机构。

据张惠建报道，南方新媒体发展有限公司 2013 年的总收入高达 46 亿元，同比增长 17.9%，而新媒体产业经营收入同比增长 22.45%，利润达 2 000 万元，业务涵盖 IPTV、网络视频、手机电视、地铁电视、户外媒体、互联网电视、车载移动电视、增值业务以及新媒体内容加工制作等。[①]

南方新媒体发展有限公司合作单位众多，例如，手机电视与中国移动、中国联通、中国电信合作分别推出"悦 TV""翼 TV"等产品；IPTV 与广东电信和上海百视通合作，提供所缺牌照；互联网电视与创维、海尔等厂商合作，2014 年建起"一云多屏"的内容融合分发平台。

上文按照新媒体技术的标准分类，梳理了几个新媒体技术标准的案例，进行了描述和影响行动者的分析，总结了中国主要的代表性案例中新媒体技术标准的发展。第四节就针对本研究中选取的行业内的主要受访者进行说明。

---

① 张惠建：广东广电改革思路. 晴彩杂志，2014（9）：4 - 8.

第四节　访谈对象

　　上文在研究方法的使用中已经提及，为了对中国新媒体技术标准的行动者网络进行研究，需要回答一些与机制和态度相关的问题，这些数据无法或者很难从二手的数据中获取，也不能或者很难通过量化研究得出。故而需要通过质化研究中的深度访谈，才能在一手数据中获得行业资料、内部期刊、新闻报道、公司年报以及其他公开资料中获取不到的数据。

　　而要对不同的行动者进行深度访谈，如何才能选取足够的具有代表性的访谈对象呢？笔者在理论框架的推演中，已经提及具体的行动者分为四大系统，其中主动的系统有三个：规管系统、市场系统、创新系统。故而在访谈中必须要覆盖这三大系统。①

　　首先，在规管系统、市场系统、创新系统中分别选取了部分具有代表性的大公司或者机构的受访者进行深度访谈，受访者来源单位列举如下：

　　（1）规管系统：国家新闻出版广电总局、中广传播集团有限公司。

　　（2）市场系统：国微科技、中兴、华为、中国电信、中国移动、爱奇艺、中国网络电视台、中广传播集团有限公司、迈普科技、锐捷网络、广东南方新媒体发展有限公司。

　　（3）创新系统：国微科技、中兴、华为、迈普科技、锐捷网络。

　　（4）其他：高校学术机构/研究机构。

　　其次，对这些公司和机构的新媒体行业工作人员，采用滚雪球的抽样方式，以面见访谈、电话访谈、邮件访谈等方式共进行了17次正式访谈。

　　最后，在深度访谈后，进行相关统计，这17个深度访谈的受访者年龄介于28～66岁，平均年龄37岁；从事新媒体行业或者研究的年限从2～27年不等，平均年限9.41年；17名正式受访者中，2名女性，15名男性；访谈时长不等；

---

　　①　由于媒体系统属于被动的传播者角色，市场系统中的用户是海量的使用者，并且通过新媒体等平台发声和反馈，故而通过二手数据的收集来对这两者进行研究。

访谈包括 6 个面见访谈、7 个电话访谈、4 个邮件访谈，另外还有 3 名前测受访者，在正式访谈前协助研究讨论，访谈进行之后，由 1 名研究员与 2 名研究助手共同对访谈录音、记录进行交叉核对以及编码处理，保证其正确度。

访谈对象横跨所有行动者分类，并且纵向跨度也很大，访谈者都是在新媒体行业行动者网络中具有丰富的工作经历，并有一定积累的政策决策人士，或者专业研究人员、著书出调研报告的行业分析人士。例如广东南方新媒体发展有限公司的受访人，属于公司高层，从 1988 年开始参加工作，2008 年开始在新媒体中心任主任，获得过"共和国 60 年·中国新传媒创新贡献奖""2009 中国新媒体十大创新品牌""2008—2009 年度中国手机媒体经营管理十强""2009 中国户外新媒体十大领军品牌"及"2009 中国最具传播价值新媒体"等奖项，是中国新媒体业界的元老和重要领袖。又例如作为受访人之一的中国网络电视台运营总监，他的工作经历纵跨整个行业：1995—2001 年任邮电部、信息产业部机关公务员，2001—2010 年任电信运营商吉通的采购部副总、网通处室经理、联通处室经理，2011 年至接受访谈时在 CNTV 历任企划部总监兼审计办主任兼人力总监、无锡分公司总经理、运营总监。可以说他的工作历史经历了中国电信和广电系统的几个重大的环节，横跨广电、电信两大系统；轮流做过规管系统、创新系统、市场系统的工作。他的工作历史就是中国通信广告行业历史的缩影版。

综上所述，这些访谈对象的选择是科学合理的，在中国新媒体技术标准的发展研究中是具有一定代表性的，并且也是能提供充足数据以支撑本研究的。

第五节　信度效度评估

案例研究是重要的传播学研究方法，具有不可替代的优势，也是本研究的主要使用方法。根据殷（Yin）的定义，"案例研究是对一个现象在自然环境中，通过多种方法的数据收集，单个或者多个信息渠道的信息获取（人，群体或组织）进行的研究。现象的界限无法清晰地在研究外被验证，而研究过程中没有经验控制和人为操作"。①

但是同时案例研究也因为其"定性的、经验型的"属性，往往被定量研究的学者们所广为诟病，例如有些学者认为效度评估不适用于定性研究②，这类学者认为数字和统计远比文字更加有说服力、更加客观精确。

那案例研究是否能科学地、规范地进行呢？根据学者研究，虽然案例研究在某种程度上是经验性的，缺乏客观精准，但是通过规范的操作案例研究，即研究的过程遵循一定的严格的程序和使用科学化的工具后，信度和效度可以得到保证。

社会学研究中，很多著名学者都对案例研究作出总结和分析，例如格拉斯（Glaser）、斯特劳斯（Strauss）和科宾（Corbin），迈尔斯（Miles）和休伯曼（Huberman），另外还有殷和艾森哈特（Eisenhardt）等，而他们的基于案例的研究方法也在学术界得到了广泛的认可。扎根理论是格拉斯和科宾等人提出的，它强调研究需要在原始资料中归纳出经验性概括性内容，所谓扎根，之后上升，才能到理论。这是案例研究的一种，英文叫作 grounded theory。迈尔斯和休伯曼提出的定性数据分析方法，强调定性数据分析的重要性，并提出这些数据都应被详细记录其分析过程。学者殷和艾森哈特的卓越贡献体现在完善了案例研究方法的规范化、科学化程度，尤其是学者殷提出了系统化案例研究方法。

殷对案例研究这种研究方法进行精准界定，划出了适用范围，还对案例研究的功能进行定义——是描述、解释和探索性的，并且给予了和定量研究相类似的严格的程序和步骤。只要严格遵循规则，按照案例研究规范化之五个大的步骤一步一步来，即首先经过案例研究设计，然后通过数据收集以及数据分析，最后再撰写研究报告，完成这五个步骤就能够规范一整个研究流程。而这五个步骤中，每个步骤还分别有具体多样的一些实现方法和手段，在殷看来，"尽管案例研究不能得出统计意义的普遍性结论，却可以得出分析的普遍性结论"③。

新媒体技术标准的形成与扩散的研究，是否适合用案例分析作为方法呢？Benbasat，Goldstein 和 Mead 关于 ICT 的案例研究对 ICT 领域的策略研究做了很

---

① YIN R K. Case study research：design and methods. Thousand Oaks, CA：Sage Publications, 2013.

② GOLAFSHANI N. Understanding reliability and validity in qualitative research. The qualitative report, 2003, 8（4）：597 – 607.

③ 毛基业，张霞. 案例研究方法的规范性及现状评估——中国企业管理案例论坛（2007）综述. 管理世界，2008（4）：115 – 121.

●●● ●●●

好的先例，给予了为何案例研究适用于 ICT 研究的详细的解释。首先，案例能通过对在自然环境下相关现象的描述，来研究现代科技水平。其次研究人员可以在回答关于为何以及如何的问题中，理解自然的复杂过程。① 波拿马（Bonoma）在市场研究方面对机会、问题、过程进行了案例分析研究。② 斯通（Stone）对组织行为的各种研究方法做出了研究总结，指出案例分析作为研究方法的重要性。③ 殷介绍案例研究，应该是调查性的现实现象的研究，是真实情景中的研究，特别是当现象和语境相关性的界限没有那么明晰的时候。在方法选择时只有满足以下情况时候，才适合使用案例研究方法：①主要研究问题是涉及如何以及为何的。②属于研究人员无法或者很难掌控行为性的事件。③研究是当代的现象而非历史回顾。④

回到本研究中来，相应的问题和回答就是：

（1）新媒体技术标准的形成和扩散研究的问题是否涉及如何以及为何？

回答：本研究的研究问题涉及了如何，没有涉及为何。其中，与如何相关的是：这些行为与策略是如何影响标准发展的。

（2）是否研究人员无法或者很难掌控行为性的事件？

回答：是的，在新媒体技术标准形成和扩散研究中，研究人员无法，或者很难进行标准形成或扩散期间的掌控。

（3）研究是不是当代的现象而非历史回顾？

回答：是的，新媒体技术标准形成和扩散是当下正在不断演进变化的事件过程，一个当前发生着的重要的研究领域。

所以，本研究是适合用案例研究方法进行的。

而案例研究受到的最大质疑就在于单个案例是否能提供一般化的结论，学者对于单个案例的效度持有怀疑态度，认为单个案例研究只有在作为批驳和否定时，才能被认可。而且，往往是对一个已经广为接受的理论进行研究的反例

---

① BENBASAT I, GOLDSTEIN D K, MEAD M. The case research strategy in studies of information systems. MIS quarterly, 1987：369 – 386.

② BONOMA T V. Case research in marketing：opportunities, problems, and a process. Journal of marketing research, 1985：199 – 208.

③ STONE E F. Research methods in organizational behavior. Goodyear Publishing Company, 1978.

④ YIN R K. Case study research：design and methods. Thousand Oaks, CA：Sage Publications, 2013.

时，抑或是对一个全新的、独特的、先前未有的领域进行科学研究，也就是探索性研究时，可以使用单个案例研究。如学者罗斯里斯伯格（Roethlisberger）认为，案例研究适合用于前人研究不多的且尚未形成自我体系的领域。[①] 艾森哈特认为，"从案例研究中构建理论需要至少四个以上的案例，或者在一个案例中嵌套另外几个小案例，否则结论就不能令人信服"[②]。迈尔斯和休伯曼也建议选取 4~10 个案例，不然难以从少于 4 个案例的数据中总结得出令人信服的广泛性结论，而超过 10 个的案例数据过于庞杂和难以分析。[③]

而本研究涉及 8 个案例，主案例是 CMMB 标准案例，另外涉及了 7 个小案例。所以，本研究中的案例数目比较合适，既足以对新媒体技术的标准的形成和扩散进行梳理，又不至于过多而让数据庞杂难以分析。

殷提出社会学研究的评价效度有四个标准：构念效度、内部效度、外部效度以及信度。[④]

在构念效度方面，本研究针对所要探讨的新媒体形成发展研究，进行了五个步骤的准确操作，使用了行动者网络理论基础上的研究构架。分析了行动者网络中行动者、时期、行为（转译的过程策略）的特征来解构标准形成和扩散的过程。首先案例研究资料的质量对于案例分析是十分重要的，这就是构念效度。本研究从以下三个方面来检验案例研究资料的信度与效度：案例资料来源的多样性；系统建立了案例研究资料库；紧密联系的证据链。

案例资料来源的多样性。首先，本研究运用多元的搜集资料方式，除了主要的深度访谈，还包括重要人士的公开演讲、公司年报、报刊电视等大众媒体报道、官方文件、内部期刊、网络平台的数据收集等，访谈人员也根据行动者网络的行动者分类涉及了规管系统、市场系统、创新系统等，例如广电总局人员、运营部门人员、相关领域学者专家等。具体的收集方法也有区别：访谈提纲是半结构化的，主要是开放性问题，根据各个机构组织和个人的区别，还设

① ROETHLISBERGER F J, LOMBARD G F F. The elusive phenomena: an autobiographical account of my work in the field of organizational behavior at the Harvard Business School. Cambridge, Mass.: Harvard Business School Press, 1977.

② 毛基业，张霞. 案例研究方法的规范性及现状评估——中国企业管理案例论坛（2007）综述. 管理世界，2008（4）：115-121.

③ MILES M B, HUBERMAN A M. Qualitative data analysis: an expanded sourcebook. Sage, 1994.

④ YIN R K. Case study research: design and methods. Thousand Oaks, CA: Sage Publications, 2013.

计了针对其特征的问题；深度访谈一般在30～90分钟，应受访者要求，部分受访者接受的是非正式讨论和邮件访谈；新媒体平台上收集的数据通过观察而来，从不同的渠道和系统中的行动者收集来的数据相互验证资料与实施的相符程度，从而确认资料的有效度。同时，本研究的案例资料来自于多个案例而非单一案例，如上文所述本研究涉及8个案例，主案例是CMMB标准案例。OTT作为CMMB重要用户迁徙去向的案例，体现了用户的重要作用。另外还嵌套了几个小案例，其中包括3G的TD-SCDMA标准，4G的TD-LTE案例，以及互联网方面HTML5的案例。还有一个TMMB的小案例，由于TMMB是CMMB行动者网络形成期的一个重要的竞争对手，从这个案例分析中可以窥视我国规管系统背后的复杂操作机制。在访谈中，访谈者的记录由研究者和他的研究助理审核共同确定后被编码和分析，而且研究者与被访谈者保持联系，进行持续的观察，反复讨论相关标准发展的最新动态，例如电信访谈者以及设备商访谈者由于访谈进行得比较早，都补充了对最新行业动态的一些评价、看法，终稿的研究结论也请他们反馈相关建议，以确认能精确地反映和掌握受访谈者所提供的真实经验和想法。

系统建立了案例研究资料库。数据除了深度访谈，还包括重要人士的公开演讲、报刊电视等大众媒体报道、官方文件、内部期刊、网络平台的数据收集等，访谈人员也根据行动者网络的行动者分类涉及了规管系统、市场系统、创新系统等，例如广电总局人员、运营部门人员、相关领域学者专家等。深度访谈一共有17人参与，根据要求，有些完全匿名，有些部分匿名，详细信息如表3-2所示：

表 3 - 2 访谈人资料

访谈编号	访谈人基本编号	访谈人单位	类型	时间	性别	长度（小时）	年龄	工作年限（年）	形式	学历
1	RJ	迈普科技、锐捷网络	创新系统；市场系统：硬件商	2014.6.30	男	0.75	33	9	面见访谈（北京）	本科
2	CT	中国电信	市场系统：运营商	2014.8.31	男	1	32	9	面见访谈（广州）	硕士
3	HW1	华为	创新系统；市场系统：硬件商	2014.10.20	男	N	28	7	邮件访谈	本科
4	HW2	华为	创新系统；市场系统：硬件商	2015.1.4	男	1.25	34	9	电话访谈	硕士
5	HR	香港中文大学	运营系统	2014.11.3	男	2.75	66	9	面见访谈	硕士
6	GW	国徽科技	创新系统；市场系统：硬件商	2015.1.3	男	1.22	33	8	电话访谈	硕士
7	ZTE1	中兴	创新系统；市场系统：设备商	2015.1.21	男	1.25	34	10	电话访谈	本科
8	ZTE2	中兴	创新系统	2015.2.10	男	N	30	7	邮件访谈	研究生
9	CM	中国移动	市场系统：运营商	2015.1.26	女	N	31	7	邮件访谈	硕士

（续上表）

访谈编号	访谈人基本编号	访谈人单位	类型	时间	性别	长度（小时）	年龄	工作年限（年）	形式	学历
10	CBC	中广传播集团有限公司	规管系统；市场系统	2015.2.11	男	1.25	38	7	电话访谈	本科
11	UN1	奥克兰大学商学院	其他	2015.2.11	女	2.25	31	4	面见访谈 + 邮件访谈	博士
12	UN2	中国政法大学知识产权研究中心特约研究员	其他	2015.2.15	男	N	33	11	邮件访谈	博士
13	IQY	爱奇艺	市场系统：内容商	2015.2.12	男	0.75	31	2	电话访谈	本科
14	SARFT	国家新闻出版广电总局	规管系统	2015.2.27	男	1	30	6	电话访谈	硕士
15	CNTV	中国网络电视台	市场系统：内容运营	2015.2.13	男	1	42	4	电话访谈	硕士
16	SMC1	广东南方新媒体发展有限公司	市场系统：服务运营商	2015.3.3	男	1.5	55	27	面见访谈（广州）	本科
17	SMC2	广东南方新媒体发展有限公司	市场系统：服务运营商	2015.3.3	男	1.45	49	24	面见访谈（广州）	博士

　　紧密联系的证据链。案例研究需要从一定数量的资料来源中追本溯源，建立一条证据链从而提高构念效度。深度访谈是一项重要的资料来源。本研究中，通过深度访谈，可以理解行动者网络中的行动者有什么方面的诉求，兴趣和预期在哪里，采取策略背后的理性思考源于何处，以及如何看待未来行动者网络的发展等。故而这些深度访谈不是简单抽样访谈，而是一个在行动者网络理论基础上设计的访谈。其他数据收集还包括重要人士的公开演讲、公司年报、报刊电视等大众媒体报道、官方文件、内部期刊、网络平台的数据收集等，在基于行动者网络的理论框架上，这些信息是具体操作化了的数据的收集，也是对理论进行支持的重要的资料汇聚。深度访谈一般在 30～90 分钟，分为三大部分，首先是个人相关信息、参与标准形成与扩散的工作经历、所在机构组织的基本性质；然后是关于行动者网络中的认识、态度看法、原因以及建议的第二部分内容，通过第二部分来了解为何和如何的问题；最后是关于所在机构组织或作为个人的一些因人而异的非结构化的问题。

　　内部效度主要在建立因果关系上，说明部分因素会引发其他因素的发生，且不受别的因素的干扰，和数据分析相关。

　　为了避免偶然性和主观分析错误，在分析行动者网络中行动者之间的关系，以及标准形成扩散时期行动者和相应行动的关系时，对访谈提纲内的相应内容进行了编码处理：行动者归属（市场系统 M，market；规管系统 R，regulatory；创新系统 I，inovation；媒体系统 Media），对未来的行动者网络发展的预期（N，next），行动者之间相互关系的认知（C，connection），必要通行点（O）。这样严格的编码，使模式进行了匹配，而且通过两个研究者反复编码，可以提高效度。这样应对三个研究问题，一方面能够更加翔实准确地标记不同时期行动者的兴趣和关系，另一方面也能对未来预期进行标注，从而可以更有条理地回答前两个研究问题，即新媒体标准是如何形成和扩散的。在回答第三个问题，即各方策略为何促进/阻碍了标准发展时，通过编码能更加方便地让研究者系统地进行不同行动者的属性的梳理，也帮助理解行动者行动策略背后逻辑。

　　另外，本书收集了多个案例的形成与扩散过程中的重大事件、影响因素、相关参与行动者等，从而提升了数据整理的内部效度。

　　外部效度和信度也是重要的效度指标。其中外部效度在本研究中是指研究结论的推广性，即可以类推的范围。本研究是具有一定的推广性的，理论上构建的基于行动者网络理论的框架，可以适用于其他新媒体技术标准的分析；而在实际中，在我国的新媒体技术标准的发展中，本研究亦提出一定的建议，作出一部分策略的总结，故而具有实际的推广性和借鉴意义。

信度是指"阐明研究的复制性，例如，资料搜集可以重复实施，并可以得到相同的结果"[①]。本研究的访谈数据以及二手数据的重复获取有一定难度，主要因为受访者大多是生产单位、行业内的资深的决策人士，部分二手数据也是来源于内部资料，但大部分通过一些尝试，仍然是可以通过重复实施得到相同的结果的。当然，部分数据可能因为访谈人观念的改变，或者情境的变化等出现一定变化，笔者也不排除这种可能性。

殷认为案例研究通过适当的精准的操作也可以进行规范[②]，案例分析本来就是通过个案的研究来充实理论的丰富性的。案例分析往往在某些理论上可以支持，但在某些理论分析时又不支持。他们可以被用来对现有的理论进行丰富或者改正。本研究尽量减小误差和偏见，并尽量提供了本研究的一手材料，例如访谈提纲和编码方式等，从而让后续的研究者可以在此基础上进行其他新媒体技术的标准发展研究，而进一步的研究才能在外部效度和信度上对本研究进行证明。

---

① LEE T L. Using qualitative methods in organizational research. Thousand Oaks, CA：Sage Publications，1999：145 – 170.

② YIN R K. Case study research：design and methods. Thousand Oaks, CA：Sage Publications，2013.

第四章

形成期的研究发现

前文中已经提及，形成期和扩散期是两个重要的研究中国新媒体技术标准发展的时期。形成期是技术标准未被规管机构正式批准进入市场之前的阶段，形成期的特点包括：创新系统竞争激烈，市场预期具有不确定性，规管系统最初决策影响行业发展，创新机构的发展强硬，等等。下面从形成期行动者网络构成、行为以及行动者网络稳定性分析来还原形成期的新媒体技术标准的发展过程。

第一节　形成期的行动者网络构成

要想研究形成期行动者网络构成，首先要对参与行动者进行分析，然后才能判断谁是焦点行动者，进一步通过转译的过程研究行动者网络的形成。

一、形成期的行动者

正如前文笔者在框架的推演中总结的，中国的新媒体技术标准发展影响行动者的分类为规管系统、创新系统、市场系统、媒体系统，下文就分别对这几个系统功能进行分析。

（一）行动者及其分类

在上文对行动者的分析中，为了对焦点行动者进行判断，首先对行动者的类别进行了讨论。根据上文所提到的封装组件的概念，还需要对行动者的类别进行分类后再进一步细分组件，即进一步进行操作化定义。下文中，基于封装组件的批判性理论视角，笔者在对四个行动者作出细分的基础上，作了相应定义和解释，并对下级组件的变化和交叉归属作了一些梳理。

上文提出新媒体技术的标准分为信息源、传输通道、用户端三种大类别，而无线工业就是重要的信息源和传输通道以及用户端的新媒体技术标准的应用领域。在工业无线产业研究中，有学者认为工业无线产业生态的重要组成部分包括市场系统、规管系统、创新系统等。[①] 工业无线产业是重要的新媒体行业的组成部分，有一定相似性，所以本研究就大胆引用这一分类。

但和工业无线产业技术标准相比较，新媒体技术标准又有一定特殊性，因为和其他行业的行动者比较，新媒体技术标准的发展中，大众和媒体都有积极

---

① LYYTINEN K, KING J L. Around the cradle of the wireless revolution: the emergence and evolution of cellular telephony. Telecommunications policy, 2002, 26 (3): 97 – 100.

参与。在用户端与其他端沟通时，重要的一个传递者就是媒体。原本在行动者网络的理论中，没有固定的一个媒体的概念，只有传递者（mediator）概念，而在中国的新媒体技术的标准发展中，媒体就是一个传递者，这在前文的行动者网络理论中有详细解释，传递者和中介（intermediaries）是有区别的，媒体扮演的是传递者的角色，行动者网络理论中对于世界的看法就是基于传递者而非中介的。① 邱林川在分析我国 Wi-Fi 标准 WAPI 的文章中肯定了媒体的作用。② 根据上文对新媒体技术标准发展的特殊性，以及媒体在其中作为传递者的重要作用的论述，可见在新媒体技术标准研究中，需要专门对媒体，以及媒体组成的系统进行研究。

为了更好地分析行动者的属性，下面分别对创新系统、市场系统、规管系统和媒体系统进行定义和分类分析。

1. 创新系统

萨尔特曼（Zaltman）对创新的定义是新的观念、作业以及实务上的成果被相关单位采用。③ 汤普森（Thompson）对创新的定义是新的观念、流程、产品、服务的产生、接受以及执行。④ 也有部分学者对创新进行研究后，将技术创新定义为一个让产业有新的和改善的产品的生产流程。故而在中国新媒体技术标准的创新中，创新机构指的是能够为新媒体产业带来新的观念、流程、产品、服务、作业以及实务并改善产品和生产流程的机构或者公司。

在关于创新系统的研究中，有学者对 TD-SCDMA 进行了研究，归纳了参与创新系统的生产厂家，它们包括：系统设备厂商的研发部门，芯片厂商的研发部门，仪表厂商的研发部门，天线厂商的研发部门，终端厂商的研发部门。⑤ 这些都属于生产线上的具有创新能力的厂商。他们是创新系统的一个重要组成

① LATOUR B. Reassembling the social—an introduction to actor-network-theory. Oxford University Press, 2005: 316.

② QIU J L. Chinese techno-nationalism and global wifi policy//Reorienting global communication: Indian and Chinese media beyond borders. Urbana, IL: University of Illinois Press, 2010: 284 – 304.

③ ZALTMANG D R, HOLBER J. Innovation and organizations. New York: John Wiley and Sons, 1973.

④ THOMPSONV A. Bureaucracy and innovation. Administrative science quarterly, 1965 (5): 1 – 20.

⑤ 高俊光. 面向技术创新的技术标准形成路径实证研究. 研究与发展管理, 2012, 24 (1): 11 – 17.

部分，即厂商的研发部门，其中影响力最大的要数芯片厂商的研发部门，本研究将其称为"厂商研发部门"。TD-SCDMA 是新媒体技术标准的研究中通信技术的一种，所以在研究新媒体技术标准的创新系统分类时，可以参考其分类方法。另外在创新分类中，库克（Cook）根据管制结构（governanee structure）维度划分，将创新系统分为了基层型创新系统、网络型创新系统以及统制型创新系统。① 其中统制型创新系统受制于政府政策，其资金主要来自于政府。在我国，这类研究机构主要是政府部门下属单位，或者其旗下收购的全资或者主要资金来自于政府的机构或者公司，称为"规管下属创新机构"。在中国，广科院资金来源于规管系统的广电总局，而电信研究院资金来源于工信部，这些资金都是统一或者部分由国家财政划拨，所以中国的新媒体技术标准的行动者中，创新系统也有规管系统下属创新机构这一类别。另外还有一类更加独立的，在高校或者高校中独立出来的研究机构称为 Spin-offs②，这在中国的高校中也很常见，例如清华同方公司就是清华园的师生带着产学研结合的初衷创立的、有着巨大影响力的独立研究机构，本研究称之为"其他独立创新机构"。故而，在新媒体技术的标准行动者网络中：

创新系统指的是能够为新媒体产业带来新的观念、流程、产品、服务、作业以及实务并改善产品和生产流程的机构或者公司，分为厂商研发部门、规管下属创新机构、其他独立创新机构。

2. 市场系统

在市场相关的研究中，林（Lin）在研究 CMMB 的文章中，通过广泛的文献分析和对利益相关者的访谈指出，CMMB 社会技术研究有几个子系统需要研究，包括技术、政策政府、市场工业。③ 其中市场工业包括众多运营商，例如中广传播、软件硬件厂商、内容提供商等。而另外一大类不可忽视的就是用户。用户在市场中是主动的消费者，是具有能动性的个体，也是能表征整体网络特征的行动者。行动者网络理论中强调同等对待人与非人，故而技术标准发展中的设备也包含在市场系统之内。CMMB 是中国主要的新媒体技术标准之一，是

① COOKE P, JOAEHIM H, BRAEZYK H J. Regional innovation system: the role of governance in the globalized world. London: UCL Press, 1996.

② STEFFENSEN M, ROGERS E M, SPEAKMAN K. Spin-offs from research centers at a research university. Journal of business venturing, 2000, 15 (1): 93 – 111.

③ LIN T T. Prospect of mobile TV broadcasting in China: socio-technical analysis of CMMB's development. Chinese journal of communication, 2012, 5 (1): 88 – 108.

中国自主产权的重要技术标准，也是三网融合的重要阵地，对 CMMB 的研究有一定的代表性，故而可以用以参考新媒体技术标准的行动者网络中的市场系统划分。所以，在新媒体技术的标准行动者网络中：

市场系统就是新媒体产业中参与市场运作的组织机构或者个人。分为用户、运营商、厂商、设备等。其中，运营商包括内容提供商、服务运营商，厂商包括硬件厂商和软件厂商等。[①]

3. 规管系统

在规管相关的研究中，维策尔（Weitzel）等学者研究事实标准和法定标准，认为网络外部性理论导致事实标准，而法定标准主要是政府遵循的，事实标准主要是市场、价值链遵循的；而还有一个行会的存在，遵循的是事实标准和法定标准。这种划分比较尊重现实中的影响，但是没有突出我国国情。[②] 在我国，行业协会和市场对技术标准的影响略显弱势，特别是在技术标准形成初期，政府是比较重要的影响力。在对我国互联网管制的研究中，规管机构涉及文化安全以及互联网管理这两大领域。相关部门有文化、广电、工信、知识产权、新闻出版、国家安全、公安、外宣、外交等部门。[③] 这主要涉及文化类和非文化类两大类。此文献注重了互联网的特征，强调了内容审查、知识产权，却忽视了传输过程和信号源端类似于压缩标准等的规管机构。有学者在研究三网融合的规管系统时，将我国的规管系统分类为工信部、广电总局及其他相关部门，并提出应对三网融合的一些规管机构的整改意见。[④] 这种划分比较适合中国国情。在此基础上，在新媒体技术的标准行动者网络中：

规管系统是政府为了规范新媒体行业，通过系统的公共政策及管理手段进行相关治理的机构或者部门。规管系统可以分为广电相关机构、工信部相关机构以及行会文化类机构。

其中广电相关机构指的是中央广电及其地方广电，以及有密切关系的规管

---

① 行动者还可以细分，例如运营商按照功能又分为：内容运营商、服务运营商。或者按照地域属性可以分为：中央运营商和地方运营商。

② WEITZEL T, BEIMBORN D, KÖNIG W. A unified economic model of standard diffusion: the impact of standardization cost, network effects, and network topology. MIS quarterly, 2006: 489 – 514.

③ 陈振. 我国网络空间文化安全的法制建设. 淮阳师范学院学报（哲学社会科学版），2013, 34: 1.

④ 李健，西宝. 基于模块化的三网融合管制机构组织结构设计. 中国科技论文在线，2011: 1 – 7.

机构。工信部相关机构指的是通信行业的工信部相关的一些规管机构，而行会文化类机构指的是行业协会以及对安全、内容、产权等进行把关的其他规管机构。

广电相关机构、工信部相关机构的发展基本上是没有太多交叉的各自为政的两个阵营的发展途径，从我国重要国策"三网融合"中，在广电双向网改的发展方面来反思，对比电信的发展历程从电话网、非对称数字用户线的 ADSL 至 ADSL＋，再至 VDSL（超高速数字用户线路）以及后来的光纤到户 FTTH，电信的发展路径是清晰、不迂回的。而广电的双向网络建设却显得有些曲折，在技术选择上，开始是 CMTS，后来是 DOCSIS，又出了自主标准 C-DOCSIS，还多了 EOC，总之有各种选择。并且在核心业务定位上也是迂回前行，先瞄准宽带业务，后来转移至互动业务，例如互动电视，之后在 2013 年后又回归了宽带业务。技术标准和路径的选择往往在一个迷茫的峰回路转后就错过了最佳的发展时机，而技术的标准和路径的选择往往不仅仅在于技术本身的优劣，而在于行动者网络构成的时机。后文中也可以看出这为 CMMB 的发展带来了巨大隐患。另外，通过对中国电信和广电的发展历史的梳理，可以看出这两大系统分别隶属于广电相关机构和工信部相关机构管理，基本上是没有太多交叉的各自为政的两个阵营的发展途径，部分学者在研究中也明确指出，广电和工信部存在网络融合与分业监管的冲突，因而存在着部门利益冲突，管制体制又各自为政的状况。① 故而得出以下推论：广电相关机构、工信部相关机构可能有不可调和的利益矛盾，规管系统超过一个易导致利益分化。

4. 媒体系统

媒体系统属于本研究中专门提出的一个新的行动者分类，故而专门在下一节中重点阐释。

综上所述，新媒体技术标准的行动者有四大系统：规管系统、创新系统、市场系统以及媒体系统，如图 4-1 所示。

---

① 李健，西宝. 基于模块化的三网融合管制机构组织结构设计. 中国科技论文在线，2011：1-7.

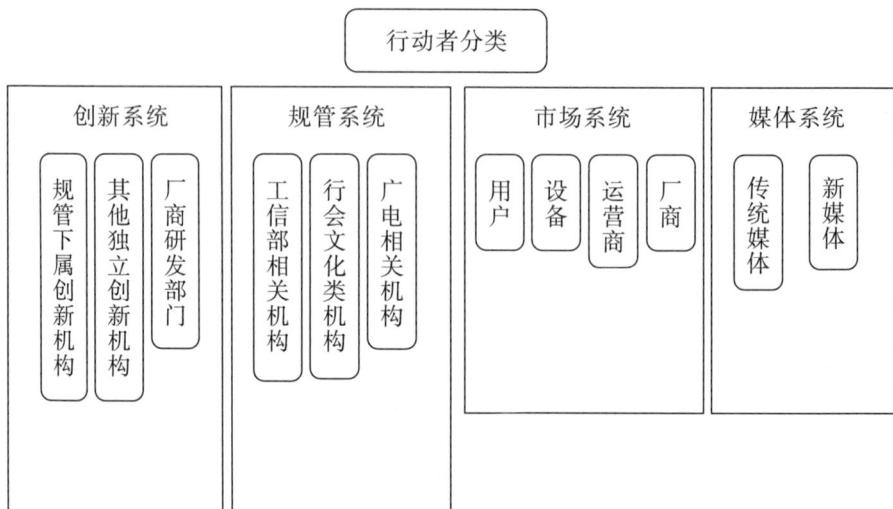

图4-1　新媒体技术标准发展行动者分类

每个系统相当于一个行动者结点，又相当于一个黑盒，其中封装着更多组件，连接成为网络的网络。例如创新系统封装着的下级组件包括：规管下属创新机构、厂商研发部门、其他独立创新机构。细分组件分别作为更具体的行动者，积极地参与着行动者网络的构建，在网络中与其他行动者互动，并体现各自的独立功能属性。

（二）创新系统：以厂商研发部门、规管下属创新机构的参与为主

在新媒体技术标准的发展中，根据前文行动者及其分类梳理，笔者已经对创新系统进行了定义和分类。创新系统指的是能够为新媒体产业带来新的观念、流程、产品、服务、作业以及实务并改善产品和生产流程的机构或者公司。分为厂商研发部门、规管下属创新机构、其他独立创新机构。那么具体到某一个新媒体技术标准的案例中，究竟有哪些机构或组织参与了创新系统呢？

首先对互动电视 CMMB 案例进行探讨，有中广传播官方网站①出具的比较完整的参与名单，其详情可参考手机电视标准 CMMB 技术研究的工作组单位

---

① CBC.［2015 - 02 - 01］.http://www.cbc.cn.

名单①。通过这些二手数据收集以及访谈中的相关信息核实，可以总结：创新系统主要参与者是广科院、泰美世纪，并得到中央广电支持。② 形成期还有一个重要的创新系统的行动者是芯片厂商。主要设计的厂商包括：泰和制衡、Siano、万达、即讯通、中兴、华为等。前广科院院长马炬说，"到目前为止，CMMB 工作组有由运营商、企业、高校、科研机构组成的 180 多个成员单位，其中包括中兴、联想、爱国者等企业，还有很多业内并不知名的企业，在帮助CMMB 做发射机、复用器、增补转发器、补点器等设备，涉及 20 多个门类"③。可以看出 CMMB 的案例中，这些机构为新媒体产业带来新的观念、流程、产品、服务、作业以及实务并改善产品和生产流程。由此可见，这些机构属于创新系统。下表将这些机构按厂商研发部门、规管下属创新机构和其他独立创新机构进行了归类。

表 4 - 1　CMMB 的案例中形成期创新系统

厂商研发部门	泰和制衡、Siano、万达、即讯通、中兴、华为、联想、爱国者
规管下属创新机构	广科院、泰美世纪
其他独立创新机构	高校

　　对于主案例来说，主要创新系统包括：厂商研发部门、规管下属创新机构和其他独立创新机构。那么对于其他案例来说，是否也可以这样划分呢？对于

①　手机电视标准 CMMB 技术研究工作组单位名单：中央人民广播电台，中国国际广播电台，中央电视台，国家广播电影电视总局无线电台管理局，国家广播电影电视总局广播科学研究院，国家广播电影电视总局广播电视规划院，北京泰美世纪科技有限公司，中国移动通信集团公司，中国联合通信有限公司，上海高清数字科技产业有限公司，上海瑞高信息技术有限公司，广州广晟数码技术有限公司，中电赛龙通信研究中心有限责任公司，中兴通讯股份有限公司，中国华录集团有限公司，中国科学院声学研究所，中国科学院微电子研究所，中国移动广播卫星有限公司，北京广播影视集团，北京中电华大电子设计有限责任公司，北京北广科技股份有限公司，北京创毅视讯科技有限公司，北京华信泰机电设备有限公司，北京华旗资讯数码科技有限公司，北京首信股份有限公司，北京展讯高科通信技术有限公司，北京握奇智能科技有限公司，四川长虹电器股份有限公司，武汉市天喻信息产业股份有限公司，夏新电子股份有限公司，捷开通讯有限公司，深圳市国科电子技术有限公司，深圳市海思半导体有限公司，湖南国科广电科技有限公司，联合信源数字音视频技术（北京）有限公司，UT 斯达康（中国）有限公司，爱迪德技术（北京）有限公司，Envivio Inc.，英华达（上海）电子有限公司。

②　具体详情请见焦点行动者判定相关章节内容。

③　中国企业家龚宇：移动视频变革前夜. 睛彩杂志，2013（7）：32 - 34.

TMMB 案例，它是由新岸线和东南大学、中国传媒大学联合研发，得到了电信系统支持，它的创新系统除了有厂商研发部门、规管下属创新机构参与，也有高校参与，属于"其他独立创新机构"。

OTT 案例中，部分 OTT 技术和 Web 有一定相似性，是其技术的延伸，而其本质是"同质多屏"，也就是指一样的内容和不同的平台，加上多个屏幕传输数据流。创新系统包括各大参与运营商和上下游企业的研发部门以及相关独立研究院和学术机构。其中北京蓝汛为国内第一家拥有"OTT + CDN"平台的企业。网宿科技有限公司①是一家在互联网领域有长达 14 年运营经验的公司，覆盖面比较广，涉及门户网站、政府、运营商及视频、电子商务、经融等领域。可以看出 OTT 案例中创新系统主要是厂商研发部门、规管下属创新机构。

通过对几个案例的分析，可见在新媒体技术标准的发展中，创新系统中的厂商研发部门以及规管下属创新机构都是主力创新力量，其他一些例如高校等独立研究机构的参与也有一定比例，但是在中国还是以前两种为主。

（三）规管系统：和创新系统一起进行行业定位

笔者在前文行动者及其分类中，定义了规管系统，并对其进行了相应的分类。规管系统是政府为了规范新媒体行业，通过系统的公共政策及管理手段进行相关治理的机构或者部门。规管系统可以分为广电相关机构、工信部相关机构以及行会文化类机构。

规管系统中，国际上有重要的标准组织如 ISO② 等，在新媒体相关标准中，国际上有影响力的规管组织包括：万维网联盟（W3C）③、欧洲广播联盟

---

① 网宿科技股份有限公司，简称"网宿"，成立于 2000 年 1 月，主要向客户提供全球范围内的内容分发与加速、服务器托管与租用，以及面向运营商的网络优化解决方案等服务。

② 国际标准化组织（International Organization for Standardization），简称 ISO，成立于 1946 年，是一个全球性的非政府组织，也是国际标准化领域中一个十分重要的组织。

③ 万维网联盟创建于 1994 年，是 Web 技术领域最具权威和影响力的国际中立性技术标准机构。到目前为止，W3C 已发布了 200 多项影响深远的 Web 技术标准及实施指南，如广为业界采用的超文本标记语言（标准通用标记语言下的一个应用）、可扩展标记语言（标准通用标记语言下的一个子集）以及帮助残障人士有效获得 Web 内容的信息无障碍指南（WCAG）等，有效促进了 Web 技术的互相兼容，对互联网技术的发展和应用起到了基础性和根本性的支撑作用。

（EDU）①、国际电信联盟（ITU）、国际电工委员会（IEC）等。我国负责新媒体技术的相关标准的颁布、制定和规管的部门有中华人民共和国工业和信息化部、国家广播电视总局等。

在主案例 CMMB 中，主要的主导规管系统还是国家广播电视总局，简称广电总局。其旗下还有一系列创新和运营的公司和机构。广科院、规划院就是创新机构，中广传播公司就是运营机构。中广传播作为国家广播电视总局全资的有限公司，既承担着运营的重要职责，又属于规管机构，有不可推卸的责任。可见，主案例中，规管系统和创新系统有着千丝万缕的关系，而且都起着重要作用。

那么，在其他案例中，规管系统和创新系统是否也有联系呢？在 TD-SCDMA 的案例中，主要的规管系统就是中华人民共和国工业和信息化部，简称工信部（英文缩写为 MIIT）。作为我国的主要行业管理部门，工信部对相关行业发展进行规划，对相关政策、标准进行管理。而大唐，作为电信科学研究院控股的公司②，是主要的创新机构，也是工信部所主导的，可见其与规管系统也有相当大的联系。

OTT 的案例中，广电总局是主要的规管机构，而广电总局就通过发放牌照来管理 OTT 牌照，广电总局发出的互联网电视牌共有 7 张，拿到牌照的企业包括 CNTV、南方传媒、杭州华数、中国国际广播电台、中央人民电台、百视通和湖南电视台。在未来的市场中这些牌照商可以积极投入各种合作，凭借牌照优势探索 OTT 新的商业模式，和电视机厂商以及互联网视频服务商，甚至和机顶盒厂商等进行合作。在这个案例中，规管系统与创新系统的联系就没有那么

---

① 欧洲广播联盟（英语：European Broadcasting Union，简称 EBU；法语：L' Union Européenne de Radio-Télévision，简称 UER）为欧洲与北非各广播电台与电视台之间的组织，成立于 1950 年 2 月 12 日。总部位于瑞士日内瓦。

② 大唐电信科技股份有限公司是根据原邮电部［1998］326 号文件《关于同意设立大唐电信科技股份有限公司及发行 A 股并上市的批复》，经国家经贸委国经贸企改（1998）543 号《关于同意设立大唐电信科技股份有限公司的复函》文件批准，由电信科学技术研究院（以下简称"电信院"）作为主要发起人，联合电信科学技术第十研究所、国际电话数据传输公司（以下简称"ITTI"）、西安高科（集团）公司、北京凯腾飞信息技术有限公司、陕西省国际信托投资股份有限公司、湖南南天集团有限公司、广东益源通信技术有限公司、陕西顺达通信公司、山东邮电实业总公司、山西鸿飞通信实业总公司、河北通信发展股份有限公司、信息产业部北京设计院（又名"中京邮电通信设计院"）等共 13 家发起人共同发起，以募集设立方式组建的股份有限公司。

密切。

由此可见，规管系统在中国的特定环境中，对新媒体技术标准的发展起着至关重要的引导作用，是重要的风向标、指路牌。规管系统主要由政府相关部门或者有政府背景的机构组织组成。在大多数的新媒体技术标准发展的案例中，创新系统往往与规管系统有着密切关系，共同左右着新媒体技术标准的发展，一起进行着行业定位。

（四）市场系统：已经呈现竞争却非主力

新媒体技术标准最终要通过产品等形式进入市场，接受市场考验，而要研究中国的新媒体技术的标准发展，市场就是重要的研究对象。对于市场系统，笔者在行动者及其分类探讨部分已经作出了详细的定义和具体的分类。市场系统就是新媒体产业中参与市场运作的组织机构或者个人，分为：用户、运营商、厂商、设备等。其中运营商包括内容提供商、服务运营商，厂商包括硬件厂商和软件厂商等。下文就对市场系统的情况和功能进行梳理。

形成期市场系统已经参与竞争。对于CMMB案例来说，市场系统包括运营商（也就是中广传播）、上下游的内容供应商、终端厂商、硬件厂商、用户等。其中比较主要的是中广传播、地方广电（南方新媒体公司）、中广美意文化传播控股有限公司、思亚诺公司、华为、中兴、中国移动、国广控股等。它们都是新媒体产业中参与市场运作的组织机构，属于市场系统的组成行动者。

形成期的市场系统竞争局势已经初现雏形，其中主要运营商是中广传播集团有限公司，它是国家广电总局直属企业，是专门开展CMMB网络建设与业务运营的全国级运营单位。由于直属广电总局，所以既是裁判员又是运动员。中广传播的一位主任在接受访谈时，就印证了这一点，他是这样描述中广传播的定位和目标的：

CMMB是一个很好的业务，其在移动终端上观看电视的出发点和目标是很不错的，中广传播希望能做大，将CMMB做成标配，这可以说是我们的终极目标。广电在挤压CMMB市场后，有公司进入或退出，这些都是市场的正常调试。（CBC）

广电总局其实是中广传播的出资单位，中广传播其实在CMMB行动者网络中不但扮演着市场系统内的服务运营商角色，还扮演着规管系统的角色，故而和其他广电总局下属单位十分友好，而和其他行动者之间关系就没有这层渊源。正如这位中广传播的主任提到的：

> CBC和规划院、广科院是兄弟单位，我方和通信设备提供商，社会上算是甲方乙方的合作关系。（CBC）

也就是说，中广传播和上下游的厂商之间是合作关系。而值得注意的是，部分硬件厂商在标准形成期间一直从事芯片开发、标准申请、专利获得等工作，是为了在扩散期间获得更多的主动权，这也是高新科技行业的硬件厂商的必由之路。更多的专利，不仅仅意味着专利费的减少，更意味着在选择日后的合作和竞争中能有利地占据主导权。故而这些看似属于市场系统的硬件厂商在标准的形成期间很多都扮演着创新系统的角色，并且为标准的形成和日后的扩散贡献着不朽的功劳。

另外，地方运营商也是重要的市场系统的组成部分，例如南方新媒体公司是广东省的主要广电系统的新媒体公司，也是中国移动的重要盟友，在传统内容向新媒体平台上进行转换的过程中起到了重要战略性作用。

当然用户也是关键的市场系统的组成成员。更多个性化定制会带来更多的兴趣，吸引更多的用户，当然，这在形成期还没有那么明显的体现，但是在扩散期，用户更多地体现了其主观能动性和作为市场系统的重要组成部分的对新媒体技术标准的影响作用。所以主案例中形成期市场系统构成如表4-2所示：

表4-2　CMMB的案例中形成期市场系统构成

运营商（内容提供商、服务运营商）	中广传播、国广控股、中国移动、南方新媒体公司、中广美意文化传播控股有限公司
厂商（硬件厂商和软件厂商等）	思亚诺公司、华为、中兴

在主案例中，市场系统的分类如上，那么在其他新媒体技术标准发展的案例中是否也类似呢？下面考察一下互动电视OTT的案例，其市场系统包括互联网业务运营商、电信运营商、牌照集成商/运营商、终端机及硬件制造商、用户等。互联网业务运营商如奈飞网（Netflix）、葫芦网（Hulu）等都是国外的优秀

运营商，并且曾表示过要进军中国市场；国内优酷、乐视、苹果和谷歌等一批优秀的服务商在努力争取用户和市场上也不示弱。电信运营商有中国电信、中国移动、中国联通，内容运营商以爱奇艺、搜狐视频、优酷、土豆等互联网视频网站为主，另外有文广、广播电视集团等传统内容制造龙头集团加入，还有乐视、PPTV、百度等自制内容的中小运营商的参与。终端机及硬件制造商方面，各大主要终端机器的制造厂商有苹果、联想、三星、诺基亚、台电、华硕、七彩虹、酷比魔方、蓝魔、昂达、微软、戴尔、宏碁、神舟、华为、原道、E人E本、驰为、小米、索尼、惠普、爱国者、谷歌、魅族等，机顶盒的制作厂商有小米、乐视、开博尔、天敏、美如画、海美迪、迪优美、英菲克、乐光、杰科、我播等。其形成期市场系统构成如表4－3所示：

表4－3　OTT的案例中形成期市场系统构成

运营商（互联网业务运营商、电信运营商、内容运营商、牌照集成商/运营商）	奈飞网、葫芦网、优酷、乐视、苹果和谷歌、中国电信、中国移动、国联通、爱奇艺、搜狐视频、土豆、文广、广播电视集团、乐视、PPTV、百度
厂商（终端机及硬件制造商）	苹果、台电、七彩虹、酷比魔方、蓝魔、昂达、微软、戴尔、华为、原道、E人E本、联想、三星、诺基亚、驰为、宏碁、神舟、华硕、小米、索尼、惠普、爱国者、谷歌、魅族等，机顶盒的制作厂商如小米、乐视、开博尔、天敏、美如画、海美迪、迪优美、英菲克、乐光、杰科、我播

诚如上文所述，市场系统在中国的新媒体技术的标准发展中已经开始出现了竞争，但在形成期，由于标准还没有最后被明文获准入市，所以市场系统一方面体现了竞争性，另一方面在此阶段还尚未成为主要影响因素。

（五）媒体系统：助力行动者网络形成

在前文的行动者及其分类梳理中，笔者将媒体系统定义为：在行动者网络中，起着传播者作用的，通过修辞完成科学的社会构建的机构和组织。其分类包括传统媒体和新媒体。其中传统媒体包括以商业媒体为代表的一系列报纸、书刊、电台；新媒体包括以互联网为主要阵地的各种新兴媒体平台。虽然媒体系统是整个行动者网络中的重要的影响因素组成部分，但在形成期，媒体是参与的行动者，却不属于主要行动者。

综上所述，我国新媒体技术标准的行动者网络，在形成期各大系统的功能比较中，创新系统起到主力作用。另外，规管系统和创新系统一起进行行业定位。市场系统已经开始竞争，影响力却不大。媒体系统影响力比较小。

二、形成期焦点行动者的判断：规管系统和创新系统

笔者在理论框架推演中对焦点行动者这一关键概念进行了总结，根据定义，焦点行动者是一部分在网络中起着主导作用的行动者。行动者网络是一个异质性的人与非人的行动者组成的网络，而焦点行动者在此网络的组建中，通过对行动者各种角色、关系、活动的处理来定义一个实际中的问题。① 而在主案例中，对我国新媒体技术标准的行动者网络进行考察时，的确有一部分行动者在网络中起着主导作用，并通过对行动者各种角色、关系、活动的处理来定义一个实际中的问题，他们就是创新系统和规管系统，也就是主案例 CMMB 中的焦点行动者，下文中会一一分析。

首先，对创新系统的公司和机构进行梳理。创新系统包括规划院和广科院、泰美世纪、中兴、数码视讯等公司和机构，其中泰美世纪、规划院和广科院影响较大。在大多数访谈中，受访者都提到了它们，例如在对华为一名资深技术人员进行访谈时，他提到：

泰美世纪、规划院和广科院和我们都有合作，它们是创新的机构，也是规管的主体下属机构，它们对于整个 CMMB 发展起到了举足轻重的作用，给我们市场的各个公司都有指导作用，不但给我们的作用进行了定位，还对我们未来的发展指明了道路，在当时起到很大推动作用，是整个产业链的主要关系的维护机构。（HW1）

在对中广传播的朱总进行访谈时，他提及：

---

① ROEBUCK K. Application delivery controller（ADC）：high-impact strategies—what you need to know：definitions，adoptions，impact，benefits，maturity，vendors. Brisbane：Emereo Publishing，2012：290 – 293.

参与标准制定的公司和机构有规划院和广科院（I），社会公司有：泰美世纪、中兴、数码视讯以及一些小型公司（I）；其中规划院和广科院影响较大（O），中兴较大参与了标准制定以及服务器核心硬件的研发（I）。这些创新的机构不但有着对标准的指导权，也一致组织着 CMMB 发展环节中的重要活动，为着促进 CMMB 的发展一直在出谋划策，主导全局。

在对中兴的中层进行访谈时，广科院和规划院同样被多次提及，他说：

如果说 CMMB 的标准制定有个主推手的话，那么主要归功于广科院和规划院，他们一直在说服、鼓动我们设备商、运营商、社会各界参与进来，并提供各种有利条件和刺激政策。这些都是我们当时参与 CMMB 的重要考量。相信这种角色的分工、协调也是他们精心布局、统筹的结果。（ZTE1）

通过对泰美世纪、规划院和广科院的背景进行梳理，笔者发现泰美世纪是广播科学研究院拥有 55.5% 股份的公司，广科院是广电总局下属的，规划院也是广电总局下属的。

从以上部分列举的访谈数据可以看出，规划院和广科院还有泰美世纪公司，对其他创新机构有着不可替代的作用和优势，对市场有指导引领的作用，而对规管部门来说是拥有一部分股份或者关系紧密的队友，可以说在整个形成期，它们在不断地主导 CMMB 技术标准的发展，通过处理、协调各方关系，定义了一个初始化的 CMMB 行动者网络的形成。创新系统和规管系统，在 CMMB 形成期，为了促进该标准的制定，一直起着统筹、组织、协调作用。也就是说，他们起着主导作用，并通过对其他机构的各种角色、关系、活动的处理来定义一个实际中的问题——如何成功地创新 CMMB 标准。

故而，根据焦点行动者定义，主案例 CMMB 在形成期的焦点行动者，是创新系统和规管系统。具体来说是如下的一些公司和机构：广电总局及其下属的规划院和广科院，还有泰美世纪公司。在新媒体技术标准形成期，这些焦点行动者，即是整个行动者网络中的主导者。通常来说，他们主导着行动者网络中其他行动者朝着自己设定的方向行动。焦点行动者，即是整个行动者网络中的主导者和无法绕过的不可或缺的通路。

而在其他案例中，例如在 TD-SCDMA 技术标准的形成期，大唐作为主要的创新系统成员，努力促进了产业链的形成，发展了市场潜力，适应了规管系统对自主产权技术标准的鼓励和需求。这是创新系统中的厂商研发机构在主导、影响着其他行动者的发展，由此可见，TD-SCDMA 案例中，形成期的焦点行动者主要是起到主力作用的创新系统。

虽然不同的案例在不同的时期，焦点行动者可能有所不同，但是，根据焦点行动者的定义和性质，通过上文对各个系统的功能的分析，在主案例和其他小案例的分析后，可见形成期的焦点行动者一般是创新系统和规管系统，他们在形成期起到比较大的作用，通过对行动者角色、关系、活动的处理初始化了一个行动者网络。

也就是说在新媒体技术标准没有形成的时期，主要影响新媒体技术标准发展的焦点行动者是规管系统和一部分创新系统。

三、形成期行动者网络的形成

在上文理论框架梳理中，"转译"这一概念体现了行动者组成的网络是如何形成的。下文通过对形成期的转译过程分析，描述焦点行动者如何在问题化、利益赋予、招募和动员中，不断把其他行动者的问题和挑战、兴趣用自己的语言转换出来形成行动者网络的过程。如下图 4-2 所示：

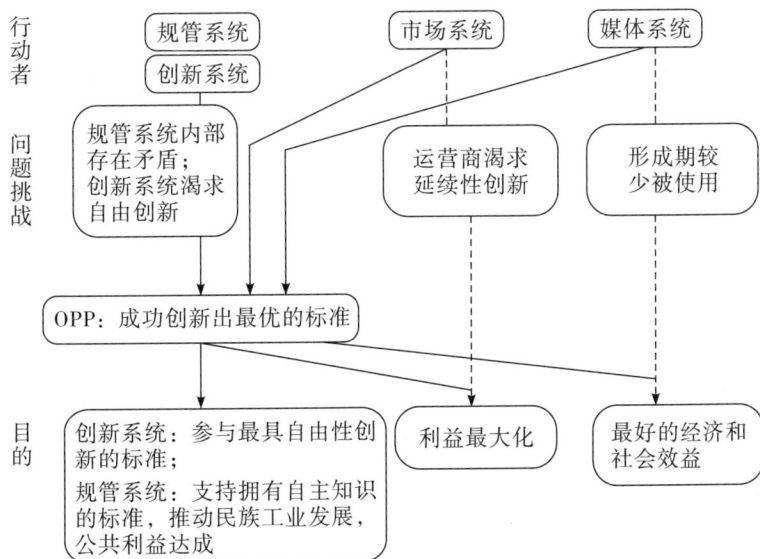

图 4-2 形成期行动者网络的形成

1. 问题化阶段

基于行动者网络理论，问题化过程是最为重要的一个转译的步骤。问题化指的是焦点行动者对行动者网络内部的不同行动者可能接受利益进行设定的过程，焦点行动者要确认当前行动者，定义他们的属性，并确定他们在建立关系网中的必要通行点，这样他们就是网络中不可或缺的元素。① 在 CMMB 案例中，创新系统和规管系统（具体是泰美世纪、规划院和广科院等）在行动者网络上是焦点行动者。OPP 指的是，行动者网络中，行动者都存在对某一个提出议程的赞同。焦点行动者需要设置 OPP，而在 CMMB 主案例中，OPP 就是成功创新出最优的 CMMB 标准。

在问题化过程中需要准确对每个行动者进行利益设定、需求评估、兴趣发掘、发展预测。焦点行动者如果正确判断，论坛会积极反馈，会促使标准发展；而如果没有正确判断，论坛会不均衡发展，最终阻滞标准发展。

2. 利益赋予阶段

利益赋予是行动者网络转译的第二个步骤，利益赋予的过程，是一个焦点行动者运用修辞和已有资源对其他行动者进行说服的过程。② 在 CMMB 标准的行动者网络中，这是规管系统和创新系统积极说服市场系统加入的过程。行动者可以同意参与行动者网络，但这个过程是没有绝对保障的③，被准确表征了的行动者得到满足就会参与，反之就可能不参与。

在 CMMB 标准的行动者网络中，如图 4－2 所示，市场系统的目的是利益最大化。在形成期，通过成功创新 CMMB 标准，可以预期一个比较良好的市场预期，故而很多市场系统的公司或者组织都积极加入了。

3. 招募阶段

招募是在焦点行动者的说服后，通过一系列策略给行动者定义和进行合作分配的过程，描述动员就是一个多元沟通、力量角力、伴随利益赋予并使其达

---

① CALLON M. Some elements of a sociology of translation：domestication of the scallops and the fishermen of St. Brieuc Bay. Sociological review，1984，32（1）：196－223.

② CALLON M. Some elements of a sociology of translation：domestication of the scallops and the fishermen of St. Brieuc Bay. Sociological review，1984，32（1）：196－224.

③ CALLON M. Some elements of a sociology of translation：domestication of the scallops and the fishermen of St. Brieuc Bay. Sociological review，1984，32（1）：195－223.

成的策略实现的过程。招募将社会定义为一个由角色和角色拥有者组成的实体。①

基于行动者网络理论，焦点行动者在形成期的利益赋予阶段会运用修辞和已有资源对其他行动者进行说服。在 CMMB 案例中，创新系统和规管系统指出招募路径，通过策略使市场系统加入，并且互动；具体策略包括资金投入、政策倾斜、频率分配、牌照发放等方面。下面就分别从这几个方面进行讨论。

（1）资金投入。

资金投入是最直接的利益赋予，也是我国常用的激励措施。CMMB 技术标准发展的投入是一笔天文数字。例如专门负责运营 CMMB 业务的公司中广传播就由广电系统直接入股，在全国各省都有子公司。内蒙古中广传播有限公司注册资金为 5 000 万元。福建中广传播有限公司，注册资金也是 5 000 万元。安徽中广传播有限公司成立于 2009 年 8 月，注册资本为 6 000 万元。② 这些资金主要运用到了 CMMB 技术标准的发展管理、策划和部署上，可以说是主导的参与者在行动者网络中的重金投入。

（2）政策倾斜。

政策倾斜体现在对标准的准入制度和竞争格局的管控上，CMMB 主案例中，该项技术标准就是作为行业标准进行推广的。

政策倾斜在我国的其他新媒体技术标准的形成期也是重要的策略，补充几个辅助案例，例如在 3G 案例中，中国的三家运营商各自拥有自己的权限，中国移动只能经营 TD-SCDMA 的标准，在 4G 标准中，中国移动可以使用 TD-LTE 等。这都是对国外的 WIMAX 等技术标准的致命打击，也体现了对民族工业的保护。

（3）频谱分配。

同样重要的是频谱分配，例如在 CMMB 案例中，除了资金投入等方面，广科院、中广传播、规划院都拿到相当的利好。在访谈中，中广传播的资深经理就多次提到：

CMMB 是全国唯一的，其他市场的冲击较小。CMMB 的频率是 700MHz，是黄金频率。（CBC）

---

① CALLON M. Some elements of a sociology of translation：domestication of the scallops and the fishermen of St. Brieuc Bay. Sociological review，1984，32（1）：196 – 223.

② CBC. ［2015 – 03 – 05］. http://www.cbc.cn.

这个频率特别宝贵，对于 4G 建网来说，相比现在的 2.4~2.6G 组网方案，可以节省 80% 的基础投资。可见在政策倾斜、频率分配方面 CMMB 技术标准是占尽地利。

（4）牌照发放。

牌照发放方面，体现了技术民族主义的本土保护思想，但是也损害了部分本土行动者的利益。在中美比较中，笔者通过访谈和二手数据收集，发现新媒体牌照发放有巨大的区别：中国的标准机构发放牌照，美国的标准机构发放标准的评定方案。①

例如，在 CMMB 牌照发放前曾经有一段短暂的时间，中国广东地区发放了另外一个 T-DMB 的韩国标准。2005 年 6 月，国家广播电影电视总局批准了南方传媒进行 T-DMB 有区域限制的手机电视试验，限制区域在广东省境内，虽然不是全国通用，但亦有代表性，被业内人士戏称为"半张手机牌照"。② 但是后来，出于对本土的自主产权的保护，又推出了 CMMB 的标准。而地方运营商由于不清楚后来会发放自主标准 CMMB，也不清楚满足什么条件的标准也会被入市，所以部分运营商在 T-DMB 上有了大额基础性投入，这在 CMMB 入市，成为唯一行业标准之后，形成了一笔坏账，大大打击了运营商的积极性。后文中，也会详细分析地方运营商的反馈。

总结形成期焦点行动者招募过程的策略，主要通过资金投入、政策倾斜、频率分配、牌照发放等方面，积极说服市场系统的加盟互动。

4. 动员阶段

动员过程确保其他行动者按照先设协定进行行动，且形成的行动者联盟是

---

① 在对广电下属单位进行访谈时，有高层就提到过，美国和中国的标准规管方法有着巨大的差别，他说："广电总局更应该做的是制定游戏规则，而不是根据'先来后到'这种简单粗暴的方式来发放牌照，在规范之前，首先自身应该做到规范。和美国比较，美国 FCC 是制造游戏规则，满足条件就都可以拿到牌照，而不是具体规定准入者。这举个婚姻法例子，就像美国是婚姻法规定过了 18 岁的可以结婚。中国是，现在是前 200 个拿结婚证，可以结婚，后面的只能和有结婚证的结婚了，先到先得。所以总局应该更多制定游戏规则，而非下来直接规定准入者。"这点理解起来很容易，就是说，规管部门应该规定满足了什么样的条件的车就是合格的可以上路，而非直接规定 1 号、2 号车可以，3 号、4 号车不可以。而且也不给出相应的理由和下次宣布可评定的基准和时间。

② 腾讯科技. 广东"半张牌照"手机电视 17 日"落地". (2006－05－12)［2015－02－01］. http://tech. qq. com/a/20060512/000063. htm.

有代表性的，如果是有代表性，则动员取得了积极支持。① 联盟动员如果成功，则行动者网络关系稳定。② 对于焦点行动者的各种行为，若是成功的动员，论坛中行动者会接受设定，形成具有代表性的联盟，促使标准发展；而不成功的动员，会导致论坛中行动者退出，最终阻滞标准发展。

5. 总结 CMMB 案例形成期的转译过程

总结 CMMB 案例，转译的过程如图 4 - 2 所示，问题化时，焦点行动者通过设定 OPP 使得其他行动者必须通过它才能达到自身目的。利益赋予中，市场系统的目的是利益最大化。由于可以预期一个比较良好的市场预期，故而很多市场系统的公司或者组织都积极加入了。招募过程中，焦点行动者通过策略使市场系统加入并且互动；动员阶段中，焦点行动者继续确保市场系统的目的的达成，并使其逐渐达到稳定关系。

具体分析每个行动者，可以看出：规管系统和创新系统作为焦点行动者，本身都是要成功创新出最优的标准，但是两者目的稍有不同。创新系统目的在于参与最具自由性创新的标准，而规管系统目的着重在支持拥有自主知识的标准，推动民族工业发展、公共利益达成。可见这两个焦点行动者之间的目的就有区别。而且后续研究中，笔者发现，规管系统内部都存在矛盾：总体来说，规管系统是从促进民族工业角度出发，支持拥有自主知识的标准。但是广电则一直坚持手机电视业务应归广电总局管理，手机电视牌照也应由广电局而非工信部发放，从而在管道和源头上都握有掌控权。工信部则也有意竞争手机电视业务，例如在对广电总局的访谈中，有提及相关的冲突：

在争取手机电视主动权方面，我们花了比较大的功夫，希望在广电平台上搞好 CMMB 技术标准发展。当时和工信部方面也是有一定的竞争，他们希望推出他们的手机电视的技术标准。(SARFT)

由此可见，规管系统内部在目的上都存在着分歧。当然，访谈无法完全真

---

① ROEBUCK K. Application delivery controller （ADC）: high-impact strategies—what you need to know: definitions, adoptions, impact, benefits, maturity, vendors. Brisbane: Emereo Publishing, 2012: 77 – 82.
② CALLON M. Some elements of a sociology of translation: domestication of the scallops and the fishermen of St. Brieuc Bay. Sociological review, 1984, 32 （1）: 196 – 223.

实再现数年前决策者们的心路历程，实属遗憾，只能从部分从业者行业分析和内部期刊等一手、二手资料中进行推测。规管系统内部矛盾后文会具体提及，这里就不多赘述。

转译中，重要的工作是焦点行动者对其他行动者的判断和表征，那么规管系统和创新系统是如何看待市场系统的需求的呢？

关于这点，广电总局的一位匿名资深战略规划经理这样总结广电对形成期的 CMMB 网络的态度：

在争取手机电视主动权方面，开始发展较好时，对运营这块广电的投入很大，主要从资金上给予扶持，对厂商也做了很多购买订单，起到了积极的效果。（SARFT）

还有一名奥克兰大学商学院学者分析：

规管机构惯性认为经济上的刺激是解决技术标准创新的主要动力，并且不遗余力地给予持续支持。一方面，在早期，对技术标准创立和研发起到了集中资源办事的作用；另外一方面，为日后市场的推广埋下了可能的隐患。（UN1）

亦有中广传播的员工在访谈中提及类似观点：

在创新时，广科院等机构联系市场中的设备商，积极推广 CMMB 技术标准，并有一定的政策支持，配套资金和订单鼓励，这些都是上下游设备企业、芯片开发商积极投入手机电视行业的重要原因。（CBC）

由此，据二手资料收集和一手访谈数据整理，可以看出焦点行动者对市场系统需求的判断主要是资金的支持和收益的提高。进一步分析，焦点行动者在判断市场系统需求是资金支持的基础上，初期财政投入很大，但是，资金的投入是短期的，不可能长久，而后随着资金投入的变少，市场系统的积极性会降低，兴趣会变化。那么，市场系统的主要需求是不是只有资金的投入呢？

后文的分析中，会解释市场系统的终极目的是利益最大化，而在初期的对资金支持的需求只是表象，长期目的就不一定是资金支持了。例如，对地方运营商来说，延续性的（世界范围内已经广泛使用的）技术标准的实施，比新技术标准的实施更加便捷，更能够使其利益最大化。而对于厂商研发部门①，自由创新的需求，能够使其在标准的争夺赛中凭实力占领制高点，拿到更多的专利，处于不败之地，从而获取更持久的利益最大化。

第二节　形成期行动：行动者网络关系稳定性分析

对形成期的行为进行研究，首先需要考察焦点行动者在形成期的问题化过程中的行为，以及论坛反馈。焦点行动者有两个，所以分别从创新系统和规管系统的行为入手，探讨行动者网络关系的稳定性。

一、焦点行动者创新系统行为及其反馈：创新导向

在理论框架梳理中，基于行动者网络理论，创新系统中的"厂商研发部门"和"规管下属创新机构"有可能存在不可调和的矛盾，这是体现在创新的导向性上的，也会反映在论坛的反馈中，影响技术标准的发展。下文就以CMMB发展为例，对论坛的反馈进行分析，主要从创新导向、地方运营商反馈、厂商研发部门反馈、补充案例及启示这几方面进行分析。

（一）创新导向：自由创新和延续性创新的呼声

在CMMB案例中，整体来说，整个形成期论坛的反馈主要体现在市场系统和创新系统的厂商研发部门，很大一个现实中的问题就是创新导向问题。在深度访谈中，被多人多次提及的是这样两个观点：中国的技术创新需要"延续性"的、"自由性"的创新。那么什么是"延续性"的、"自由性"的创新呢？

①　厂商研发部门身份比较特殊，从创新角度来说，属于创新系统，但从归属机构来说，属于市场系统，而在形成期，厂商研发部门一般并未直接有技术标准创新的决定权，故而归于市场系统。

下面首先就这几个词界定一下。技术创新可以分为渐进性创新和革命性创新①，本书为渐进性创新增加一个叫法——延续性创新，与之相反的是断层性创新。

有学者对渐进性创新，也就是延续性创新的定义是：有体系的创新、累积性的创新和发展性的创新。很多时候延续性创新都是非革命性的，只是锦上添花地在已有的标准、既有的技术上进行改进而取得的进步和创新，但是部分延续性的创新可以是革命性的创新②。③

有学者对创新做了研究，认为研究的自由、自主选择、自由发展能积极促进创新的产生。④

创新能力是什么？国外关于技术创新能力构成界定的主要观点归纳如下：⑤

表4-4   国内外技术创新的观点

学者	观点
Seven Muller	产品开发能力，改进生产技术的能力，储备能力，组织能力
许庆瑞、魏江	创新决策能力，生产能力，研发能力，市场营销能力以及组织相关能力
马小勇	R&D能力，生产制作能力，资源配置能力，战略计划能力
傅加骥	创新资源投入能力，创造和营销能力，创新管理能力，研究开发能力，创新倾向

故而对于延续性创新，本研究的定义是：

延续性创新即在人类智慧结晶基础上的进一步的创新，这类创新往往是走在世界前列的、最新的、最能代表人类科技水平的创新。

---

① 高俊光. 面向技术创新的技术标准形成路径实证研究. 研究与发展管理，2012，24
（1）：11-17.

② 革命性的创新是对既有理论有了颠覆性的进步的创新，是体系外的创新，是人类智慧
结晶上了另一个台阶的创新。革命性的创新往往是延续性创新的基础上的创新，只有在前人
的基础上才能进步的更加迅速，攀爬知识的高峰。

③ 高俊光. 面向技术创新的技术标准形成路径实证研究. 研究与发展管理，2012，24
（1）：11-17.

④ 刘少华，张君晓. 学术自由与大学创新. 现代教育论丛，2001：3.

⑤ 高俊光. 面向技术创新的技术标准形成路径实证研究. 研究与发展管理，2012，24
（1）：11-17.

而对自由性创新，本研究的定义是：

自由性创新即是在没有科学外界强力影响，特别是政府行政力量干扰下的科学内部的创新。

（二）地方运营商反馈：要延续性创新

在对地方运营商的访谈中，多人多次提及这样一个观点：中国的技术创新需要"延续性"的创新。

那么对创新系统和市场系统来说，更期待的是什么样的创新呢？诚如著名的南方新媒体公司高层、前朗讯公司（Lucent）首席专家所言：

创新是需要有体系发展的，5G现在都在研究了，但是5G上没有革命性的进步，其实从 TDMA 到 FDMA 到 CDMA 都有大的基础的革命性的进步。高通的 CDMA 是精致的现代科技和艺术的结合。（SMC2）

另一名受访地方运营商对创新也有类似的认识：

科技创新以后的保护应该是怎样？别人拥有好的技术，我们不必大费周折另搞一套；我们所谓的"自主产权"，也只不过在别人的体系内稍加改变冠以新名而已。严格意义上来讲，现在我国新媒体创新基本还是在原有的国外标准的体系内、参考原有国外技术标准的基础上稍加修改做出的所谓的"自主产权"，这是"换汤不换药"、所谓改头换面式的"创新"。真正的创新是要"站在巨人的肩膀上"研发出真正超越现有技术的科技成果。真正的自主产权不应该只是表面上的"自主"，而应该是革命性的、有预见性的，能真正引领一个技术行业可持续地长期发展。（SMC1）

可见，在中国自主产权和国外成熟技术标准的选择中，地方运营商倾向于后者。也即是说，对创新系统和市场系统来说，有延续、不断演进、成系统、基于一定基础、不断进步的创新更有利于其发展。而且在很多技术标准的实施中都是这样的情况，例如对 IPTV 技术的开发，也有运营商受访时提及：

首先要在学习和模仿的基础上总结人类智慧的结晶，然后才是发展创新。

一个例子就是 IPTV 是中国很成熟的技术，结果在不学习的时候，我们自己做
IPTV 平台，通过一个没有经验的平台做了前后 3 年，费时费力才做出来，过程
中如果使用别人的团队，半年到一年可能就行了。另一个例子就是高通，很多
发明创造都是运气和努力积累而成的。（CT）

内地的情况如此，在香港观察的学者也看出了端倪，资深香港学者在谈及
内地地方运营商的需求时，也有类似分析：

设备的投入，人员的布置，时间的花费，都是巨大的成本，在技术标准不
成熟的时候，没有相应的配套设备，一切都要去重新搭建摸索，而浪费的时间、
人力、物力都是这些运营商十分看重的成本。（HR）

由此可见，对于地方运营商来说，最优的标准创新的意义在于成熟的技术、
最优的性能和最可行的方案，而中国很多自主创新的技术和标准没有达到世界
先进水平，往往舍近求远，缘木求鱼，为了创新而创新，往往是没有创新性的。
回到对 CMMB 技术标准的需求，部分运营机构，包括地方广电，从一开始
就没有看好这项技术。在对南方新媒体公司的访谈中，两位高管都提到了在形
成期对于 CMMB 技术的看法。其中一位说：

起初我们不大看好 CMMB。在这项技术标准推出时，我还在电视台工作，
因此对此项技术标准有所了解。但我公司成立后并未参与此项技术标准，因为
从一开始就不看好它。（SMC1）

也就是说一开始，地方运营商是没有很看好 CMMB 技术的，通过访谈，笔
者进一步发现市场系统的竞争已经开始，早期有多个标准与 CMMB 形成竞争趋
势，而越早形成完整产业链、拿到牌照的技术就越能早日稳定其行动者网络，
发展用户，逐渐强大。中兴、华为、中国移动都是主要的市场系统的参与行动
者。当然形成期，市场系统的丰富性还不是很能凸显，扩散期的市场系统才有
更多的行动者参与，用户也会爆发其独特的能力。运营商，特别是地方业务运
营商的考虑则比较实际，在 CMMB 还没有被作为强制行业标准推行前，一方
面，地方业务运营商可能还在摸索；另一方面，部分地区已经使用了别的标准，

故而对 CMMB 的看法就没那么乐观了。在对地方广电的访谈中，对于 CMMB 有从业者这样反馈：

> 我们做移动电视，我们不看好非 IP 的东西，不是全球的行业信息化发展的趋势。（SMC2）

由此可见，对于 CMMB 技术标准，地方运营商的需求，除了规管系统重视的资金上的重头刺激，更重要的是对延续性的，甚至是有革命性创新的高科技技术标准的需求。因为对于新媒体技术标准的需求在于在最优的进行市场推广和盈利的需求，所以地方运营系统的需求也在一定程度上存在着误判，并且在后续的反馈中也显示出一定的消极运营。

总结来说，回到对焦点行动者在形成期对其他行动者的误读，可以看出并非像焦点行动者对于市场系统的判断那样——资金的投入是最重要的影响因素，而对于运营商来说，能够运营一项有前景的、具有延续性的创新技术标准才能保障其长期利益。那么对于厂商的创新部门来说，又是如何呢？下面将会详细分析厂商研发部门。

（三）厂商研发部门反馈：要自由创新

参与创新系统的厂商有什么样的需求、定位、利益诉求以及未来计划呢？首先来探讨一下厂商是如何看待和判断 CMMB 技术标准，以及如何预测其未来发展，在此基础上又做了何种决策。

根据文献探讨和理论框架推演，前文已经提及对决策的机制要进行研究，可以根据自组织理论中按照"组织的现状，组织对现状的解读，组织对标准策略的选择"来更加系统地对技术标准相关的决策进行分析。[①]

创新系统在形成期主要需要解决技术上的问题，当时的现状是：CMMB 已经由泰美世纪设计出了基本的算法。应用 CMMB 技术，手机电视信号的流畅性以及灵活性存在一些应用的问题，需要进一步研发相关芯片等工作。广电系统借助卫星通信的良好基础，可以完全解决手机电视的信号不流畅问题。同时，

---

① SEO D. Organizational strategy for information and communication technology standards. 2007 5th International Conference on Standardization and Innovation in Information Technology，19 September 2008.

CMMB 应用在人口密度不大的范围，可使用卫星信号，而在人口稠密的大城市，则可以使用 UHF 基站，这都需要创新系统的相应部署和开发工作。

而针对这种现状的解读包括判定和选择合作。即判定 CMMB 技术是否适合列入创新开发技术行列，是否选择与泰美世纪合作，以及如何在其基础上开发。

在判定 CMMB 技术是否适合列入创新开发技术行列这点上，早期的芯片厂商是有计划地进行着 CMMB 的产业研发部署的，笔者在对国微科技的资深技术专家进行访谈时，他提到：

> 当时主要是需要靠 CMMB 开辟一片新的市场。公司有个专门的部门研究哪些技术适合发展、会有市场，当时经过算法计算，CMMB 是有发展前景的一项技术，所以我们开始做相关芯片设计研发。(GW)

由此可见，这些厂商的研发部门有一套自有的判定标准来根据算法进行操作，从而决定对某项技术进行研发或者摒弃，并不是纯粹听从行政命令。

在对华为和国微科技的一名资深技术组长进行访谈时，他也提到，研发的决策是基于对当时现实情景的观察和公司的解读：

> 当时我司很看好 CMMB 市场，因为那时 Wi-Fi、3G 和 4G 技术不算完善，智能手机功能有限，所以随时随地看电视有一定市场。台湾公司和我们合作，他们负责做后端。合作是因为在芯片制作量多起来后，他们可以对每一张芯片收取一定费用，以此获利。(HW2)

由此可见，当时的客观现实是技术革新需要创新，而在整个移动手机电视行业中，3G、4G 和 Wi-Fi 都不是很普及或者没有发展起来，故而公司对于这种情景的解读是 CMMB 市场发展是个机遇，继而作了相应的决定，包括和台湾公司的合作以及加大开发 CMMB 芯片的力度等。

那么在确定了 CMMB 在当时有一定开发的技术优势后，由于只有泰美世纪拥有该项技术的算法流程，所以必须选择与其合作，在其基础上进行开发。那么厂商是如何与占主导地位的焦点行动者共同合作，开发创新的呢？上面那位技术组长在访谈中，这样描述了芯片和终端厂商与泰美世纪的合作：

牌照发放前，泰美世纪出了算法流程，公司购买流程后进行集成，后来我发现集成的东西有点问题，然后我司开始第二次开发，从之前的流程标准出发设计，自己做算法，系统比较标准。系统分为两个部分，一个是前接收机，实现信道信号处理；另一个是后接收机，对信道中恢复的数据进行纠错、解扰，然后反馈到系统处，系统就可以把数据信号转换为视频、音频信号。系统于2009年10月份研发出来了。（HW2）

由此可见，虽然选择了和泰美世纪合作，但是和焦点行动者的合作始终是有无形压力的，是在自主创新方面有一定束缚的。由厂商的反馈以及和泰美世纪的合作，可以分析，创新系统中的"厂商研发部门"和"规管下属创新机构"有可能存在不可调和的矛盾，这也体现在创新的导向性上。其中"规管下属创新机构"和规管系统联系紧密，很多技术标准的研发工作和项目已经在国家规划层面就分派给了这些机构，故而它们的创新是自上而下的、行政命令下的、具任务紧迫感的、有民族独立性的。而创新系统早期有部分硬件厂商的加盟，也就是"厂商研发部门"，它们的导向性就很不一样，形成期的技术优势，可以在今后的扩散期更好地稳固厂商在行动者网络内部的地位。故而它们参与创新的需求，就不仅仅停留在市场利益的追逐和国家资金的投入上了。笔者在研究中发现，早期参与创新系统的厂商中，有很大一部分利益诉求，来自于对自由创新的需求，厂商的研发部门希望自主创新的重担更多地由企业承担，而非广电或者工信部隶属的研究机构，也就是"规管下属创新机构"承担。

当然在CMMB形成期，规管系统也是大力支持终端厂商开发的，对此广电总局的一位匿名资深战略规划经理是这样介绍的：

广电和广科院大力支持芯片制造商，当时有很多订单，并且都是给予国内优秀的有集成能力的大企业的。（SARFT）

故而，规管系统也是在各方面支持这些企业的，但是这些企业更期待的是，如一名中兴的受访者所述：

自由创新和资源更多向企业倾斜。（ZTE2）

由此可见，焦点行动者旨在对厂商予以一定资金上的支持，来彰显其支持力度，殊不知更多的芯片厂商、终端厂商呼吁"创新主体应该在企业"。这是对于焦点行动者误判的反馈。针对自上而下的、以规管系统下属研究机构为主体的创新机构，一名在华为和国微科技常年工作的资深技术专家，也在访谈中提及了类似观点：

政策不应该服务于利益集团，华为等企业有一定研发能力，有较强企业标准，可以抗衡爱立信、高通，通讯专利方面有很强底蕴，芯片集成又很厉害。MTK台湾联发科技也不错，我也挺看好海思。国家应该扶持一些企业，鼓励企业自由创新，由企业来建立一些行业标准。创新的主体应该是企业。（HW2）

在企业呼唤自由性创新的同时，也有关于延续性创新的呼声，企业有关于创新的要求和需求。上面这位受访者也在访谈中描述了芯片和终端厂商在行业中的创新工作主要属于集成式创新，更多的是加工而非革命性的创新：

对芯片行业来说，国内芯片完全称不上自主产权，都是以西方为基础的，我们只是加以加工集成。我们用的芯片的CPU都是来自ARM（美国公司）的；工具EDN来自美国；设计芯片语言也是来源于美国；从前端到后端都是来自于西方，我们做的工作就是集成工作，核心技术还是被外国掌握。华为的优势在于其集成能力。国内芯片的优势是与国外芯片一样的性能，但是低成本制造。（HW2）

由此可见，创新系统需求的绝对不仅仅是规管系统资金上的刺激，因为创新本身就是利益驱动的，是不可能脱离市场系统需求而单独存在的。创新的自由性和延续性的需求是企业和运营商的长期利益的保障。

（四）补充案例：高通事件，延续性还是断层

诚如上文所述，CMMB案例中，规管系统主要的创新导向是技术民族主义导向的。那么下文就从辅助案例3G、4G和OTT研究，来进一步展开讨论：观察技术民族主义在中国的表现是怎样的；当技术民族主义和知识产权保护有了冲突时，例如高通被罚事件，通过行动者网络视角，来解读论坛是如何反馈的；

研究知识产权保护是否分国界。

1. 技术民族主义的表现

技术民族主义不再是一个中央集权科技部门掌控下的自上而下的结构表现，当今社会，它更多地体现于一个相关的、有弹性的、互相连接的、多参与者的网络基础上，这个网络包括政府部门、研究所、军事机构等。自1978年后，市场系统的加入，特别是非政府企业的加入使得这个结构更加生机勃勃。中国的技术标准发展不再是自上而下的官方裁决发展，而越来越转向一个多面的、包容的多方讨论，其中有政府、市场、大众的参与。① 邱林川在我国 Wi-Fi 技术标准 WAPI 的发展研究中指出，除了参与者的增加，大众民意集聚的冲突，特别是两极分化阵营的形成也是显著特征，而这些都离不开商业媒体和新媒体的出口在其中起到的巨大作用。② 例如在我国 Wi-Fi 技术标准 WAPI 的发展中，《财经》杂志作为财经方面的主流媒体进行了大量报道，而博客中国的讨论更是将大众的参与和民意推向了一个又一个高潮，一步一步推动着整个标准和社会的互动。

2. 高通罚款的行动者网络视角解读

当技术民族主义和知识产权保护有了冲突时，论坛各方都有相应反馈。高通的事件涉及 3G、4G 的技术标准，影响十分广。

第一，对创新系统来说，规管机构的保护是能够在短时间内刺激国内创新系统的积极性，从而促进发展的。

国微科技的资深技术专家在接受本研究访谈时，提到：

培养了一批杰出的创新人才，特别是芯片行业。而只有通过实践才能培养人才，所以不管这个技术最终是否成功了，我们都不能否认在人才培养方面，取得了成就。(GW)

进一步总结，也即是说，国有自主产权的一些行业发展虽然不如预期，但

① KENNEDY S. The political economy of standards coalitions: explaining China's involvement in high-tech standards wars. Asia policy, 2006, 2 (1): 41-62.

② QIU J L. Chinese techno-nationalism and global wifi policy//Reorienting global communication: Indian and Chinese media beyond borders. Urbana, IL: University of Illinois Press, 2010: 284-304.

是在行业人才储备上作出了卓越贡献。特别是针对国外过分的垄断性收费，规管系统的确是应该惩罚的。在国微科技和华为多年从事芯片开发工作的资深技术专家在接受本研究访谈时，也提到：

> 普通芯片行业的正常收费，例如手机内的，只收费芯片，但是高通按照整机收费。收费范围包括了手机屏幕等属于其专利范围外的物品，侵犯了他人权益（中兴、华为能够进行交叉授权）。罚款是应该的。（HW2）

第二，市场系统的反馈比较复杂。

在专利上有一定积累的厂商表示支持，有些新兴入市的企业则受到打击，用户暂时还体会不到价格上的优势。具体来说，规管系统反外部垄断主要出于民族自主产权保护，然而关于规管系统反外部垄断的做法评价却各种声音都有。究竟是刺激了终端厂商的行业创新竞争，还是打压了新入市的手机厂商？这还有待观察。在行动者网络中，让我们先看看学者如何评价规管系统有大动作后论坛中市场系统的反馈。一名中国政法大学知识产权研究中心特约研究员在接受本研究访谈时提出：

> 在手机终端领域，高通专利反向许可模式取消，对国产手机行业短期未必是好事，究其原因是国内手机厂商在专利领域的积累较少，仅有个别少数厂商有持续的专利积累。（UN2）

由此可见，部分专利多的厂商获利，而专利少的厂商会遭受一定损失。具体分析如下：

对新入市的手机厂商来说，本有望以更低的价格冲击市场，但高通被罚之后，依据高通的判罚，华为、联想等专利较多企业在和小米的竞争中，顿时有了谈判知识产权费的可能，而通信市场里的专利都是累加的，所以对于新加入的小公司来说比较不利，比如 OPPO、vivo、小米、联想神奇工场等，手机厂商专利平衡格局被打破，缺乏专利的手机厂商将面临花费更多专利费的威胁。对他们来说，有两种选择，一种是从高通获取打包的专利授权，另外一种选择是从竞争对手中兴、华为那里寻求专利授权。在 LTE 标准的专利中，根据 2013 年的数据来分析，高通以 655 件专利排第一名，十分出色；而华为以 603 件排第三，也不落其后；中兴也以 368 件排第七。持有终端专利最多的始终是高通，并且基础专利都是高通的，在累加的通信专利中始终无法绕开，而华为和中兴的专利更多是涉及设备端的，再者，华为、中兴是国内的有力竞争对手。所以，高通主要在终端上的专利优势，加上和国内小厂商没有国内终端机器的竞争，专利数量还有优势，会导致专利少的一些终端厂商直接选择和高通合作。当然，专利少的终端厂商是积极发展用户还是努力研发创新，争取更多专利，相信这是很长一段时间内，这些新入市的小公司在进行路径选择时的一个困惑。例如如日中天的新公司小米的专利也相对较少，对高通被罚这一事件也不予以回应。

　　而对专利较多的终端厂商，当然是十分有利的。华为、中兴、联想等厂商有了与高通谈判的交叉授权，会对国内的手机市场格局产生影响。华为在回应时提到，"这将有助于通信行业知识产权保护的改善，营造公平竞争的创新环境，大大促进国内企业研发创新的积极性"。中兴通讯也有类似表述，认为"此次决定将会对中国市场知识产权的良性发展，构建公平竞争的创新环境产生积极作用"[①]。

　　同时，高通事件也刺激了产业积极发展创新，中广传播的高层实验室主任在接受本研究访谈时这样解释：

　　高通被罚，中国反垄断，肯定是有利于民族产业发展的，对中国市场知识产权的良性发展、构建公平竞争的创新环境都产生着积极作用。无论在经济还是安全方面，这都具有深远的意义。除 GSM、WCDMA 外，技术发展还有很多种，相信不久的将来我们也会拥有自己的技术。高通是不能违反市场规律，（表现）排他性的。（CBC）

　　另外，对用户来说，专利许可授权的计费标准下降，但是最终惠及用户手中的应该感觉不明显。明显的具体表现只是专利积累较多的厂商可以与高通单独谈判获利。具体规定"入门费 + 芯片费 + 专利费"平均到每台手机上，特别是专利费的计算基准，还是基本延续了高通模式的整机销售价，只不过打了6.5 折。虽然降低厂商的成本，能够刺激中国整个智能手机市场，但是到用户

---

　　① 施建. 发改委"潜台词"：国产手机公平"专利战". (2015 – 02 – 11)［2015 – 02 – 11］. http://www.cnipr.com/CNIPR/CNIPR1/201502/t20150211_ 186576. htm?COLLCC = 186046877&.

手上后手机价格的变化并不明显。

不过，需要指出的是，由于此次处罚决定由中国反垄断机构做出，故而对于海外市场来说，华为、中兴、小米等的海外市场的销售则不属此列。其整改措施的效力仅限于中国的被许可人和中国市场所销售的设备，故而此策略只影响有限的地域。

第三，促进还是阻滞行业发展有待长期考量。

综合分析，对高通进行罚款，是否有效保证了整个行动者网络的稳定和良性运转，是否刺激了行业的优化配置，是否最优地赋予了行动者的利益？部分学者认为：

长期来看，高通专利反向许可模式的取消会促进国内整个手机行业更加重视专利布局和积累。但是，国产手机行业专利落后的局面短时间内很难扭转。（UN2）

同时，该学者这样评论中国规管系统：

对新媒体的规范和管理，主要是出于自有国情和网络安全考虑。（UN2）

更有广电的资深战略规划人员在接受访谈时表示：

对高通的管制有些危害，损坏了一些中小企业的利益。本来处罚是个正常的手段，返款大概有 10 亿元，如果能将罚款使用透明化，将罚款用以进一步优化产业发展则会更好。罚款只是手段，不是结果，应用来扶持产业发展创新。（SARFT）

可见，对高通进行罚款，需要长期考量，要想保证整个行动者网络的稳定和良性运转，要在国情基础上，专门管理和规范，并对罚款的用途进行公开透明管理，用以支持行业的发展。

综上所述，对于规管系统来说，反外部垄断主要出于民族自主产权保护，而规管系统的大动作在行动者网络中引起了不小的反响，市场系统和创新系统有人欢喜有人忧。研究员李俊慧分析指出"手机行业格局被改变"。① 而对于芯片开发厂商以及其他创新机构来说，鼓励民族产业的发展很重要，而鼓励创新、保护知识产权同样重要，故而鼓励自主创新并给予政策支持非常重要。对专利较多的终端厂商，当然是十分有利的；对新入市的手机厂商和小公司来说比较不利。对用户来说，专利许可授权的计费标准下降，但是最终惠及用户的感觉不明显。

3. 知识产权保护是否分国界

从上文分析可知，知识产权保护和技术民族主义之间可能会有冲突。在中国，针对新媒体技术标准行业，知识产权保护分国界吗？下文通过 OTT 的相关访谈数据进行分析，来还原真实情况下，论坛针对这个问题的反馈情况。

国微科技和华为多年从事芯片开发工作的资深技术专家在接受本研究访谈时，提到知识产权保护方面，我国芯片开发企业做了很多工作，因为这是未来发展的方向：

我们也做了很多技术，专门针对终端、节目源做一些加密解密的处理，保护知识产权。

OTT 数据源很多，有交互，也是个发展方向，但是我认为 OTT 内容一定会被管控起来。中国在十年后肯定会重视电视节目，节目内容会逐步地被管控起来，盗版现象会减少。传统电视的优势是会提供更好的节目内容和服务。（HW2）

由此可见，国内的视频行业大力保护知识产权，例如 OTT 行业出台了保护知识产权、规范行业的举措，无串号不准入，能够有效地防止盗版内容在山寨机器上无节制传播。关于这一举措，该专家进一步解释：

这不是件坏事，客观来说虽然我担心广电总局垄断，但也的确需要支持知识产权。长期来说对知识产权的保护一定越来越严格，音乐、电影等都是如此。行业受控是必然趋势。（HW2）

---

① 李俊慧. 中国政法大学知识产权研究中心特约研究员，被罚 60 亿的高通，为什么没学淘宝"撒泼"?. (2011 – 06 – 27)［2015 – 01 – 27］. http://www.donews.com/idonews/lijunhui.

而关于这一事件，广东南方新媒体发展有限公司的高层这样强调政府规范作用的必要性：

在广电总局的管理者角度，规范管理是非常好的，行业规范发展，井井有条；而从业态发展的角度来看，有牌照公司当然拍手称快；而无牌照的公司自然愤愤不平。（SMC1）

综上所述，新媒体技术标准发展在全球化和在地化的过程中，技术民族主义向左，知识产权向右，虽然有时会出现冲突，但是从整个行业来说，需要保护知识产权，同时也要防止垄断，需要规管系统对业界进行规范。

总结前文，从行动者网络理论角度讨论，在新媒体技术标准的行动者网络中，焦点行动者在技术民族主义和知识产权保护出现矛盾时，更多倾向于技术民族主义。而技术民族主义，也不再仅仅是自上而下的存在，而是社会上下都有参与。对于论坛的影响也已经不仅仅是简单的对本土的保护，或者对民族工业的支持了。更多见的是自下而上的技术民族主义的呼声，全球化后的行业对知识产权保护的诉求，以及这两者之间不时的激烈碰撞。而且，在新媒体技术标准发展中，焦点行动者除了要支持本土自主产权标准发展，还需要保护知识产权，并且要避免向垄断寡头利益倾斜，找到一个平衡点，进行合理的利益赋予。

（五）启示

综上所述：①创新系统存在对更多自由创新和延续性创新的需求；②行动者内部有矛盾。（创新系统："规管下属创新机构"和"厂商研发部门"往往存在着不可调和的矛盾）

具体来说，如何激发和规范创新系统的活力，并保持正确导向下，最优的技术标准能使地方运营商等市场系统利益最大化呢？绪论中已经指出，当今新媒体技术的标准发展存在诸多问题，首当其冲的就是创新导向性问题，虽然投入巨大，但存在一定的非市场运作，行政干预严重。下文笔者会在全球化背景下，分析中国创新导向的一些症结所在，对厂家创新部门呼吁的自由性创新、地方运营商呼吁的延续性创新作一个系统的归纳，并总结一些对于中国新媒体技术标准现状的启示。

　　总结前文，研究了创新的类别，厂家创新部门呼吁的自由性创新、地方运营商呼吁的延续性创新，这些是好的创新。下文针对这两个维度的创新，作出总结，并在全球视野下，探讨我国可以借鉴的方面。

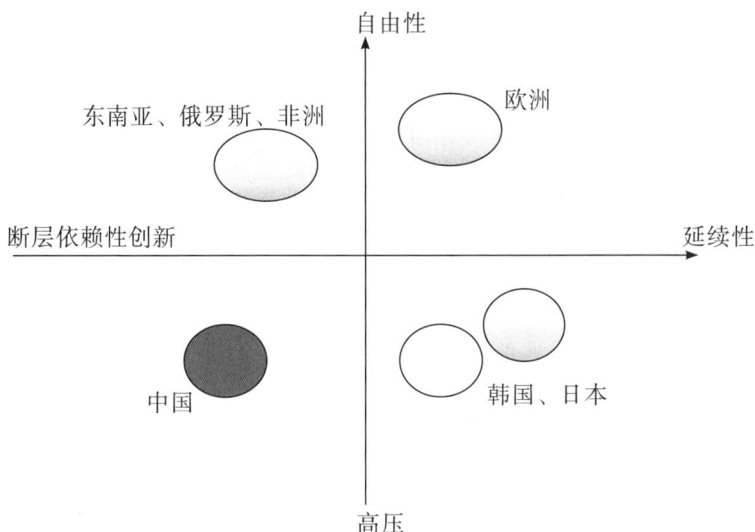

图 4 - 3　新媒体创新发展情况

1. 延续性

　　正如图 4 - 3 的 x 轴，右边代表着有延续性的创新，即在人类智慧结晶基础上的进一步的创新，这类创新往往是走在世界前列的、最新的、最能代表人类科技水平的创新。例如通信行业的美国和欧洲标准都代表着各自的延续性的创新。而 x 轴左边，是没有延续性的"断层依赖性创新"。这种"创新"是依赖性的、不延续的。所谓依赖性，是断层依赖性，指的是在别的国家或者地区的已有技术基础上进行的改进和应用，没有原则上的跨越式的、革命性的进步工作。而不延续，指的是创新是孤立系统的，有时甚至是舍近求远的、缘木求鱼的，不符合全球化新媒体行业大方向发展路径的，或者不适应于人类追求更高科技要求的。创新过程存在路径依存性，演化方向事实上是由开发和拓展积累的能力来决定的。但是不延续在某些时期不一定是错误的选择，在涉及国家安全的领域，有些创新是需要孤立系统的，而创新发展比较滞后的国家和地区有时最好的选择也只有依赖性的创新，因为国际上的创新早已遥遥领先。例如中国、东南亚部分国家在通讯领域的创新很多都属于"断层依赖性创新"。

2. 自由性

正如 y 轴, 上方代表着自由创新, 即在没有科学外界强力影响, 特别是政府行政力量干扰下的科学内部的创新。而下方代表着不自由的、高压下的、有行政力量干预的创新, 往往技术民族主义蓬勃发展的国家和地区, 这种高压的行政力量干预更加强势, 创新更加不自由。当然, 由于科技和社会的联系密切, 互动无所不在, 所以其实不存在完全屏蔽了科学系统外部压力的科学的存在, 但是的确部分国家或者部分社会环境, 使得某些新媒体创新的环境更加自由, 例如美国、欧洲等。而某些环境或者社会下的新媒体创新更加有行政上的压力和影响, 例如中国、韩国、日本等。

对不同国家进行具体分析, 例如韩国、日本就属于坐标系右下角的延续性发展技术、行政高压下发展创新的国家代表。在对广电总局的资深战略规划人员进行访谈时, 他提到了这样的例子:

（对）规管系统来说, 规则制定好之后, 国内国外可自由选择, 选择国内短期效果是好的, 比如, 日本手机产业, 为了保护国内民族产业采取较封闭的政策, 短时间内促进了手机行业发展, 但后来索尼、松下几乎丢掉了全部的国际市场, 现在失去了在全球长期发展的可能性。当然, 国家安全也是重要的考虑因素之一, 但不是绝对的因素。因此长远来看很难判断, 不能武断地下结论。(SARFT)

由此可见, 日本的技术民族主义势力抬头和中国相似, 而且从长远来讲不见得有利于全球化影响力的发展, 日本专有的地面电视广播系统是 ISDB-T, 在数字电视接收模块方面也有创新, 在其微波数字电视播放方式 ISDB-T 标准后, 延续性地制定了 "单波段播放" 规范。韩国也是类似情况, 韩国手机电视采用的是 T-DMB, 其主要推动者是 SK 公司。技术创新在有延续性的基础上还大力鼓励自主产权的发展, 并且将自己的优势技术向国外尽力推广, 虽然收效不是很好, 但是在技术创新上还是有领先的时期的。

中国属于坐标系左下角, 依赖性创新, 而且是高压性质、不自由的创新, 有一定技术民族主义势力的影响, 也有一定行政力量的干预。在对华为和国微科技的高级资深技术部门负责人进行访谈时, 他就提到了中国通信领域的创新是从国家安全角度考虑, 防止被信息封锁而做的创新:

我国的芯片制造可以自己进行，往往是为了防止国外封锁，造出来的芯片功能性能都一样，但是离真正的创新还是很远，核心技术还是要学习国外技术，可以避免国家对抗后的技术封锁，但是做不了革命性的创新。（HW2）

在这种行政甚至军事力量的高压下，一方面，科学家的自由发展空间可能会受到钳制；另一方面，规定了路径的创新犹如戴着脚镣去跳舞。规定动作固然重要，但是完全没有了自选动作的创新，往往不能体现科学家的最佳创作能力，并激发最优创作灵感。顶级的技术创新是艺术与科技的结合，这样的结合是自由的灵性的发挥，而非制定动作的预演。这种现象一方面可能是由历史原因造成，另一方面也因为我国创新系统分为厂商研发部门和规管部门下属，这两部门之间长期存在利益冲突，正如访谈中前香港中文大学资深兼职教授所诉：

每个公司都希望自己在技术标准的制定中占主导地位。而中国具有更多主导权的是政府部门和下属的研究集团，他们的关注点更多的是自身的发展需求和国际上战略部署的远景，而比较少考虑市场上其他参与者的发展和投资回报率，以及成本和收益。（HR）

可见这两个部门创新的出发点是有差异的，厂商研发部门关心的是经济回报，而规管部门下属创新机构关心的是自身发展需求和国际远景部署。也正因为出发点的不同，证实了如下推论：

创新系统中的厂商研发部门和规管部门下属创新机构有可能存在不可调和的矛盾。

回到坐标系，欧洲主要国家在坐标系的右上方，既有创新的自由环境，也有延续性的创新优势。欧洲在新媒体技术方面的创新也走在世界前列。以法国为例，DVB-H是法国手机电视的标准，自2007年9月它被确定为国家标准后，就进入快速发展阶段。

东南亚、俄罗斯、非洲等地均广泛采用DVB-T制式，DVB-T是欧洲广播联盟的数码地面电视视讯广播传输标准，在1997年发布一年后在英国商用。巴西、智利、阿根廷、秘鲁等地多采用了ISDB-T制式，跟日本一样，东南亚、南美、非洲等地属于坐标系左上方自由发展的、依赖性的创新发展系统，它们使用的基本都是当前最广泛商用的最完善的技术标准。

在创新导向性问题上，分析存在的问题，借鉴相关经验，本部分作出如下总结：

首先，规管系统需要在创新导向性上，保持尽量自由的创新环境。需要正视企业不断的对创新主体需求的呼声。真正的创新是在非高压环境下的自发的创新，即在自由状态下的自由创新，自由创新不是为市场价值或者市场效应而生，但是往往能够接受市场的检验。

其次，要在创新导向性上，保持鼓励延续性创新，例如可以部分采纳国外优秀的新媒体技术的标准。国外优秀的技术标准有其长期的发展积累，值得我国去学习或者采纳。真正的创新是在积累人类智慧的基础上的延续性的创新，创新需要累积，知识需要不断在学习前人经验基础上才能作出新的发现。新媒体技术标准创新尤其要遵循这一准则。当然在涉及国家安全领域时，还是需要从国情出发，进行合理配置，发展民族工业。

综合以上分析，可以看出，由于创新导向性的区别，我国创新系统中的厂商研发部门和规管部门下属创新机构可能存在不可调和的矛盾。具体来说，我国规管系统的创新是自上而下的、行政命令指导下的，这样的高压创新对新媒体技术发展和标准形成在短期内会带来一定的促进作用，特别是鼓励了自主产权发展，培养了专业人才，但是规范机制、规范时机都可能干扰市场竞争，导致资源浪费，而且从长远角度来说由于从外部对科学发展的路径进行了干涉，而且是非内部的修正，有路径选择错误的风险，并在人类科学发展的延续性上缺乏了传承，比较难取得最高层次的技术创新。

从行动者网络理论角度解析，就是利益赋予没有切中要害。通过对形成期问题化过程中焦点行动者行为和相应的论坛反馈进行分析，笔者发现以 CMMB 案例为代表的中国新媒体技术标准发展时，焦点行动者往往存在一些误判。规管系统常常认识到市场系统对资金的需求，便以资金投入作为红利，以此激励行动者网络的良性发展，却忽视了市场系统中的地方运营商对于创新延续性的需求，以及创新系统中厂商研发部门对于自由创新的需求等。也就是说，对于运营商来说，"能够运营一项有前景的延续性的创新技术标准"才能保障其长期利益；而对于厂商的创新部门来说，"创新主体应该在企业"是其发自肺腑的呼声，"自由创新的需求"才是其动力的重要保障。另外，可能存在一些创新系统的内部矛盾以及规管系统导向性上的操作缺失。例如："规管下属创新机构"和"厂商研发部门"往往存在着不可调和的矛盾，从而在问题化阶段得到了一些相应的反馈，并为后续发展埋下隐患。

二、焦点行动者规管系统行为及其反馈

（一）行动者规管系统内部矛盾：地方和中央

在中国，常见的情况是焦点行动者出于技术民族主义的考量，通过各种方法促进民族工业发展，但同时也损害了部分其他行动者利益，这点在 CMMB 和 T-DMB 的标准之争中显得尤为明显。

首先看 CMMB 入世前，上文分析焦点行动者行为中，已经提及国家广电总局批准了南方传媒进行 T-DMB 有区域限制的手机电视试验。T-DMB 标准牌照发放后，广东南方传媒成为手机电视的先行者，开始试验 T-DMB。2006 年 5 月，南方广播影视传媒集团开通数字多媒体"天声"手机电视，首期开通的城市为广州、东莞、深圳、佛山、中山、珠海。① 在对后来独立出来之后的南方新媒体公司相关人员进行访谈时，两位资深高层对 T-DMB 的退市表示可惜，其中一位这样描述 T-DMB 当时的发展和技术比较：

最早 T-DMB 手机电视的标准，是从欧洲引进的。广电批准了，质量也不错，韩国到现在还在用。工信部不让入网，需要做入网许可证，1～2 年后时间就浪费了。所以当时有 1 万台左右没有入网证的 T-DMB 的手机，效果倒是很好，市场上也存在很多山寨机器。

移动合作后，利用手机捆绑收费可以为 CMMB 创造一些收入，但这不属于成熟的商业模式。韩国标准 T-DMB 虽然也没有很成熟的商业模式，但是其技术比 CMMB 成熟。（SMC1）

可见地方运营商对 T-DMB 的评价很高，对其发展也相当重视。对 T-DMB 技术来说，它是以移动通信网结合南方传媒自有网络组成的双向无线网，所以当时广东省应用 T-DMB 的手机电视试验会对全国有直接影响作用。具体运营这

---

① 腾讯科技. 广东"半张牌照"手机电视 17 日"落地". (2006 – 05 – 12)［2015 – 02 – 01］. http://tech.qq.com/a/20060512/000063.htm.

个项目的是广东电视移动传播公司，它是一个南方传媒旗下的公司，现在已归于南方新媒体公司旗下。

当时的手机电视终端将以三星和 LG 的 T-DMB 手机为主，手机电视节目频道包括共 11 个频道：一套自集成综合频道，另外还有直接插转类频道，包括珠江频道、经济频道、广东体育频道、翡翠台、央视 5 套等。但是好景不长，在为期几个月的使用后，CMMB 就成为强制执行的行业标准，访谈中，南方新媒体公司的高层对此十分惋惜：

> 这个公司后来放下 T-DMB 业务，去接手了 CMMB 业务，到如今业务萎缩得很厉害。（SMC1）

由此可见，当时的 CMMB 发展从上至下，从中央到地方，各级广电部门都组成了一张网状销售系统，行政力量促使各地运营商加入，而如广东这般先行一步的试水者在 T-DMB 上的投入都成了血的教训。在本研究的深度访谈中，广东地方运营商的高层是这样回忆当时的情形的：

> 当时已经在用韩国标准 T-DMB 了。原来没有标准，当然就百花齐放，各有各的标准，总局认为不是自主核心竞争力，后来总局推出 CMMB。
>
> T-DMB 他们也承认是行标，后来认为 CMMB 是一个强制性行标，它对下面的公司影响很大，因为使用其他标准比如韩国 T-DMB 的公司的前期投资就付诸东流了，这是一种资源浪费。（SMC1）

虽然规范化的管理对于全局发展非常重要，但是诚如访谈所言，浪费掉的是重要的人力物力等资源，规管系统应更快地出台相应的条例，避免打击地方运营行动者做先行者的积极性。

对于当时的广电总局来说，需要作出的决定是：在有完善成熟的世界标准之后，是否需要选择自主标准来进口替代？根据理论框架，结合自组织理论探讨决策机制，可以从"组织的现状，组织对现状的解读，组织对标准策略的选择"① 几个方面研究。

对现状的描述是：完善成熟的 T-DMB 标准已经在部分地方运营商处落地，进入部署。而 CMMB 还在紧锣密鼓地进行着。

广电总局对现状的解读是：

首先，对于中国的情况来说，替代是常用的政策，鼓励自主标准是方向，从中国的经济背景来说，也是如此，可以采取替代政策②，中国作为新工业化国家中的一员，和新加坡、韩国、日本等一样，都在发展初期采用过此种策略。有学者在对中国台湾进行研究后指出出口导向策略的"公司在世界市场竞争中比进口替代发展的公司更有效率"③。当然也有其他的一些因素，例如地缘政治、区域性支持的影响因素等。

其次，广电总局十分强调自主标准的重要性。广电总局认为，从国家角度考虑，能够不依赖外国人，做一套代替的技术标准是最基本的目标，而且先进也是各种条件都成熟的最好时机。在 2013 年 3 月 6 日的经济界论坛讨论中，全国政协委员、中国移动董事长王建宙称当时中国最大的问题是缺乏自主创新，缺少自主品牌。"今天提的自主创新，比以往任何时候都更重要，且更实际，因为现在有强大的制造业基础，在此基础上做的创新，我们其实已经具备了非常好的条件。"④

最后，回到 CMMB 的标准的选择上来，发展自主标准后，民族企业也能反哺技术标准的发展。回顾当时一些内部资料，不难看出在政府导向性的国家，技术标准的发展取得了很大的成功。在此基础上，前广科院院长马炬在接受媒

---

① SEO D. Organizational strategy for information and communication technology standards. 2007 5th International Conference on Standardization and Innovation in Information Technology, 19 September 2008.

② 替代政策又称出口导向工业化政策或出口替代工业化政策，是外向型经济发展战略的产物。从前人研究看来，一般的，出口替代是进口替代发展的必然趋势。发展中国家进口替代发展到一定阶段后，就需要以出口替代开辟国外市场，可以赚取相当外汇。发展地区早期以密集型产业为主的出口补充案例十分常见。但是后期，发展中国家或者发达国家还是应该在非密集型产业，以及科技产业上进行更多的投资和发展。

③ 原文是："firms are constrained to export all their products and thus to compete in the world markets（namely, the export-oriented）tend to be more efficient than those allowed to sell their products in the protected local markets（namely, the import-substitution-oriented）." CHEN T J, TANG D P. Comparing technical efficiency between import-substitution-oriented and export-oriented foreign firms in a developing economy. Journal of development economics, 1987, 26（2）: 277–289.

④ 中国企业家龚宇: 移动视频变革前夜. 睛彩杂志, 2013（7）: 32–34.

体采访时提出，保护民族工业，民族企业从而反哺技术标准的发展，这也是中国在新媒体技术标准中长期强调规管机构的影响力的重要原因。"现阶段，已经有舆论提出 CMMB 这项技术有拉动作用，会为国产手机产业创造巨大的发展机会。从事 CMMB 的研发和产业化的业界人士们，都感受到了民族企业在推进产业化过程中所起到的中坚作用。因为这是我国自己的标准，CMMB 从一开始就依靠了国内企业和民族工业。"

在这样内外竞争的现实情境下，通过多方考虑，最终作出的决策是发展民族工业，支持 CMMB 为强制性行规。

由此可见，在中国，在新媒体技术标准的形成期，规管系统仍然是技术民族主义导向的。规管系统内部存在矛盾，T-DMB 和 CMMB 的案例说明了规管系统内部有地方和总部之间的矛盾。而行政干预并不一定优化了资源，部分行动者利益还可能会受损。而这些损失是可以通过一些方法减少或者避免的。这对于新媒体行业的启示在于：进口替代刺激短时间内的有效竞争和用户基数发展，但遏制创新，并且有潜在的安全问题；进口替代保护自主知识产权，构建知识产权公平竞争环境，刺激创新，但遏制新入市的小公司。我国的新媒体技术的标准行业起步较晚，导致基础专利拥有较少，在累加的通信行业造成不可挽回的竞争劣势，在相当一段时间内都不可能掌握主动权。不过也正因为如此，更需要积极参与知识产权的争夺战，为长期的行业发展、国家安全利益打下坚实基础。

其实，对于什么是优的创新，不同的行动者也有不同的看法。在规管机构看来，有自主产权的创新都是优的创新，只要能用，有自主产权的创新就能够首先保障国家安全。这点在对中广传播，以及广电总局的深度访谈中，多次被提及。

而在论坛反馈中，可以看出，在运营商来看，实用性、通信效率和性价比才是创新的主要价值所在，一项技术没有革命性进步，仅仅是为了创新而创新，有可能就忽略了创新的延续性和自由性发展的规律，更可能在市场竞争中流失用户，造成资源的浪费。

（二）行动者规管系统内部矛盾：广电和工信

在主案例 CMMB 中，前文提到了广电系统内部因为总部和地方的利益冲突，存在资源的浪费，而广电和工信的利益起了冲突，也会出现利益分割，属于双规管系统的弊端。

对于手机电视、互联网电视等涉及广电和工信部管制的新媒体行业，有诸多相应的条例和行业文件。著名的"82 号文件"于 1999 年颁布，规定广电、电信双向禁入；2004 年，国家广电总局先后出台了一批相关政策，如《关于促进广播影视产业发展的意见》《互联网等信息网络传播视听节目管理办法》等。根据规定，所有广电运营商以及移动通信运营商开展视音频传播相关的地面广播数字移动电视业务，必须要通过广电总局的管理，类似业务还包括手机电视业务和流媒体业务等。这种许可制度奠定了广电总局地面数字业务的管理地位。而 2008 年国家广电总局又颁布了"1 号文"《国务院办公厅转发发展改革委等部门关于鼓励数字电视产业发展若干政策的通知》，鼓励广播电视机构利用国家公用通信网以及广播电视网这样的信息网络等，来提供相应的数字电视服务和一些增值电信业务。另外还在符合国家政策的前提下，同时支持国有电信企业等国有资本共同来参与数字电视的接入网络建设，以及电视接收端数字化改造。

电信监管部门长期不愿为安装广电手机电视芯片的终端产品颁发入网许可，这让个别厂商生产出的相关产品要么出口欧洲，要么就沦为"黑手机"；而广电总局方面则禁止地方电视台私自传输电信标准的手机电视信号。

前文理论框架梳理中分析了，规管系统可以分为广电总局相关机构、工信部相关机构。而广电总局相关机构、工信部相关机构可能有不可调和的利益矛盾，不止一个的规管系统易导致利益分化。

下文就以 CMMB 为例，从规管系统、服务运营商、地方服务运营商、硬件厂商、内容运营商、用户等几个方面，分别梳理分析。

在规管系统方面，一直呈现两大系统的博弈。2008 年 4 月，国家国标工作组推荐 TMMB 标准为国标。广电总局随后针对通信行业 TMMB 标准发布了一个通知，控制各地的数字广播实验。[①] 在加强监管的同时，广电总局也加紧了对 CMMB 的产业布局，赶在北京奥运会前完成了 37 个城市的网络覆盖，这当然是广电出于与通信行业竞争的考虑。针对这些分析，其实 CMMB 和 TMMB 之争远没有那么简单，在对广电总局的一名资深战略决策人员进行访谈时，笔者才发现其实另有乾坤，他在接受本研究访谈时介绍说：

---

① 《广电总局办公厅关于对数字声音广播试验加强管理的通知》，要求各地广电部门加强对 DAB 制式的试验管理，未经总局批准，任何单位不得擅自占用频率进行数字声音广播试验，不得向非广播电视行业标准的系统提供节目源。

这是一个很好的全球电视标准蓬勃发展的时代，CMMB 和 TMMB 这两个技术标准，共同出现，大家都需要电视标准，包括地面电视标准、地面高清电视标准，以及手机电视标准等。这段时间，工信部和广电（总局）本来是有默契，分工来主导地面电视标准和手机电视标准。地面数字电视标准分单载波和双载波，一个是工信部主导，清华主要参与研发的，另一个是广电（总局）主导，上海交大主要参加研发的。由于工信部和手机关系比较大，所以准备由工信部制定，当时工信部准备推的是和新岸线一起的 TMMB，广电总局负责地面数字电视标准。虽然这是一个口头的默契，但是工信部出台自己主导的地面数字电视标准 DTMB，没有让（广电）总局主导，只是融合了一部分总局支持的技术。因为涉及行业利益由谁主导的问题，所以广电总局失去了地面电视的主导，就出台了 CMMB 行标，一方面有内容上的支持，另外后来广电总局投资几十个亿建设网络，有了物质上的支持。（SARFT）

由此可见，中国手机电视标准曾经长期不确定，使得电信监管部门与广电总局双方利益都受到极大影响，这就导致了两大系统的角力。最终受到影响的是停滞不前的民族工业，最终受害者是迟迟享受不到服务的用户。

而对服务运营商来说，CMMB 的发展由运营商看来主要优势在于垄断性和频谱优势，而工信系统也一直对优势频谱寄予重望，中广传播的一位资深主任在接受访谈时对 CMMB 标准发展做了 SWOT 分析，也提到了很多重要规管因素，例如频谱问题：

CMMB 的频率是 700 MHz，是黄金频率（S）。弱势（W）在于该技术互动性比较缺乏，需要自身努力或者和移动运营商共同合作进行解决，从而给终端用户提供更多个性化的广播电视业务。机会（O）在于市场的时间窗口是非常好的，之后的北京奥运会赛事期间大家希望在手机上观看赛事，因此互联网广播电视发展迅猛，会有很多终端积极参与。（CBC）

由此可见，CMMB 其强势在于频谱分配。对于 CMMB 的发展来说，诸多规管系统的引导和扶持是起到了决定性作用的，特别是在 2008 年前后，例如优质频谱颁布和奥运赛事方面广电系统的推广等，这也说明了规管系统主导行政干预的必要性是值得肯定的，但其有效性也有待商榷，因为通过对产业现状的细致观察，发现其不一定优化了现有资源的配置和促使了最终目标的达成。例如和工信部之争，就是资源配置和利益赋予方面的矛盾。移动后来之所以一直想和 CMMB 合作，而 TMMB① 没有最终发展起来，也有考虑频谱的原因，这些多元化的结构之后，利益链分割导致利益分配不均衡，在 CMMB 和 TMMB 的标准之争中表现得非常明显。

在地方运营商方面，手机电视领域中，广电系统有牌照，电信系统有网络，双方因利益争夺，一直想握住手机电视标准化的主导权。南方新媒体公司的高层经理在访谈中是这样回忆这段纠葛的：

2007 年，我们最早使用的是欧式标准 DVB 技术，DVB-H 是做手机业务，DVB-T 是做大屏电视业务。起初广电总局并无意见，但后来工信部因为 T-DMB 是国外的标准而没有颁发入网许可证，不允许 DVB 入网，在争论了一两年后就错过了发展的最佳时期，此项技术后来没有发展起来。后来广电总局和工信部就计划推出拥有自主知识产权的技术，中间还经过了很多曲折。工信部推出声称"国标"的 TMMB，广电总局不惜万金打造出强制性行标 CMMB，两方争论不休，最终还是使用了 CMMB。后来移动有这方面的需求，就和 CMMB 合作了。以前使用的比较成熟的韩国标准 T-DMB 在国内就没有发展了。而现在看来，CMMB 至今还不是一个成熟的标准。（SMC1）

可以总结，政策上的不明朗对于服务运营商来说是一个不稳定因素，这个在对南方新媒体公司相关人员的访谈中也得到了证实。前文也有提及，当时南方传媒集团做了 DVB 技术的前期投资，后来都换成了 CMMB，不仅是资源上的浪费，也错过了黄金的发展期间。

---

①　TMMB 曾经是 CMMB 强烈对手，它是 T-DMB 的衍生技术。TMMB 这项技术由新岸线、中国传媒大学、东南大学联合研发。经过电信系统支持，能够通过时域复用以及通道复用等高新技术，在采用高阶调制后，将 DAB 信道原有的容量扩充为两倍。另外还在 DAB 系统的子信道以及复用控制方面，实现基于 DAB 发射端的多标准（也就是 DAB、T-DMB 和 DAB-IP）信号的输出，从而解决了发射端的多标准兼容性问题。因而 TMMB 的优势在于它可能成为另一个具有全球漫游服务功能的系统，能相容 DAB、T-DMB 和 DVB-IP。由于兼容性强等优势，在 2008 年 6 月 TMMB 已通过国家标准委员会审查。曾有分析认为，国内的手机电视标准将在 TMMB 和 CMMB 之间进行融合。现在看来由于广电的不认可，TMMB 产业化进程停滞不前，处于比较尴尬的状态。

　　而在硬件厂商方面，TMMB 曾经于 2008 年 6 月取得国家标准委员会认可，是正宗的国家手机电视标准。但是在广电推动 CMMB 后，TMMB 就尴尬地慢慢退出了公众视野。① 一名在华为和国微科技常年工作的资深技术组长在访谈中这样描述了芯片和终端厂商的反馈：

　　TMMB 是工信部建立的国家标准，CMMB 是广电总局的行业强制标准。广电总局在中国广播电视这一块影响力很大，拥有绝对主动权，因此 TMMB 虽然投入了大量的创新工作和资源，但进不了中国市场。对移动、电视、电信网的三网融合来说，技术并不是一个主要问题，关键是管理的问题。（HW2）

　　可见，对硬件厂商来说，广电总局和工信部之争带来了规管问题的疑问，对内容运营商也是如此。纵观整个视频行业，IPTV、CMMB、OTT 的发展，都存在多部门管理的情况。对此，内容运营商又是如何分析的呢？风行网 CEO 罗江春是一位典型的代表，他表示：视频行业是一个未来融合发展的大行业，包括互联网与电视的融合。这两个媒体一定是融合、结合的关系，而非对立、颠覆的关系。在联合制播、联合营销、联合购买、联合的推广之中融入新媒体的特性，依靠互联网低成本优势，辅助电视台的精良制作传统，最终受益人是终端的用户。② 由此可见，在这种多方管控下，对于内容运营商，更需要的是整合资源，融合后高效地运作。

　　而最终对于用户，广电在宽带提速后面临严重的用户流失压力。据中广传播内部数据，2012 年第二季度之前，有线电视网在整个中国已经发展了 500 万用户，只有不到 4% 的市场占有率，但是电信运营商却有 1.44 亿宽带用户。而且，中报数据显示，大多数国内有线网络公司都面临毛利率下降而费用率上升的困境。因此，广电运营商必须进行业务转型以争抢市场份额。然而一些研究人士表示，广电总局和电信运营商在三网融合过程中其实拥有很大的合作空间，因为广电总局拥有内容审查、IPTV 播控权和管理权，而电信运营商具备提供节目传输的技术优势和庞大的终端用户。所以，双方在进入各自领域开展业务后将伴随着不断的竞争与合作。③

---

① TMMB 标准是互动电视的一种标准，是我国拥有自主产权的新媒体技术标准之一。
② 罗江春. 电视与互联网融合是视频行业发展大势. 睛彩杂志，2013（4）：35.
③ 佚名. 广电电信三网融合业务渗透加快. 睛彩杂志，2012（11）：1.

由此可见，广电总局和工信部的矛盾是规管系统内部的矛盾，在中国新媒体技术标准发展的环境中，有至少两个背景的规管系统，一个代表着广电总局的利益，另一个代表着工信部的利益。

而事实上在其他新媒体技术标准的行业领域，也存在着这两大主导行动者梯队，除了 CMMB 和销声匿迹了的 TMMB，这样的案例还有很多。在对 IPTV 和 OTT 行业发展进行总结时，中国网络电视台的运营总监也提到了规管系统的难处，他在接受本研究访谈时是这样进行和美国规管系统的比较的：

OTT 与 IPTV 实际上是中国国情的奇葩产物，就是因为工信部和广电总局的权力之争。本来用户就在运营商手里，什么是运营商？电信网、有线电视网、互联网 ISP 都是运营商，在这些网上提供视讯服务，在美国均归属 FCC 管理，标准都是遵循 ITU 的。唯有中国是因为广电和电信被人为区分，实际上应该是遵循统一标准的，因此呢，应该是在标准的框架下，依据商业模式来进行建设和运营，而不是按照政府的牌照管理来进行行政管理，目前就是各个播控平台都是独立建设的，实事求是地讲应该统一建设播控平台，面向不同的合作伙伴和商业模式。即便是依据市场的商业模式，政府也可以进行内容的管控，而现在确实人为进行了行政区隔。（CNTV）

（三）启示

综上所述，①规管系统主导行政干预的必要性值得肯定，但其有效性也有待商榷，因为通过对产业现状的细致观察，发现其不一定优化了现有资源的配置和促使了最终目标的达成；②行动者内部有矛盾。（规管系统内部矛盾：多个系统导致利益分化，广电和工信部之间存在矛盾）

具体来说笔者提出以下建议：

第一，我们需要承认规管系统的复杂性是历史原因造成的，电信和广电系统的权力之争也没有办法迅速解决。

第二，规管系统如果要对标准进行统一化的规范，一方面，要注意路径选择的问题；另一方面，也需要在时机上做好把握。通过深思熟虑，可以在路径选择上作出更成熟的规范，但早期进行标准设立也很重要，可以避免行业间恶性竞争以及资源浪费。

第三，在新媒体技术标准的制定中，如果仅仅发放准入牌照，而不宣布所依据的规则，会打击部分创新机构的积极性，可能导致部分创新机构选择和持有牌照方合作，而放弃创新研发投入。

从行动者网络理论角度进行剖析，则是焦点行动者不明晰。双规管系统，甚至更多规管系统都希望主导，则会出现利益分化。要协调好行动者网络中的各方利益，首先要充分正确地认识到各方需求、兴趣和愿景，才能在问题化基础上，最好地优化资源，对行动者进行适当的利益赋予，利益一旦分化，容易造成利益不均衡分配和资源浪费。例如不能忽视市场系统中的地方运营商对于创新延续性的需求，以及创新系统中厂商研发部门对于自由创新的需求等。只有这样，才能调动起积极性，在规范化行业的基础上，进行招募和动员。

第三节　形成期的行动者网络角度总结

通过形成时期分析可以发现：

（1）规管系统主导行政干预的必要性值得肯定，但其有效性也有待商榷。因为通过对产业现状的细致观察，发现其不一定优化了现有的资源配置和促使了最终目标的达成。

（2）创新系统存在对更多自由创新和延续性创新的需求。

（3）行动者内部有矛盾。（创新系统存在矛盾："规管下属创新机构"和"厂商研发部门"往往存在着不可调和的矛盾。规管系统内部存在矛盾：多个系统导致利益分化，广电总局和工信部之间存在矛盾，地方广电和广电总局之间存在矛盾）

形成期是技术标准未被正式获批进入市场之前的阶段，焦点行动者在形成期的问题化过程中，主要确认了参与行动者网络的其他行动者的需求。利益赋予过程中焦点行动者运用修辞和已有资源对其他行动者进行说服，主动从资金投入、政策倾斜、牌照发放、知识产权保护等方面对本土技术标准发展进行支持和扶持，对行动者赋予相关的需求，使其达到稳定状态。CMMB 案例中的焦点行动者就是创新系统和规管系统下属的机构。

但是，形成期的问题化过程中，焦点行动者如果出现了偏差和误读，就可能会导致后期的利益赋予和招募动员虽然短期呈现蓬勃发展势头，长期却走向低迷。在 CMMB 的案例中就是如此，对运营商以及厂商来说，资金的投入是重要的影响因素，却不是最重要的，但焦点行动者只重视了资金方面的投入，而忽视了其他方面。对于运营商来说，能够运营一项有前景的延续性的创新技术标准才能保障其长期利益，这时就可能存在国内外标准的竞争，例如 T-DMB 和 CMMB 的竞争；而对于厂商研发部门来说，创新系统中的"厂商研发部门"和"规管下属创新机构"有可能存在不可调和的矛盾。拥有资源的"规管下属创新机构"是行政命令导向的，"厂商研发部门"是自由创新导向的。"创新主体应该在企业"是他们发自肺腑的呼声，自由创新的需求才是其动力的重要保障。而现阶段的政策文件中，虽然都指出了企业作为创新力量的重要作用，但在政策支持、资金扶持、频谱分配等方面，企业却都还不是主导创新的力量。

　　由此可见，在新媒体技术标准的行动者网络形成期，焦点行动者在技术民族主义和知识产权保护出现矛盾时更多倾向于技术民族主义，我国规管系统的创新是自上而下的，在行政命令指导下的，这样的高压创新对新媒体技术的标准发展和标准形成带来一定短期的促进作用，特别是鼓励了自主产权发展，培养了专业人才，但是规范机制、规范时机都可能干扰市场竞争，导致资源浪费。然而，技术民族主义不再仅仅是自上而下的，社会上下都有参与。对于论坛的影响也已经不仅仅是简单的对本土的保护或者对民族工业的支持了，更多见的是自下而上的技术民族主义的呼声和全球化后的普世的对知识产权保护的诉求，以及这两者之间的激烈碰撞。而且，在新媒体技术的标准发展中，焦点行动者除了要支持本土自主产权标准发展，还需要保护知识产权，并且要避免向垄断寡头利益倾斜，需要找到一个平衡点，进行合理的利益赋予。

　　这种形成期的行动者和他们的行动以及论坛的反馈，在标准获准入市之后就会经历用户的考验。下一章将对中国新媒体技术标准的扩散期进行分析。

第五章

扩散期的研究发现

　　扩散期是技术标准被规管机构正式批准进入市场之后的阶段，通过前文理论的梳理，扩散期的特点包括：市场系统竞争激烈，特别是用户作用突显；媒体系统映射行动者网络整体状态；规管系统决策影响行业发展；有新加入的创新企业，但整体创新系统的发展趋缓等。需要研究哪些因素影响了这一时期的发展，以及这些因素又是如何影响的。

　　从前文的分析中我们知道，形成期与扩散期的技术标准发展各有特点，从行动者本身到其行动都有本质区别，因此，笔者从扩散期的行动者网络构成、行为以及行动者网络稳定性分析，来还原这一时期的新媒体技术标准的发展过程。

第一节　扩散期的行动者网络构成

下文首先对行动者网络的变化进行阐述，在此基础上，对焦点行动者进行判断。之后，再进一步通过转译的过程研究行动者网络的形成。

一、扩散期的行动者变化：市场影响力提升，用户为王

根据理论分析，可知利益赋予过程是变化的过程，所以，在不断的利益赋予后，行动者的初始属性、目标、项目、动员、动力、兴趣都可能有变数。通过这些活动，某一行动者使得其他行动者达到问题化中定义的稳定状态。[①] 扩散期的新媒体技术标准的行动者网络组成及其行为也均有变化。本节主要介绍扩散期新媒体技术标准行动者网络的变化。

扩散期的变化主要体现在：明了政策后，市场系统都进入了活跃的状态，更加积极地在经济利益驱使下参与行动者网络。用户作为有主观能动性的个体能够在消费中积极地参与。在对香港中文大学前兼职教授进行访谈时，他多次提及"用户为王"，并描述牌照发放之后，参与者的目标和信息更加明了：

牌照颁布以后，得到牌照方更加明了了自己的定位，和肯定自身的能力，充满了信心去发展市场，而没有拿到牌照的机构试图通过各种方法在该行业中能分一杯羹。例如试图与有牌照方合作或者计划参与下一次牌照申请。（HR）

在主案例 CMMB 中，2006 年 10 月底，广电总局就正式颁布行业标准，至此，CMMB 行动者网络进入新媒体技术标准的扩散期。扩散期行动者变化主要体现在：①中国移动作为重要合作伙伴的积极性大大提高；②上下游的运营商、

---

① CALLON M. Some elements of a sociology of translation: domestication of the scallops and the fishermen of St. Brieuc Bay. Sociological review, 1984, 32 (1): 195 - 223.

软硬件配套厂商和内容商的进一步加入，例如香港中国移动多媒体广播控股有限公司①、New York Satellite Holdings, LLC② 等；③用户提供大量参与反馈和选择，特别是在新媒体平台上；④其他一些大型活动的影响，例如赛事、纪念日等大型活动会对新媒体技术标准的形成和扩散带来特殊的影响；⑤广电系统的一贯支持也是重要的参与，广电总局在扩散期将运营权下放到地方。

其中，对于 CMMB，奥运赛事带来的影响非常之大。下面就具体来分析：2008 年 8 月的奥运可以说是 CMMB 的一个机遇，借助奥运的东风，37 个国内大中城市都完成了 CMMB 的试验网络建设。③ 在广电总局主导下，将使用地面 U 波段网络覆盖约 360 个城市，共 4.5 亿人口。这在整个奥运历史上首次出现，有划时代的意义。在访谈时，中广传播的高层实验室主任高度肯定奥运会对 CMMB 行业的影响，他是这样描述的：

2008 年奥运会，对 CMMB 发展助力很大。(CBC)

奥运事件的重大影响还为 CMMB 的行动者网络动员和招募了不少新生力量，并带动起已参与的行动者的更高热情，从而推动了产业的发展，像创新系统内部就增加了一批为当时"CMMB + TD"制作研发芯片的厂商，华为、中兴当时都有参与，特别是中兴。中兴的某资深技术人员在接受深度访谈时，对当时的合作描述记忆犹新：

2008 年时，"CMMB + TD"联合推出了手机电视业务之后，前期投入的很多厂家都很有兴趣加入，在芯片研发、终端制造上，有了更多的市场前景。(ZTE1)

---

① 香港中国移动多媒体广播控股有限公司简称中播控股，是为了扩展国际业务而新近加入的一家运营商，其主要业务为投资控股，其附属公司提供 CMMB 及代理服务，也是北京泰美世纪公司，即移动多媒体广播核心专利拥有机构的海外推广合作伙伴。香港中国移动多媒体广播控股有限公司是香港证券交易所上市公司，长期致力于 CMMB 的海外推广，正在寻求中国三网融合政策支持下的商机，尤其是 CMMB 基础上的移动电视多媒体广播业务。香港中国移动多媒体广播控股有限公司目标是发展为一家全球领先的 CMMB 服务供货商，推广及发展 CMMB，部署及营运相关网络及服务，在国内外提供移动电视多媒体服务、解决方案及创新服务，创造环球多媒体特许经营权。
② New York Satellite Holdings, LLC 是一家简称为 NYB-II 的在美国拥有及运营 12 家超高频电视台的公司。
③ 刘科宏. CMMB 覆盖 37 个城市. 东亚经贸新闻，2008 (1).

•••　•••

所以，奥运赛事不仅带来了重要的合作伙伴中国移动，成立了 TD-CMMB 产业联盟，也大大激励了上下游厂家的积极性，使更多的市场系统的厂商和运营商愿意结成联盟，共同合作。

当然，奥运赛事促进了 CMMB 发展，反之亦然。广电总局科技司副司长曾庆军曾在接受媒体采访时表示，CMMB 对科技奥运、数字奥运的贡献，将会极大促进我国信息化和民族工业的发展。① 中国中央电视台总工程师丁文华表示它首次实现了真正意义上的与赛事同步，所有 CMMB 手机接收到的信号也都是无延时的同步信号。② 同时需要注意的是，这些影响力很多是通过媒体系统反应的。

由此可见，一场盛世奥运，对 CMMB 的发展起到了相当的促进作用，通过媒体的放大，对中国移动等重要合作伙伴、上下游厂商、用户的激励作用十分明显。CMMB 也对科技奥运作出贡献。这是扩散期重要的变化之一，也是行动者网络良性发展的重要表现。

另外一个重要的变化是：市场运作方面，广电总局将运营权下放到地方，给予地方资源并放权，调动了地方的主动性。2009 年初，中广卫星移动广播有限公司成立，与多个省市，例如天津、内蒙古、黑龙江、山东、河南、四川、辽宁、吉林、云南等的广电机构签署了协议进行合作，这样省级运营主体就可以在统一策划下在全国同时开始移动多媒体广播电视业务的专业化运营。

总结来说，以 CMMB 案例为范本，对于我国新媒体行业的技术标准来说，扩散期出现了一些新的变化：①市场系统更加活跃，其中的用户越来越体现出重要影响力；②有了一些新近加入的行动者，例如在 CMMB 案例中为了扩散海外市场，增加了一些新的公司和机构；③产业联盟增多；④媒体也在这期间承载着重要的科技标准与社会互动的传播者功能。

通过主案例 CMMB 的分析，可以看出其扩散期的行动者网络有所变化，而针对这些变化，新媒体技术标准的行动者网络在不断扩张，但往往这些新近增加的行动者没有得到很好的重视，其需求没有被很好地表述，扩散期的行动者

_____

① 佚名. 2008 移动多媒体广播电视高峰论坛. (2008 – 10 – 20)［2010 – 05 – 03］. http://cctvenchiridion. cctv. com/special/C22464/20081020/106174. shtml.

② 任珂，张崇防. 央视总工揭秘奥运无延时直播内幕. (2008 – 08 – 11)［2014 – 10 – 13］. http://media. people. com. cn/GB/40606/7643027. html.

网络存在结构性缺失或机制不完全。下文针对其中的两点——用户和媒体进行分析，并引用部分辅助案例进行佐证。

（一）结构性缺失一：用户需求需要得到重视

诚如理论框架推演中所述，市场系统中的用户利益得到满足时，行动者网络稳定发展；用户的利益受损时，行动者网络面临崩溃可能。用户在技术中的迁徙，犹如一场技术的旅行，单一的用户不能带来什么影响，但是集合起来可以是惊涛骇浪，用户的作用不可小觑。

行动者网络中，个体的意义巨大，包含的信息也丰富。"当个体不再是自给自足的原子结构，而是具有一系列差异和复杂性，例如饱含各种信息的属性时"，拉图尔称其为"比整体甚至更复杂的"① 行动者。这时的行动者再也不是简单的数学模型中的无差别个体，而是复杂的、有多重属性的、相互紧密联结依存并存在各种变化可能性的多维度活性个体。行动者在网络中是互相依存的，就像一个生态系统一样。行动者和行动者网络的关系在一定程度上是可逆的。因此，从每一个行动者身上可以反映整个行动者网络发展的情况，从每个用户的反馈也可以说明整个新媒体技术标准发展的情况。前文提及，在 CMMB 案例中，被焦点行动者忽视的是重要的用户的需求，OTT 也是重要的互动电视的组成部分，而且存在一定用户的迁徙，OTT 行业对用户的关注度又如何呢？下面就从 CMMB 和 OTT 这两个具有代表性的新媒体技术的标准出发，看焦点行动者是否关注了用户的需求。

1. CMMB 案例

成功地对市场中的用户进行了关注，用户的利益得到了满足时，行动者网络就稳定地发展；忽略了对市场中的用户的关注，用户的利益受损时，行动者网络就可能受损。

例如扩散期间，从用户反馈方面考察，在主案例 CMMB 中，一开始用户是可免费接收 7 个电视频道和 2 个广播频道的。终端价格比较有竞争力，因为有联想、中兴、天宇、爱国者、酷派等众多厂商已经能够提供 CMMB 手机，而部分国际手机企业，如诺基亚、摩托罗拉等也纷纷表示有兴趣。另外 CMMB 移动

---

① LATOUR B. Network theory｜networks, societies, spheres：reflections of an actor-network theorist. International journal of communication，2011：796－810.

多媒体数字电视棒的价格为 500 元左右，也使得 CMMB 的终端在类似产品中比较有竞争力。良好的性价比对用户来说是首要考虑因素，因而服务价格不容小觑，而如果定价偏离最优范围区间，或不符合用户期待，则会阻碍影响力。

后期在 2009 年底后，各大城市开始增加服务费用，免费的套餐停止了，这是对用户利益的巨大折损。而且终端的性能、用户习惯的调整等也是相当有挑战性的。据现有成功手机电视案例，最受用户欢迎的业务为新闻、体育、MTV（音乐电视频道）。对这些频道收费也是会造成大量用户利益受损。针对这些资源，需充分利用终端性能培养用户习惯，提供有性价比的套餐，才能满足用户利益，实现长足的发展。

为了对用户的反馈有更直观的了解，本文收集了有代表性的主要网络论坛上的用户反馈。通过对中国人气最旺的论坛的排名搜索得到排名前 25 位的论坛，它们依次是：百度贴吧、西陆论坛、新浪论坛、天涯社区、搜狐社区、Tom 社区、猫扑社区、上海热线论坛、网易社区、中华网论坛、腾讯 QQ 论坛、新华网论坛、CCTV 论坛、21CN 社区、强国论坛、铁血论坛、华声在线、CSDN 技术社区、博客论坛、凯迪社区、西祠胡同、BT 之家论坛、易域风情、第九城市、贪婪大陆。而只有百度贴吧、腾讯 QQ 论坛、西祠胡同有专门的 CMMB 主题吧，例如百度贴吧的 CMMB 主题吧有主题 745 个，帖子 3 890 篇，会员 372 人。对这三个论坛的数据进行抽样、编码、统计，发现用户通过新媒体平台进行利益表达的关注点在如下几个方面（见表 5 - 1），得出了用户通过新媒体平台对 CMMB 表示不满诉求的分类列表，而这也是用户利益赋予中没有被关注的几点所在。

表 5 - 1　CMMB 论坛用户不满诉求分类列表

单位：条

回复条数	终端不好			内容不好			服务不好			信号覆盖率不好	宣传不够
	数量不多	价格不合适	使用不方便	找不到适用的	节目不具有吸引力	节目太少	服务得不到及时有效回应	清晰度连续性不好	服务价格不合理		
414	27	10	46	26	26	23	23	30	30	120	53
	83			75			83				

分析这些新媒体平台上的数据可知：

第一，用户的意见通过各种新媒体平台得到反馈；在各种论坛、科技博客上，伴随 CMMB 的普及而来的除了欢呼声还有打板声。

有用户说"不要扯那些没用的，取个通俗易懂的名字，比如广播电视什么的，跟别人说 CMMB 十个九个不懂"①。例如在百度贴吧的专题讨论区域——"CMMB 吧"内，就有超过 3 670 条相关帖子，其中一名热心网友对 CMMB 的批评非常翔实，摘录部分如下：

1. 过早的收费，在 2010 年初就开始收费，没考虑用户的使用习惯，自断前程。

2. 节目单一，仅有八个台左右，在与 Wi-Fi、运营商视频服务竞争中毫无优势，节目形式死板，难以有吸引力。

3. 信号覆盖率不好，当然一份收益一份投资，当前的收益入不敷出，很难在基站上再投入建设。但是 CMMB 本质类似于广播电视，用广播信号传输电视信号，没有带宽限制，不论用户多少都不卡。可是我在使用中在一个楼层收到信号，转移一下就收不到，十分不方便。

…………

5. 清晰度不够。目测只有 320×240，可能高一点，但对于智能机普遍800×480 以上来说太低了，现在绝大多数手机都没有带 CMMB 功能。②

这些用户在情绪宣泄中也体现了他们对 CMMB 的关注，而这些新媒体平台上的用户反馈也是民意的集中体现。

第二，CMMB 的用户诉求正是在行动者网络中众多不稳定因素的一个集中映射；上文提到的用户"吐槽"点的确是 CMMB 行动者网络中相对比较弱的环节所在。所以用户作为一个越来越重要的行动者，一直在映射着整个行动者网络的功过和缺失。

规管系统和运营系统收费过早导致过于昂贵。手机电视使用过程中产生的

① CMMB 百度贴吧. (2014 - 05 - 01)〔2014 - 12 - 10〕. http://tieba. baidu. com/f? kw = cmmb&ie = utf - 8.

② CMMB 百度贴吧. (2014 - 05 - 01)〔2014 - 12 - 10〕. http://tieba. baidu. com/f? kw = cmmb&ie = utf - 8.

费用吓跑大量用户，有用户表示："每次推出的终端价格不要那么高，那个 CMMB Wi-Fi 盒子要不是价格高我早就买了，一个破盒子有必要 400 元吗，如果你卖 200 元可以卖出十倍的量，达到 n 倍的宣传效果你觉得划来吗？"① CMMB 手机电视当时有三部分的费用，无线数据是流量费用，另有基本功能费和收视费，其中无线数据相关费用基本免费；基本功能费根据地市的不同，在每月 10～12 元，推广时期有小小差别；主要收视费计算分免费节目和收费节目，CCTV 新闻节目以及一套本地节目是免费节目。而要收看另外的节目，则需订购收视套餐，并且收取月费 6 元。价格由免费转为收费后，本来就还没有养成的客户立刻失去忠诚度，转战别家。这点在对广电总局的一名资深战略决策人员的访谈中，也被提及：

CMMB 在 2009 年、2010 年增收 12 元月费。之前发展很快，后来因为收费，加上面临 2010 年苹果手机带动优酷、天翼、爱奇艺等网络移动视频公司迅速发展的强大冲击，CMMB 在 2010 年后发展骤然下降。(SARFT)

信号的覆盖不完全。信号不好也受很多用户批评，在一篇名为"全国 CMMB 信号调查，欢迎投上你宝贵一票"② 的百度贴吧文章中，超过 216 名各地网友回帖，据统计，127 条回复反馈说没有信号、信号时有时无，或者信号太弱影响收视。这样程度的用户反馈应该对地市的广电系统起到警醒作用，检查到底是线路检修出了临时的问题，还是线路受到了损坏，抑或是网络设施没有覆盖。

产业链中内容提供商参与不足及技术原因造成了节目数量少。CMMB 网络播出的广播电视节目套数各地有些区别，但大多不够丰富。这是与信道带宽限制、调制参数以及音视频编码码率等因素相关的。由于这些技术参数限制，当时 8M 的传统模拟电视带宽，仅可以提供大概 8 套电视节目和 10 套广播节目。

产业链不是特别坚挺，特别是终端厂商比较薄弱，终端机型选择有限制。CMMB 的终端机器分为两类：单向终端和双向终端。其中单向终端指的是单项

---

① CMMB 百度贴吧. (2014 - 05 - 01)［2014 - 12 - 10］. http://tieba. baidu. com/f? kw = cmmb&ie = utf - 8.

② CMMB 百度贴吧. (2014 - 05 - 01)［2014 - 12 - 10］. http://tieba. baidu. com/f? kw = cmmb&ie = utf - 8.

的不具备上行传输通道的接收终端，只能通过此类终端收看相应的移动多媒体广播电视业务，例如 PDA、MP3、MP4 和数码相机等；而双向终端是指在此基础功能上，还可以提供上行传输通道的接收终端，主要包括手机、笔记本电脑等。在对一名资深 CMMB 研究员进行访谈时，他就提到：

市场上选择比较有局限，因为只和移动进行了合作，所以有所限制。（SARFT）

可见，市场终端上 CMMB 显示一定的弱势。面对市面上众多机型的优势对比，特别是苹果手机进入市场后，冲击更是强大。

第三，用户的反馈不一定都得到了所需求的满足和足够的应对。

用户提出的如取消用户收费、增加节目形式、做用户制定节目推送、增加电视清晰度、进一步增加覆盖范围和覆盖质量等建议，都没有被及时地满足并得到足够的应对。用户的需求在一定程度上被忽视也导致大量用户的迁徙。

一则名为"广电 CMMB 能不能把全国的台统一起来！"的帖子在百度贴吧上罕见地有了疑似官方人员的回复。这名回复人员头像为 CMMB 的图像，标志为核心会员，让我们看看这则消息中用户的诉求和疑似官方人员的回复①：

脱靴登楼（用户名） 2012－02－01 06：01："我这里的 CMMB 居然有四个本地台，也就是四个县级电视台。连我爱看的央视 10 套和 4 套、2 套都没有，真是气死人了！还收费？收费看这种电视台真让人气愤！"

mars568（疑似官方人员的用户名） 2012－02－01 16：47："你的心情可以理解，但是这涉及多方利益，具体来说就是地方广电肩负着维护 CMMB 设备和协调各方面关系的任务，然而国家广电没有直接的经费来支付这项费用，只能通过播放地方电视节目的方式予以补偿，所以短期内还难以实现全国统一频道。"

脱靴登楼 2012－02－04 07：16："这个能有多少经费？听说一个大城市只要 3 个电视塔就可以覆盖全市，CMMB 这么好的东西让广电搞成这个样

---

① CMMB 百度贴吧.（2014－05－01）[2014－12－10]. http://tieba.baidu.com/f? kw＝cmmb&ie＝utf－8.

子……要是我是发改委，我就把 CMMB 单独独立出来脱离广电，让 CMMB 跟广电的有线电视竞争。"

mars568　2012 - 02 - 06　11：17："如果你有能力把你想看的台放上去。我真心支持你，不管你用什么方式。"

这时也有更多网友参与了讨论，表达了对节目单一、收费贵的不满及希望更丰富节目的诉求，例如：

那英追梦（用户名）　2012 - 03 - 02　21：47："这个主意我想很好，让每个省份出一套频道，比如江苏、江西、上海……这样让节目来源分给各个地区，来源更广，丰富，让全国都能看到，就像数字电视一样，让每个省制作不同主题类型节目频道，只有这样 CMMB 才能生存下去！"

进进之辈（用户名）　2013 - 02 - 02　20：27："台太少了，我在湘潭还好，有湖南卫视、湖南经视、长沙新闻，还有就是那几个台，可是我们县就两个市县台……"

sundayjiejie（用户名）　2014 - 5 - 25　11：13："我觉得 CMMB 应该开放所有的频率，不能只局限于一个城市只有一个频率了。"

对于众说纷纭的网民，回答是这样的：

mars568　2012 - 03 - 03　23：13："目前还只能实现本省看本省的。带宽现在容量有限，全国 23 个省，5 个自治区，4 个直辖市，2 个特别行政区，你说让谁上不让谁上？"

又一名百度贴吧的网民这样呼吁："不听用户反馈，你们的市场调研在哪，是不是应该派个人来 CMMB 吧、CMMB 论坛收集意见？来倾听民声？按照用户需求改节目，改形式，比如很多人想看《快乐大本营》，可不可以湖南卫视在各地都转播，《中国好声音》可以转播吗？不敢投资你赢不了用户的心。要知道手机暴风影音等视频软件都有用户反馈，手机电视 CMMB 你的用户反馈在哪？你的售后在哪？难道你做生意只是一笔买卖三年的收视费用吗？"

由以上网民与疑似官方人员互动的分析，可见用户的反馈极少得到了响应，即使有回复，也很难得到重视，更不要说得到采纳了。最终用户逐渐迁徙到了其他的技术和应用上，例如日趋普及的 Wi-Fi 技术，流量速度都更具优势的 3G、4G 应用，画质更优、选择更多的 OTT 等。CMMB 在失去了用户的市场后，也流失了发展未来的资本。而这几年也许是真正重要的窗口期，一名广电总局的资深研究员提到：

> 对用户需求有更好的把握，才能弥补互联网视频方面的差距，更好地向用户提供服务。（SARFT）

可见，这几年尤其需要重视用户的发展，而 CMMB 的案例中可以看到有大量用户的流失，下面再来看一个同样发生在我国的得到用户喜爱和使用的案例。

2. OTT 案例

在市场系统中，用户是一个重要的市场系统的行动者，只有关注了用户的需求，在问题化阶段注意到了用户的诉求，之后才能进行正确的利益赋予，才能赢得用户，获取市场。在 OTT 的案例中这点体现得十分明确。爱奇艺的高层在访谈中提及：

> 爱奇艺的内容和技术都需要有完美的结合才能成就领先的地位。在技术上爱奇艺继承了百度优秀的技术。早期和杜比的合作改变用户视听体验。在视频深度学习后，智能化的下一步就是爱奇艺推出了个性化的选择，通过大数据为用户推送可能喜欢的视频。（IQY）

从他提及用户的重要性，可见他认为技术发展有继承也需发扬，但都是为了用户。介绍爱奇艺在用户体验上的重视时，该受访者继续阐明"TV＋服务"90% 的都是爱奇艺的用户，用户的反馈爱奇艺也会及时跟进，他是这样阐述的：

> 爱奇艺会不断加大对用户体验、个性化、爱信、离线下载多屏应用的投入，用户认为好的方面我们会去做，我们都是根据用户的喜好去做。用户都是上帝，比如乐视就倡导"千万人使用，千万人开发"。所有产品都要以用户为中心，产品中心的时代已经过去了。（IQY）

由此可见，用户的需求是爱奇艺的首要考量。同样，中国网络电视台的运营总监在接受访谈时，是这样介绍的：

我们专门采用了 SMARTEPG，这是用来体现用户的个性化的，智能的 EPG 系统就是核心，我们需要了解用户个性化喜好，我们合作方是微信，在和腾讯合作后，我们推出了"OTT + 微信"，现在用户可以通过手机扫一扫功能，链接服务号，直接就能够完成语音搜索、收藏以及支付等功能。互联网电视最大的优势就是它后台的智能系统。大数据系统将来会是支撑我们所有互动和个性化业务非常重要的一个支撑。(CNTV)

所以，他们都肯定了内容运营商对于用户喜好的重视是重要的决策考虑。OTT 发展中，对用户个性化满足的技术、平台以及标准都会优先得到采纳。如此，其他新媒体技术的标准发展、产品的设计也一样。雷军在回顾小米发展经历时，曾经关注过这样一个细节：根据网民用户的反馈对产品进行及时的调整。他记得某位名人曾经提到有个烦恼，太多粉丝给他打电话，建议做个只接通讯录电话的功能，这就是之后小米只接听通讯录的这个功能。之后，他碰到一位朋友说，工作要求其电话要 24 小时开机，经常出现的情况就是晚上 12 点后都在接电话没法睡觉。他根据这位朋友的建议设置了 VIP 电话功能，开启之后，只有通讯录里的 VIP 账号才能打得通。① 像这样的功能小米启用得太多了，都是在与网民互动中发明的，因为只有在当时那个场景里的用户才想得到。这也可以称为小米发起的一场群众运动，在群众的智慧中去打通科技产品的突破口。在这个层次上，小米和 iOS 的设计是截然不同的理念。对用户的重视、对民意的调查、对用户真实反馈的关注和对产品及时的调整，就是小米对互联网思维最深的理解和最完整的诠释，简而言之就是群众路线。

所以，用户的需求被满足时，才能更好地做好产品。由这两个案例的比较可见，CMMB 在失去了用户的市场上，也流失了发展未来的资本。OTT 在一定程度上做得更好，满足了部分用户的需求，所以在互动电视领域存在着用户的迁徙，更多的互动电视的使用者从移动终端的 CMMB 转向了电视机顶盒。一方

---

① 商业价值. 小米真正学的是同仁堂、海底捞、沃尔玛和 Costco. (2014 – 12 – 08) [2014 – 12 – 18]. http://content. businessvalue. com. cn/post/32731. html.

面，这当然是用户习惯的变化，从移动终端到高清大屏的更高质量的体验；另一方面，用户的迁徙也是重要的论坛的反馈，满足了日益重要的用户需求的技术标准发展会得到促进，而失去了用户青睐的技术的标准会慢慢退出历史舞台，走向生命周期的终结而消亡，或者被新的技术标准替代。中国新媒体技术的标准发展应该以最广大的人民群众的利益和公共服务的需求为导向，充分注重用户的需求。CMMB 的行动者网络发展可以说在扩散期忽视了用户的呼声，失去了市场。

由此可见，用户作为市场系统中的重要行动者在扩散期间的作用越来越得到体现。首先，用户的意见通过各种新媒体平台得到反馈；其次，用户的诉求正是在行动者网络中众多不稳定因素的一个集中映射；最后，部分用户的需求被满足，局部推广得到了良好的结果。但是，用户的反馈不一定都得到了所需求的满足，而用户的需求在一定程度上被忽视也会导致大量用户的迁徙。值得一提的是，这些用户的反馈很多都是通过媒体系统达成的。

从行动者网络理论总结，在扩散期用户需求没有得到满足，没有有效的用户反馈机制，机制不完善，导致行动者网络的结构性缺失。后文会具体分析媒体系统如何通过修辞进行社会构建，完成科学和社会的互动。而前文已述，焦点行动者没有充分判断其他行动者的需求，例如认为厂商主要需求是网络建设，而忽视了用户的发展；地方运营商主要需求是广告等利益分成，而忽视了其对长期商业模式的诉求。这些都在下文的利益赋予和动员招募阶段的论坛反馈得到了回应。

（二）结构性缺失二：媒体系统需要得到重视

1. 重要行动者媒体系统的出现

媒体系统是本研究中新增的行动者，它们是起着传播者作用的，通过修辞完成科学的社会构建的机构和组织，包括传统媒体和新媒体。其中传统媒体包括以商业媒体为代表的一系列报纸、书刊、电台；新媒体包括以互联网为主要阵地的各种新兴媒体平台。

媒体作为传递者，通过修辞参与社会构建。因为上文已经讨论过，在中国新媒体技术的标准发展中，媒体作用的体现，是重要的新媒体技术的标准区别于传统工业技术标准的指标，所以媒体在本研究中是一个重要的对象。那么媒体究竟扮演的是一个什么样的角色呢？本部分主要考察的内容就是行动者网络理论中媒体的角色，以及相关研究里，需要关注媒体的方面。下文探讨一些关键概念和分析如下几个方向：媒体究竟是什么角色；修辞与社会构建的定义及相互关联；修辞的判定标准；媒体参与社会构建的形式。

（1）传递者（mediator）和中介（intermediaries）的区别。

媒体究竟扮演的是一个什么样的角色呢？在行动者网络中有这样两个角色：传递者和中介。经过比对，笔者发现媒体在行动者网络中是一个传递者的角色。传递者也是行动者网络中一个重要的概念，传递者不是中介，那么传递者和中介有什么区别呢？

传递者和中介的区别是行动者网络理论的重要概念。传统的人文社科研究中，中介通常被看作是被动的（passive）、不起任何影响（ineffective）行为（actions）最终效果的媒介。这样的理论假设受到了行动者网络理论积极的批判和修正。在行动者网络理论中，研究者引入了传递者/传播者的概念。这个概念将其定位为主动的（active）并且可以在不同程度上影响行为最终结果的媒介。它们可以是人或非人的行动者网络的参与者（actants），是建构行动者网络的不可忽视的组件（elements）。其带有的价值倾向和自身动机将不同程度地影响行动者网络的结构、功能及最终达成的目标和预期。中介的传达是不改变的传达，传递者的传达是对差异性进行了放大的传达，故而是有意义的研究对象。当然结果与输入是相关联的，可以根据输入预测结果。行动者网络理论中对于世界的看法就是基于传递者而非中介的。①

由此可见，媒体在行动者网络中是一个重要的可能将差异化放大的传递者。媒体在标准的社会构建中就是扮演着这样一种传递者而非中介的角色，那么媒体是如何作为传递者协助新媒体技术的标准与社会互动的呢？如何通过修辞手法的应用，协助新媒体技术标准进行社会建构的呢？下文首先考察修辞与社会建构的定义。

（2）修辞与社会构建的定义。

拉图尔（1987）在《科学在行动》一书中是这样描述修辞的功能的：

① ROEBUCK K. Application delivery controller（ADC）：high-impact strategies—what you need to know：definitions，adoptions，impact，benefits，maturity，vendors. Brisbane：Emereo Publishing，2012：81.

研究人们是如何被引导去相信和行动的，同时还教导人们如何说服别人。①

由此可见，对于具有科学的学术性的辩论，修辞学越来越凸显其重要性。在这里，修辞学（rhetorics）指的是说服的辞令，在行动者网络理论里面，铭写（inscription）有着说服受众的目的。在这一说服的过程中，"人们开始利用文本、档案、文件、文章等来迫使别人把初期的意见转为了事实"②。在传播学研究中，说服与宣传的区别在于是否有为用户考虑。故而行动者网络中所用到的修辞也是一种充分从用户需求出发的真心诚意的话语构建。

拉图尔（2005）在《重装社会：一个行动者网络理论介绍》（*Reassembling the Social—an Introduction to Actor-network-theory*）一书中，是这样定义"社会构建"的：

是与客观事实相关的，社会的一种存在形式，表征于物（a kind of stuff）以及相关活动（movement）。③

具体来说，科学成果是在实验室里、研究所里诞生的，是在人工的、客观的环境中诞生的。从建筑到电脑芯片，到火车和机车都是如此，它们都毫无疑问是集体智慧的结晶，遍历了几代人的心血。但当我们回顾这些历史上动人心魄的伟大发明和时刻时，我们也不能忽视了这种对科学事实的构建，其间存在着无数的人类活动（human activities）甚至非人实体（non-human entities）的参与。科学之于我们，不再简单的是客观的陈述，而是有趣的，有众多参与者的九死一生的产物。④

总结可知，修辞与社会构建都是重要的概念。修辞侧重对受众的说服，而社会构建重点考察互动中的活动和物的实体的存在过程和形式。

---

① LATOUR B. Science in action: how to follow scientists and engineers through society. Cambridge, Mass., and London: Harvard university press, 1987, 30 – 33.

② LATOUR B. Network theory | networks, societies, spheres: reflections of an actor-network theorist. International journal of communication, 2011: 796 – 810.

③ LATOUR B. Reassembling the social — an introduction to actor-network-theory. Oxford University Press, 2005: 316.

④ LATOUR B. Network theory | networks, societies, spheres: reflections of an actor-network theorist. International journal of communication, 2011: 796 – 810.

（3）修辞与社会构建的关系。

修辞与社会构建关系紧密。社会构建中的修辞是科学事实的重要扩散方式，在行动者网络中，是行动者网络中转译的必由之路，是利益赋予的重要手段，是关键行动者（也就是理论框架中的焦点行动者）说服其他行动者以及招募动员的有效过程。转译是利益赋予的第二个过程，这个过程中，主导的行动者即是焦点行动者试图通过各种方法在了解其他行动者的属性、需求、预期后对其进行说服，而修辞的应用、合理有效的社会构建的过程就是重要的途径。招募动员是第三、第四个过程。科学实验室是科学事实的诞生之地，而对于科学事实的修辞的使用和辩护是标准化过程中常常可以见到的。这又涉及另一个基础对象，即科学事实。修辞是基于对科学事实的修辞，也是通过修辞，科学技术完成了对事实的社会构建。那么，"事实"与"社会构建"是什么关系？

第一，社会构建（construction）是基于科学事实的立场（what it is for anything to stand），另外还是相关属性的集合体，例如活力程度、质量、风格、耐受性、价值等。①

第二，事实与社会构建是相关联的，每个科学家都会为其科学发现欣喜不已，而这也源自这个科学事实本身的质量和其社会构建质量之间的联系。在社会构建中，人们会反复拷问：这个科学事实是很好地还是很糟地被构建的呢？②"在知识（真理）传递的背后，福柯揭示了真理的政治、经济含义。真理并不像我们想象的那样纯洁，哪些认识被权力机构认为是有益于自己的，就会被权力机构所选中并进行传播，以使公众相信，并使公众按照权力的意图行动。"

第三，事实与社会构建又是有区别的。事实就是事实，是人工的产物，特别是科学事实。而社会构建是一种对于事实的替换和代替，这种同质性的建构导致了社会的多样性。对于科学事实的社会构建（social construction of scientific fact），结果往往与行动者本身意图相左。③ 由此可见，社会构建过程中科学是以事实为基础的，但是也存在放大或者偏差。所以研究中，我们同时需要注意媒体的参与对事实的传播是否有放大或者形成偏差。

① LATOUR B. Reassembling the social — an introduction to actor-network-theory. Oxford University Press, 2005: 315 – 316.

② LATOUR B. Reassembling the social — an introduction to actor-network-theory. Oxford University Press, 2005: 316 – 317.

③ LATOUR B. Reassembling the social — an introduction to actor-network-theory. Oxford University Press, 2005: 316.

由此可见，科学事实在其社会构建中，通过修辞这种重要扩散方式来完成。而社会构建一定是基于科学事实的立场，它们之间既有关联，又有区别。那么怎样的修辞才是好的基于科学事实的社会构建呢？

（4）什么样的修辞是好的基于科学事实的社会构建？

修辞有不同的方式可以进行。有学者对标准修辞的使用进行分类，分为以下几种：科学资源的修辞；公开陈述的修辞；广告暗喻的修辞。如学者哈尔斯特龙揭示了非政府组织在全球社会和环境中的标准制定分四种能力类型：①象征性名称能力，指与特定组织关联的名称标识而获得的资源和能力；②认知能力，指行为者可提供独特知识和能力的能力；③社会力量，指社会相关资源网络，例如学界常提及的"社会资本"；④监控能力，指非政府组织要求加强跨国公司、州和政府间组织的问责制，从而可以监控这些参与者的表现。① 对这些能力的使用都是修辞的具体途径。而商业媒体则是重要的传播形式。故而，在具体对标准形成中的媒体作用进行分析时，首先需要考察媒体具体采取了哪些修辞途径参与新媒体技术标准的社会建构。

进一步考察怎样的修辞是好的基于科学事实的社会构建，就需要考察社会构建的好坏。对于科学技术以及科学技术标准来说，社会构建的评判简单来说就是一个问题：是很好的还是很糟的构建？（Is it well or badly constructed?）② 为进一步详细地解释人们常说的科学事实，拉图尔（1993）在他的另一本书《巴斯德主义的胜利》（The Pasteurization of France）里将人们对于科学事实的讨论概括为三个类别：连贯性（consistency），即是否保持逻辑性；表现性（representation），即是否合理恰当地进行了表达；有效性（efficacy），即是否有效。③ 这三种表达能够简单地印证社会中关于科学的话语构建是否成功及其程度，而科学话语的成功建构就是重要的行动者网络扩散期间成功与社会互动的表现。

由此推演，结合行动者网络理论，一个行动者网络的发展是否强大稳定，很重要的就是在利益赋予的过程中，是否有恰当的、有效的、合理的社会构建，

① BOSTRÖM M, HALLSTRÖM K T. NGO power in global social and environmental standard-setting. Global environmental politics，2010，10（4）：36 – 59.

② LATOUR B. Reassembling the social — an introduction to actor-network-theory. Oxford University Press，2005：315 – 316.

③ LATOUR B. Reassembling the social — an introduction to actor-network-theory. Oxford University Press，2005：314 – 316.

是否有足够的能够打动人的修辞手段的应用。所以在新媒体技术的标准中，需要考察媒体是否有效参与了科学标准社会构建，是否成功地作为传递者使用修辞手法进行了互动。这样，我们就可以考察媒体是否有效地、连贯地、有表现性地对其他行动者进行了表征。故而，具体来说，在对媒体的研究中，本研究需要考察关键行动者（也就是理论框架中的焦点行动者）是否能动用各种资源，通过多元渠道，对科学事实进行连贯性、表现性、有效性的辩护，即此科学发现的社会建构是否有着连贯的逻辑，是否有着相当的合理的表达性，是否能够具有有效性。

（5）媒体通过修辞进行社会构建的形式。

在当今社会，越来越多的社会构建是通过媒体达成的，所以在行动者的分类中，本研究也将媒体专门提出作为一类进行探讨。但是媒体不是单独的、无交集的，媒体因其特性，是有各方行动者参与渗透，并通过这种互动来运作的。市场系统、创新系统、规管系统中的用户、芯片商、运营商、终端商、研究院、工信部、广电总局等都通过在媒体上的发言来扩张其在行动者网络中的影响力，表述其主张，拉拢或者排挤其他势力，而这不仅仅是在传统媒体上表现的，新媒体平台上也有表现。邱林川（2010）在分析我国 Wi-Fi 标准 WAPI 的文章中总结，当今社会更多地体现于一个相关的、有弹性的、互相连接的、多参与者的网络基础上，这个网络包括政府部门、研究所、军事机构等。[①] 1978 年后，市场系统的加入，特别是非政府企业的加入使得这个结构更加生机勃勃。中国的标准发展不再是自上而下的官方裁决发展，而越来越转向一个多面的、包容的多方讨论，其中有政府、市场、大众的参与。他认为在我国 Wi-Fi 标准 WAPI 的发展中，除了参与者的增加，大众民意的集聚的冲突，特别是两极分化阵营的形成也是显著特征，而商业媒体和新媒体的出口在其中起着巨大的作用。[②] 例如在我国 Wi-Fi 标准 WAPI 的发展中，《财经》杂志作为财经方面的主流媒体进行了大量报道，而博客中国的讨论更是将大众的参与和民意推向了一个又一个的高潮。当然在这其中，也有一些关键人物的采访，例如科林·鲍威尔和

[①] QIU J L. Chinese techno-nationalism and global wifi policy//Reorienting global communication：Indian and Chinese media beyond borders. Urbana，IL：University of Illinois Press，2010：284 – 304.

[②] QIU J L. Chinese techno-nationalism and global wifi policy//Reorienting global communication：Indian and Chinese media beyond borders. Urbana，IL：University of Illinois Press，2010：284 – 304.

Wu Yi 等，这些关键性个人在媒体的报道中一步一步推动着整个标准和社会的互动。由此可见媒体的重要作用。

大众的声音更是在自媒体平台上被表征，自媒体的蓬勃发展为民意聚集创造了良好的环境。克莱·舍基（2008）在其著名的自媒体研究作品——《人人时代：无组织的组织时代》中进行了总结：人人都是自媒体，在新媒体时代来临的大背景下，新闻的定义已经不同往日，从机构特权已然转化为一个大信息传播生态系统的组成环节。正式或者非正式的各种个体、组织还有集体，都在此生态系统中共存。①

故而，媒体通过修辞进行社会构建，完成科学和社会的互动主要通过三个形式进行：通过对关键事件的报道，通过对关键人物的报道，通过新媒体平台上的出口汇集或引导民意。

首先是通过对关键事件的报道。例如奥运赛事等大型活动。

其次是通过对关键人物的相关报道。例如对行业知名人士的背书的报道能够极大地增强对标准发展的信心，而对重要人物的访谈或者使用习惯的报道不仅能够提升标准产品的知名度，而且能够在粉丝中起到良好的广告作用。这里的关键人物包括行业内的规管机构、创新系统和市场系统中的重要引领者，也包括社会上的知名人士等。

最后是通过新媒体平台上的出口汇集或引导民意。新媒体平台上汇集的民意包括网络上的重要意见代表，可以是行业内的规管机构、创新系统和市场系统中的重要引领者，也可能是社会上的知名人士，亦包括普通的网民。自媒体的蓬勃发展也给新媒体上民意的聚集创造了土壤。

故而，媒体通过以上三种形式进行社会构建，完成了科学和社会的互动。成功达成了修辞和社会构建的行动者网络将是稳定而优化了的，没有成功达成的行动者网络则会有不同的表现，可能不稳定或者在不久的未来分崩离析。故而，媒体将在新媒体技术标准的行动者网络形成与扩散中起到相当的作用，故而，可以作出以下推论：

媒体在新媒体技术标准的发展中，参与技术的社会构建，影响标准的发展。

由此可见，通过对媒体相关的理论的梳理，可以发现，在新媒体技术标准

---

① SHIRKY C. Here comes everybody：the power of organizing without organizations. New York：Penguin Group，2008：55 – 81.

的研究中，媒体是一个重要的研究对象，是标准的社会构建的重要传递者，对其进行研究，需要关注：媒体具体采取了哪些修辞途径参与技术标准的社会建构；是否有效地、连贯地、有表现性地对其他行动者进行了表征；在事实的基础上，媒体的参与是否存在放大或者偏差；特别是对于关键参与者（也就是理论框架中的焦点行动者），是否能够充分通过修辞的运用，在媒体作为传递者的角色中进行有效的、连贯的、有表达性的传播，对科学技术标准的社会构建进行优良辩护。

2. 媒体系统在话语建构中推动行动者网络发展

在前文分析理论框架时，笔者对媒体系统相关的理论进行了梳理，推导出在中国的新媒体技术标准形成与扩散中，媒体系统是标准的社会构建的重要传递者，是不可或缺的重要影响因素，同时也是论坛反馈的重要表现。而作为招募动员阶段的反馈，媒体系统是一个重要的传递者身份，传达扩大了来自用户、厂商、运营商、创新机构、规管机构等的声音，并在论坛中形成了着力点，完成了技术标准与社会的互动。

诚如前文所述，媒体系统通过修辞进行社会构建，完成科学和社会的互动主要通过以下三个形式进行：通过对关键事件的报道，通过对关键人物的报道，通过新媒体平台上的出口汇集或引导民意。

下面就媒体的社会建构中的几种形式分别分析。

第一，通过对关键事件的报道引起民众注意，从而进行议程设置，是媒体在社会建构中的一个重要渠道。

CMMB 的案例中，扩散时期内恰逢众多重大赛事，奥运会就是中国当时一剂重量级催化剂。2008 年 6 月 26 日，广电总局副局长张海涛向北京奥组委执行副主席刘敬民赠送 1 000 台 CMMB 终端。此仪式被大量媒体报道转载，特别是广电系统的媒体。刘敬民认为，通过 CMMB 这一新兴媒体转播奥运会，在奥运史上是第一次，也是科技奥运的一大亮点。① 利用赛事新闻结合高新科技使用，的确是一大卖点。在当时大量媒体报道后，2008 年北京奥运会时，中兴做了"TD + CMMB"的手机样机，华为后来也有部分参与，运动员及相关人员可以进行收视使用，一时间好评如潮。两年后又有世博会、亚运会、世界杯赛事转播，

---

① 佚名. 移动多媒体广播电视（CMMB）点亮科技奥运. (2008 - 08 - 10)［2014 - 12 - 10］. http://media. people. com. cn/GB/40606/7641580. html.

这些都使 CMMB 在移动终端领域有充分卖点。奥运是一场体育盛会,观看奥运比赛直播是大众主要的参与方式。直播收看习惯选择比例为 84.75%,而移动便携是现代生活给人们生活带来的需求,这为 CMMB 的普及造就了良好的群众基础。而且,除了用移动终端收看直播赛事,更多的人愿意参与到奥运中去,而非做一个普通的旁观者,做奥运访谈和主动购买奥运相关商品都是通过移动终端互动来参与奥运的方式,这两种方式的比例分别为 53.80% 和 40.25%。更有 31.85% 的手机使用者希望以在公共场所与其他观众一起看奥运比赛来感受气氛和共同交流的方式参与奥运。[①]

奥运事件的重大影响为 "TD-SCDMA + CMMB" 的行动者网络动员和招募了不少新生力量,从而推动了产业的发展,像创新系统内部就增加了一批为当时 "TD-SCDMA + CMMB" 制作研发芯片的厂商,华为、中兴当时都有参与,特别是中兴。在深度访谈中,有这样的描述:

> "TD-SCDMA + CMMB" 联合推出了手机电视业务之后,前期投入很多厂家都很有兴趣加入,在芯片研发、终端制造上,有了更多的市场前景。(ZTE1)

同样在 2012 年,多项重大赛事也紧跟奥运步伐,例如中超赛、欧锦赛、伦敦奥运会等,都有 CMMB 参与,从而进一步提升了其用户认知度。有报道称 CMMB 是依托央视的节目资源,CMMB 在推广营销上的确紧盯着体育赛事和转播权。[②] 2012 年伦敦奥运会期间,中广传播集团有限公司副总经理刘廷军说了这样一句话:"看 2012 年度的伦敦奥运会,如果你还是用电视或电脑老实待在家里收看的话,那你就 out(落伍)了。"[③] 这诙谐幽默的话语说出了 CMMB 的特点,各种手机、车载电视等终端,只要具备 CMMB 功能,都能够进行电视直播的移动收视。奥运会、世博会的洗礼,欧洲杯的全球狂欢,重大事件层出不穷,体育赛事更多是四年一度,总有体育迷们甚至全民关注的重要事件、赛事进行。而这每个大事件,都在 CMMB 进步的道路上添砖加瓦。

第二,对关键人物进行访谈也是十分重要的,在关键人物的背书后,进行

---

① 佚名. 产业研究:手机用户以多种形式参与奥运. 睛彩杂志,2013e(4):43 – 44.

② 佚名. CMMB 开启移动生活新方式. 睛彩杂志,2012g(6):15 – 16.

③ 罗建辉. 我国试点地区 IPTV 用户达 350 万、CMMB 用户近 2000 万. 睛彩杂志,2012h(1):4.

科学事实有效性的辩护也是重要的社会构建手段。一般来说，关键人物包括专家学者、领导人、行业领军人物、明星等。

例如对专家学者背书的报道能够极大地增强人们对标准发展的信心，而对领导人或者明星的访谈或者使用习惯的报道不仅能够提升标准产品的知名度，而且能够在粉丝中起到良好的广告作用。这里的关键人物包括行业内的规管机构、创新系统和市场系统中的重要引领者，也包括社会上的知名人士等。

（1）专家学者的背书提高可信度。

以 CDMA2000 和 GSM 对比手机辐射的案例来说，专家学者就是重要的媒体关注对象。

2001 年，邮电旗下周刊《通信世界》里刊登了张金的一篇名为"GSM 与 CDMA[①] 手机谁辐射大？且听专家详细解释"的文章，这篇文章中对 GSM 手机和 CDMA 手机辐射功率进行了研究，通过一个发射功率的实验，研究谁的辐射大。[②] 该实验是 CDMA 技术权威公司以及某知名的 GSM 网络优化公司工程技术师做的。通过实验数据的比较可以发现，CDMA 手机的平均发射功率相当于 GSM 手机在时间上的等效平均发射功率的 1.78%。可以说差距很大。因而得出结论：虽然比较 SAR 值，两种技术标准相差不多，但是从实际辐射比较来说，CDMA 的最大发射功率低，所以真正的绿色手机是采取 CDMA 技术标准的手机。[③] 在电信推出 CDMA2000 的 3G 手机后，一系列绿色手机相关的宣传也都涌现了出来。

例如，以太平洋数码网为首的一批通讯平台和杂志大力宣传中国电信旗下的 CDMA2000 手机有着低辐射、绿色健康的特性。又如中国电信在山东启动

---

① 中国电信的 3G 标准是 CDMA2000，简称 CDMA。

② 这个实验的内容是这样的：2001 年 12 月上旬，一家国际知名的 CDMA 技术权威公司和国内某知名的 GSM 网络优化公司工程技术人员沿北京市二环路全线进行了 GSM 现网中和 CDMA 手机发射功率的测试。测试结果显示，在二环路上 CDMA 手机平均发射功率为 2.4 dBm（1.72mW），GSM 手机平均发射功率为 28.9dBm（773 mW）。又因为 GSM 手机只在 1/8 时间内发射，GSM 手机在时间上的等效平均发射功率可以减少到 19.85dBm（96.63mW）。

③ 张金. GSM 与 CDMA 手机谁辐射大？且听专家详细解释. (2001 - 12 - 27)［2014 - 12 -27］. http://tech. sina. com. cn/it/t/2001 - 12 - 27/97523. shtml. 该实验具体结论和解释包括：因为初始发射功率值的取定以及功率控制机制不同，CDMA 和 GSM 的技术标准本身决定了发射功率的要求不同，在实际通信过程中，CDMA 手机的平均发射功率远远低于 GSM 手机的平均发射功率。在这样的推论下，此文得出的结论也就是说：CDMA 手机的平均发射功率比 GSM 手机的发射功率小 500 多倍，考虑到 GSM 手机只在 1/8 时间内发射，在同等时间内，CDMA 辐射的能量比 GSM 手机辐射的能量小 60 倍以上。

"健康翼计划",计划大力推广老幼病残孕等人群的通信服务,并且同时发布6种"健康翼计划"相关手机或服务。"好韵通手机"就是其中的一部分,它增加了辐射提醒功能,会对辐射过高的地点报警,可让孕妇和胎儿避免在网络信号不好的地区受到辐射危害。有报道称,中国电信 CDMA2000 网络本身就是低辐射、低耗电、节能环保的。电信行业专家说:中国电信的 3G 网络(CDMA2000 网络)采用的是扩频技术,通话实测辐射值很低,只有其他普通手机的 1/449,是很多孕妇会选择的绿色低辐射手机。①

而以新华网、人民网为首的一批广电旗下媒体大力报道的 CDMA2000 手机辐射低于 GSM,则是不属实的。

2002 年,新华网记者专访信息产业部电信研究院②专家,在采访中,该机构专家强调现在市场上从 GSM 到 CDMA 手机,SAR 值都在一个水平,还有各大厂商的各种型号的手机,在销售前都必须经过该机构检测合格。③

随后 2003 年,《中国经济时报》记者采访了三位专家,他们进行了"辟谣",认为之前的实验方法不正确,结论不准确。张平教授是我国第三代移动通信系统研究开发项目组专家,他说:

"GSM 手机辐射高,CDMA 手机辐射低"的说法实际上是在误导消费者。对手机辐射量值的测量是一门科学,应遵循国际规定的标准,并在专业环境中使用专门的检测手段进行。特别是,在空气中用功率测量是可能得出不准确结论的。那么有些机构由于采取了非科学的场地、设备或者测量方法,其得到的

---

① 威锋网. 中国电信首款"好韵通"孕妇手机山东上市. (2010 - 06 - 02) [2014 - 11 - 02]. http://tech. feng. com/2010 - 06 - 02/China_ Telecom_ s_ first_ good_ rhyme_ links_ pregnant_ mobile_ phone_ market_ in_ Shandong_ 217531. shtml.

② 该研究院是信息产业部电信产品入网认证指定的权威测试机构。也就是说该研究院是中国国家实验室认可委员会(CNACL)和国外权威机构所一致认可的通信领域最具权威的电磁兼容实验室。这家机构拥有世界上最先进的、国内绝无仅有的一套电磁剂量评估系统,可以测量手机对人体电磁辐射产生的辐射。

③ 专家的修辞具体是:①GSM 手机和 CDMA 的 SAR 值处于同一水平,并没有"CDMA手机辐射低于 GSM 手机,是绿色手机"一说。②手机辐射量值应遵循国际规定的标准,要在专业环境中使用专门的检测手段进行检测。因此,只是简单地通过功率测量设备在空气中测量而下定论是不科学的。只是通过 GSM 手机在拨号时对话筒、电话、计算机屏幕的干扰,就决断 GSM 手机辐射比 CDMA 手机的辐射大也是不对的。③现在正在销售的 CDMA、GSM 手机的 SAR 值都是符合不大于 2W/kg 的国际标准的;这样看来他们都是"绿色的"。但是任何无线发射装置都会产生电磁辐射,这样看来又是不存在真正的"绿色手机"的。

结果当然有可能不准确。

他一方面批评了之前的实验缺乏准确性，数据具有不稳定性，另一方面继续使用科学的术语进行修辞辩护，解释电子干扰和电磁辐射的区别：

电子干扰不等于电磁辐射，当 GSM 手机放在话筒附近时，会听到一些噪音。这是因为 GSM 手机发射的是脉冲信号，这种脉冲信号有一种特别功能，就是容易干扰信号，特别是对麦克风的电子线路。电子线路在受到干扰后，便发出噪音。电话线还有显示屏都对脉冲信号十分敏感。但是 CDMA 手机没有，追究原因，在于 CDMA 手机信号工作是一种连续性的工作方式，不是脉冲信号。故而这种干扰是由于脉冲信号引起的，而非由于辐射功率大所引起。有的手机，其制式和品牌没有干扰现象，但是不影响其辐射仍然存在。也就是说电子干扰和电磁辐射不能等同。如果通过这样简单实验，做出结论，会误导消费者的认知。

在深入浅出的具体解释后，媒体放大了这些说辞，这些原本对于普通用户来讲十分生涩的技术用语，变得易于理解了，用户也了解了电子干扰和电磁辐射之间的区别，而部分用户也更倾向于理解和接受辟谣后的结论。

另外一位专家是重庆邮电学院的李方伟博士，他在这场辟谣之争中强调，CDMA 手机辐射也一样高：

据国际电联相关的评测结论，GSM 手机辐射一定高的说辞没有根据，因为CDMA 手机同样可能辐射较高，当下的中国市场中，GSM 手机只有通过国家检测才能进入销售渠道，所以这些手机对于消费者来说，全部安全。而且 GSM 和CDMA 手机的 SAR 值差别并不大，基本在 $0.2 \sim 1.5$，均符合国家标准规定，是不会对人体的辐射超标的。

李博士的解释是从专家角度，通过国际专业机构的评测作出的，在媒体的修辞中，对这些专业机构的应用也可以起到良好的辩护作用。

由此可见，我国的主要运营商都在 3G 技术的宣传上力图强调优势，扬长避短地进行推广，这中间用到了修辞的手段。通过媒体的传递者渠道，我们可以看到对同一种技术有不同的解读，当然这是以事实为基础的，但是也可能存在放大或者偏差。这些都体现了媒体系统具有灵活性，是放大器，能起到传递者而非中介的作用。

关键参与者（也就是理论框架中的焦点行动者）是否能够充分通过修辞的运用，在媒体作为传递者的角色中进行有效的、连贯的、有表达性的传播，对科学技术标准的社会建构进行优良辩护，是非常重要的。笔者在对中国电信资深工程师进行深度访谈时，他对由中国电信主导的 3G 标准 CDMA2000 进行了回忆，并这样描述当时的推广手段：

记得当时还有件事情和绿色手机宣传相关，最高人民法院针对社会上不正当竞争行为，发布了一项规定①；2009 年，工信部针对当时手机技术标准不同导致辐射是否安全的宣传以及竞争行为也发布了一则《意见》②，禁止通过手机终端发射功率等方面比较，用技术上的优势劣势来影响企业声誉，这件事情对中国电信的 3G 业务发展带来了相当的阻力，是始料未及的，也是短期之内造成巨大影响的。（CT）

由此可见，传播系统在技术的社会构建中起到了至关重要的作用，一方面，媒体系统能够放大和扩大科学的影响力；另一方面，也可能产生偏差。按照我国刑法的有关规定，如果捏造并散布虚伪事实，损害竞争对手的商业信誉、商品声誉，给对方造成重大损失或有其他严重情节的，即构成损害商誉、商品罪，应依照《中华人民共和国刑法》第 221 条追究刑事责任。③ 而中国政府在这方面显然是起到了一个平衡的作用，弱化了技术标准本身的优劣势。

总之名人背书中，各路专家纷纷大显神通，用着同一套话语体系分析，使

---

① 2007 年 1 月 12 日颁布了《关于审理不正当竞争民事案件应用法律若干问题的解释》，其中第 8 条规定，凡经营者具有下列行为之一，足以造成相关公众误解的，可以将其认定为反不正当竞争法的第九条第一款规定之引人误解的虚假的宣传行为：①对于商品作片面的宣传或者作对比的；②把科学上未定论的观点以及现象等当作定论的事实来用于商品宣传的；③以歧义性的语言或者其他的引人误解的方式来进行商品宣传的。

② 2009 年 5 月，《工业和信息化部关于规范当前电信市场秩序的意见》工信部电管〔2009〕225 号发布，其中明确规定：坚决纠正在网络覆盖、网络性能、服务功能、资费价格以及手机终端发射功率等方面，采取对比评价、捏造事实或传播虚假误导信息等手段，诋毁竞争方企业声誉、破坏市场秩序等破坏行业整体形象的行为。

③ 赵明. 电信专家认为 CDMA 手机没有"绿色"优势. 中国经济时报，2003 - 08 - 20.

用类似的工具测量，在相同的问题上却得出截然不同的分析结果。也就是说社会构建过程中媒体的修辞是以科学事实为基础的，但是也存在放大或者偏差。专业领域里权威人士的话语在媒体的唇枪舌剑中成为最锋利的武器和最坚实的遁甲，维护着其背后利益相关者的权益。谁能说这种通过媒体的修辞的应用，这种社会构建的过程，这种科学和社会的互动中的前行，不正是一场硝烟四起的无血的战争？

（2）行业领军人的背书影响深远。

除了专家学者，行业领军人也是重要的关键人物之一，广电总局科技司司长、CMMB 工作组组长王效杰在 2008 年 7 月 29 日接受《中国广播影视》采访时这样表述了她对 CMMB 行业的信心和喜爱："移动多媒体广播电视（CMMB）是让所有广电人扬眉吐气的产业。"作为行业的重要人物，她的话显然起着举足轻重的鼓舞人心的作用并能指出未来明显的方向。市场系统的领军人物也可以为 CMMB 的细分领域背书。思亚诺副总裁、中国区总经理王渭 2013 年接受采访时大力赞赏车载 CMMB，认为使用手机电视，可以让你我即便不在家中都可以不再错过任何一场赛事。他说，CMMB 已经慢慢地成为汽车的标配，车载CMMB 不仅受用户青睐，也得到汽车厂家的接受。[1]

2010 年 1 月 28 日中广传播总经理孙朝晖在接受网易科技专访时对"睛彩导航"的发展进行了介绍。北京、广州、深圳、成都、昆明、上海、郑州、天津、青岛、沈阳十座城市都已经开通了这项业务的试商用。而且"睛彩财经"业务也已经完成了整个中国区的部署。他十分看好这项业务，还信心满满地对未来五年的总体发展规划作了介绍。同时，关键人物也可以对产品的内容进行背书，孙朝晖提到 CMMB 除了视频节目，还有更多的移动电视频道，以及其他多种内容推送服务，例如电子杂志、电子报纸等。[2] 行业领军人物还可以对发展预期进行背书，这鼓舞着用户的选择。

行业领军人物也可以通过强调优势对 CMMB 进行背书，寻求合作或者开拓业务，例如关于广电 700MHz 频段的优势很多业内精英都在访谈中有所提及。湖北十堰广播电视台张延年建议广电可利用 700MHz 频段优势来吸引资金的投入和长期的部门合作，从而参与到 4G 业务中去。700MHz 频段现在主要是中广

---

① 思亚诺王渭：车载 CMMB 正处于爆发的前夜. 睛彩杂志，2013d（4）：32 - 33.

② 郭建龙. 中广传播公布五年规划：2010 年发展 1000 万用户. 21 世纪经济报道，2010 - 01 - 29.

传播使用，而中国移动等电信运营商就曾有过入股中广传播的想法，其实是对那700MHz的数字红利感兴趣。广电科技委副主任杜百川也在曾访谈中指出：广电700MHz频段得天独厚，而在涉及700MHz频段以及可能开展的移动业务时，别的业内人士也同意工信部给广电发4G牌照的看法，但是这在1号令发布后其实就已经没了后招。直到82号令及三网融合双向准入机制之后，广电才算是有了进入电信的方便之门，而700MHz可以说就是那把开锁的金钥匙。杜百川建议广电总局和电信运营商可以共同协议向国家提出共享、开发此频段的新战略。①

（3）明星背书引起广泛的用户关注。

除了行业领军人物，明星等知名度高的人士也是重要的媒体关注点，而很多消费者也是通过明星背书了解到这样一款CMMB产品。2009年，著名台球运动员丁俊晖作为CMMB手持电视代言人在各种场合露面，通过报道，更多喜欢丁俊晖的人了解了CMMB手机电视，这个产品更多地进入了公众视野。

由此可见，不同行动者对于同样的客观现实会有不同的解读和行动。而对于焦点行动者，尤其要注意到媒体的作用，只有充分运用修辞，才能使媒体作为传递者的角色进行有效的、连贯的、有表达性的传播，对科学技术标准的社会建构进行优良辩护，从而能够长足地推动新媒体技术的标准发展。

第三，通过新媒体平台上的出口汇集或引导民意。

新媒体平台上汇集的民意包括网络上的重要意见代表，可以是行业内的规管机构、创新系统和市场系统中的重要引领者，也可能是社会上的知名人士，亦包括普通的网民。

在千千万万个民意聚集的新媒体出口上，公众意见越来越体现出科学与社会的互动。一方面，主流门户网站、专业论坛里的线上调研、民意调查中，关注度最高的观点和态度可及时地反映民意所向；另一方面，意见领袖的评论，网络达人的一呼百应，激烈的唇枪舌剑，技术论坛里的相互讨教，都是科学产品的使用者——用户的真实反馈。当这些反馈被写入产品经理的心中，当这些民意被刻入产品的精髓，就构成了一个良性的互动。科学和社会的互动就这样被媒体推动了前进的列车。

---

① 张延年. 广电科技委副主任：700M得天独厚，未来一定要介入4G业务. (2014 - 09 - 11)[2019 - 11 - 30]. http://www.c114.com.cn/swrh/1994/a857956.html.

新媒体出口上的民意在某些技术标准发展中没有被关注，这就导致反馈得不到呼应，长期来看，技术标准的发展将可能受阻。以 CMMB 案例来说，前文已经提到，可以在新媒体平台上找到部分用户的反馈，这些反馈主要集中在信号覆盖差、节目数量少、价格收费贵等问题，这样的问题很多，而且都反映了行动者网络发展中的薄弱环节。但是总体来说，很少见到用户的反馈得到回复、采用和重视。

焦点行动者听不到用户的声音，或者听到了，不去用心跟进，最终用户的迁徙是不可避免的。所以 CMMB 在扩散期后期就逐渐流失了大量用户，从发展的巅峰重重地摔到了低谷。

反之，如果关注了用户在这些新媒体出口的声音往往会有意外的收获，雷军发展小米时，就设置开源社区，走群众路线，小米的很多功能都是在与网民的互动中发明的，如前文中提到的 VIP 电话功能等。[①]

由此可见，媒体系统在扩散期间的反馈不是自身主动的反馈，而是通过修辞参与的社会构建，通过对关键事件的报道、对重要人物的访谈、对新媒体平台上的民意汇聚，来反馈论坛的发展状况。媒体运用修辞进行社会构建的过程中，存在着放大和偏差。

行动者网络构成存在结构性缺陷，如用户反馈机制缺失，媒体功效缺失，各种因素造成的论坛机制的缺失和功能不全直接导致了整个行动者系统的低效甚至名存实亡。

而在行动者网络理论中，焦点行动者充分利用媒体作用，就可以进行有效的、连贯的、有表达性的传播，促进新媒体技术标准的发展。而忽视媒体平台，特别是新媒体平台的反馈，会造成论坛的结构性缺失。

二、扩散期焦点行动者的判断：市场系统成为主力

通过上文的分析，可见扩散期的主要变化是市场系统的竞争越来越激烈，新参与的厂商和取得牌照的运营机构希望能积极抢占市场，用户积极参与反馈，媒体也凸显其力量，等等。框架论述中已经提到焦点行动者在不同时期会有不

---

① 商业价值. 小米真正学的是同仁堂、海底捞、沃尔玛和 Costco. (2014 – 12 – 08)
[2014 – 12 – 18]. http://content. businessvalue. com. cn/post/32731. html.

同，这需要专门针对案例的甄别和界定。

在CMMB案例中，焦点行动者就发生了变化。广电系统在内容源方面的优势，使得在推广CMMB的业务时，任何运营商都很难绕过广电系统。在多方的访谈中也提到了，广电投资的中广传播在扩散期成为主要推动者，是起到主要促进作用的运营商，也是焦点行动者。在对地方运营商的高层进行访谈时，提到当年的中广传播，他是这样描述其地位的：

中广传播是主导地位的，从中央到地方，建立起一个网状结构。（SMC1）

可见，中广传播的垄断性地位是从中央到地方的，中广传播的高层实验室主任也是如此评价中广传播的：

中广传播自2008年起开始全面运营CMMB项目，距今已有多年时间，CBC是"全国唯一的运营公司"，这是具有排他性的规定，中广传播未来的发展壮大需要公司和广电总局共同努力。（CBC）

他提到了排他性，可见垄断的地位是很明显的，在其他一些访谈中，也得到了类似的结论，例如，在对中兴的中层进行访谈时，中广传播被描述为：

积极市场运作的推手。对设备厂商和配套上下游开发商起到了角色定位、沟通协调作用。（ZTE1）

也就是说，中广传播起到了积极的角色定位、沟通的作用。而在对华为员工的访谈中，中广传播是：

在北京统筹全局的，通过广电系统推广CMMB业务的主要动力。并且通过各种活动和会议，以及发布行业准则等方法，在不断组建一个完整的行业链条，从而更好地发展用户和拓展业务。（HW1）

可见，中广传播在成功构建CMMB的行动者网络中不遗余力地组织和构建各种有利的途径。奥克兰大学的学者也在提及中国CMMB发展时，肯定了2008

年前后的中广传播，他是这样评价的：

> 中广传播作为市场运作的机构，起到举足轻重的引领作用，为了推广
> CMMB 的运营，联合起来一众业界力量，集中资源使得当时的发展到达一个顶
> 峰。（UN1）

由此可见，中广传播在扩散期起到主导作用，对其他行动者进行定位、组织、链接，并为成功运营 CMMB 的标准，处理相应的一系列的业界关系、行业活动。根据焦点行动者概念的界定，焦点行动者是一部分在网络中起着主导作用的行动者。行动者网络是一个由异质性的人与非人的行动者组成的网络，而焦点行动者在此网络的组建中，通过对行动者各种角色、关系、活动的处理来定义一个实际中的问题。① 由此可以判断中广传播是扩散期 CMMB 的焦点行动者。中广传播所属的类型是市场系统，而扩散期的市场系统是主要的推动力量，是焦点行动者。

那么在其他案例中，是否也是市场系统提升了影响力度，从而成为焦点行动者的呢？在 TD-SCDMA 案例中，2009 年国家颁布了 3G 牌照后，焦点行动者也发生了变化，变为市场系统的运营商是拿到牌照的中国移动②。另外，市场系统还通过重大事件进行影响，主要通过媒体的报道和互动来进行社会和科学的影响和关联。三网融合的国家策略是 3G 发展的重要契机，广电总局与中国移动合作，TD-SCDMA 与 CMMB 技术的结合也是 TD-SCDMA 中国发展的一个机遇。

综上所述，在扩散期中，新媒体技术标准行动者网络有了一定变化，体现在参与的行动者上，也体现在市场系统的竞争逐渐增强，运营商成为其中的主力，用户也开始展现出更高的参与度。下文以 CMMB 的发展为例，就其扩散期行动者网络的转译过程进行讨论，来还原一个扩散期行动者网络的形成过程。

---

① ROEBUCK K. Application delivery controller（ADC）：high-impact strategies—what you need to know：definitions, adoptions, impact, benefits, maturity vendors. Brisbane：Emereo Publishing, 2012：290-293.
② 形成期的焦点行动者对于 TD-SCDMA，按理来说，是创新系统的大唐。

三、扩散期行动者网络的形成

通过理论框架的阐释，"转译"可以解释行动者网络是如何形成的。通过四个步骤：问题化、利益赋予、招募和动员，焦点行动者设置 OPP 使自身成为整个行动者网络中不可分割之点，[①] 所有行动者都通过其他行动者而得到界定，通过这种方式结合在一起。如图 5 – 1 所示，笔者将对这四个步骤一一进行说明：

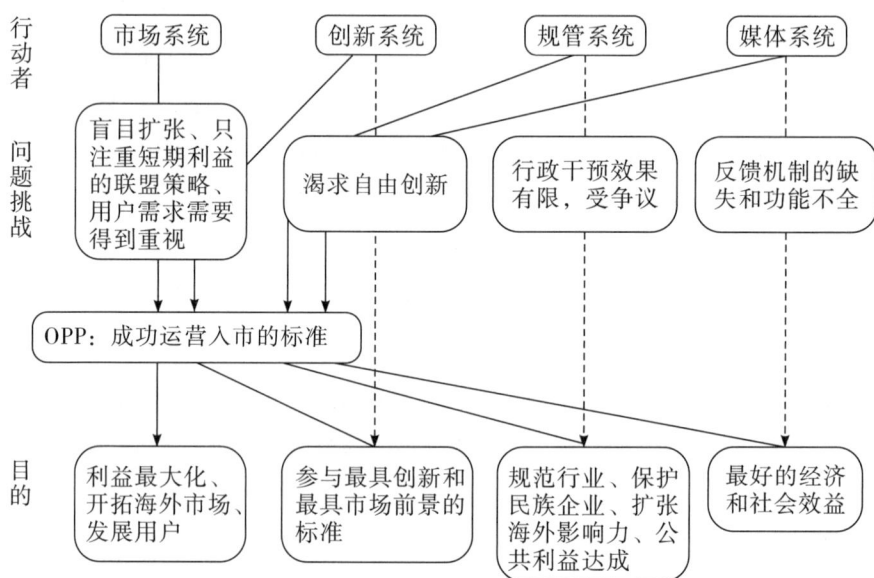

图 5 – 1 扩散期行动者网络的形成

1. 问题化阶段

在 CMMB 案例扩散期，根据之前判断，市场系统（具体是中广传播）在行动者网络上是焦点行动者。OPP 是成功运营入市的 CMMB 标准。

根据定义，在问题化过程中，中广传播作为焦点行动者，需要准确对其他行动者进行利益设定、需求评估、兴趣发掘、发展预测。而这个过程对其他行动者需求存在误判，这些误判在后期会对论坛稳定性造成持续影响。创新系统、

---

① CALLON M. Some elements of a sociology of translation：domestication of the scallops and the fishermen of St. Brieuc Bay. Sociological review，1984，32（1）：196 – 223.

规管系统、媒体系统的反馈根据其判断，会影响后续发展。对不同的行动者来说，主要的误判在于：①忽略了在网络建设基础上需要重视用户需求，网络建设最终也是要为用户服务；②对厂商来说，网络改造、基础设施投入是其重要需求，但更主要的是要在此基础上服务用户，取得市场；③而对于地方运营商来说，广告分成是一个很好的模式，但是更重要的是长期有效的商业模式，这几点在后文中会详细进行探讨。

以 CMMB 为例，其在问题化过程中判断其他行动者的主要需求时忽略了用户，而注重短期有效的终端分成和网络建设。2008 年到 2009 年，大量资金被投入在了网络建设方面，广电总局还专门针对厂商举行 CMMB 采购工作，一度掀起了 CMMB 蓬勃发展的浪潮。但是，在一度繁荣后，CMMB 网络迅速萎靡。反思原因，一个重要的因素就在于：没有在扩散期成功地调动起市场系统中各个行动者，例如地方广电系统下的服务运营商的积极性，以及重要的市场系统中用户的兴趣。

2. 利益赋予阶段

扩散期的 CMMB 标准的行动者网络中，在利益赋予阶段，创新系统、规管系统、媒体系统可能参与，也可能不参与。如图 5-1 所示，规管系统的目的是规范行业、保护民族企业、扩张海外影响力、公共利益达成。通过成功运营 CMMB 标准，可以有一个比较良好的预期，故而规管系统积极参与了。但是对创新系统来说，其目标是参与最具创新和最具市场前景的标准，由于在形成期就缺乏主动权，这个目的很难完全通过 OPP 来实现。对于媒体系统，其目的是最好的经济和社会效益，可以通过 OPP 实现，但由于一些新媒体平台上的反馈机制缺乏和缺失，其重要的作用没有得到完全体现，前文已经详细分析，这里就不赘述了。

3. 招募阶段

招募是一个多元沟通的过程，焦点行动者通过策略，对其他行动者进行说服。在 CMMB 案例中，扩散期的市场系统，通过一系列的策略进行招募，包括扩张和联盟策略等，而创新系统和规管系统以及媒体系统共同互动，构建行动者网络。

4. 动员阶段

动员的结果是网络关系稳定。① 在扩散期，对于焦点行动者的各种行为，成功的招募动员会使论坛中的行动者接受设定，形成具有代表性的联盟，促使标准发展；而不成功的招募会导致论坛中行动者退出，最终阻滞标准发展。

5. 总结 CMMB 案例扩散期转译过程

总结 CMMB 案例，扩散期间，转译的过程如图 5 - 1 所示，问题化时，焦点行动者通过设定 OPP 使得其他行动者必须通过它才能达到自身目的。利益赋予时，通过成功运营 CMMB 标准，规管系统可以预期一个比较良好的结果，对于媒体系统，其目的是最好的经济和社会效益，故而都积极参与了。但是对创新系统，其目标是参与最具创新和最具市场前景的标准，由于在形成期就缺乏主动权，这个目的很难完全通过 OPP 来实现。招募动员过程中，焦点行动者通过各种方式加强行动者网络的稳定性，使其他行动者接受定义和分配。

具体分析每个行动者，可以看出：在 CMMB 案例中，市场系统作为焦点行动者，其目的是利益最大化，开拓海外市场，发展用户，然而在对新进行动者用户的需求进行关注时，出现了结构性缺失，体现了关系的不稳定性。通过一系列的行动策略，如扩张和联盟，市场系统希望能稳固整个扩散期的行动者网络。由于技术上没有多年沉淀，也没有完善的产业链的支持，急需找到盟友。而在当年，中国自主产权的 3G 标准 TD-SCDMA 也正在积极寻求合作者，在 2009 年 3 月 22 日，他们达成了排他性合作协议，签订了 CMMB 功能的 TD-SCDMA 手机的合约。殊不知，产业联盟虽然体现出了优势，但有的优势只是昙花一现。例如中广传播的海外扩张计划也是重要的一个策略，合理的行动策略可以增加行动者网络稳定性和发展速度，不合理的行动策略会导致行动者网络发展迟滞。

规管系统很多目的与焦点行动者吻合，包括规范行业、保护民族企业、扩张海外影响力、获得公共利益，故而比较积极地参与行动者网络。但是过多的行政干预也会影响市场的运转规律，这也是新媒体技术的标准发展中，一个需要平衡的艺术。

创新系统的目的是开发最具自由性创新的标准，在对形成期的研究中笔者

---

① CALLON M. Some elements of a sociology of translation: domestication of the scallops and the fishermen of St. Brieuc Bay. Sociological review, 1984, 32 (1): 196–223.

发现，创新系统不停发出创新主体在企业的呼声，而这种呼声也延续到了扩散期。

媒体系统的目的是获得最好的经济和社会效益，通过 OPP 可以很好地实现，在话语建构中，通过多种方式对焦点行动者的说服沟通进行着修辞。良好的传统媒体利用协助 CMMB 技术标准在扩散期的发展一度到达顶峰，但是在新媒体方面的忽视，以及对用户通过新媒体平台进行沟通的不重视，导致媒体系统的结构性缺失，影响了 CMMB 技术标准的扩散。

根据前文框架分析，规管系统也起到了重要作用，但是创新系统作用下降，而市场中用户作用突现，并且媒体系统参与新媒体技术标准的社会建构，反映各方声音，特别是新媒体平台的影响力上升。

第二节 扩散期行动：行动者网络关系稳定性分析

据前文理论推导可知，与形成期一样，焦点行动者在扩散期，先需要考察焦点行动者的行为，以及论坛反馈。焦点行动者行为主要有两类，所以本节分别从盲目扩张和联盟入手，探讨行动者网络关系的稳定性。

一、焦点行动者行为及其反馈：盲目扩张

扩散期时，焦点行动者中广传播一个重要的策略行为就是海外扩张，而这个招募新联盟的策略也引发了不同的论坛反馈。稳定的行动者网络可以继续加入新生行动者；网络扩张是有成本的，不稳定的行动者网络加入新成员会导致原网络不稳定。

1. 规管系统的反馈：大力支持，和焦点行动者良性互动

2008 年广电总局科技司司长、CMMB 工作组组长王效杰接受采访时，在提到国外手机电视标准时表示，虽然有很多国际标准，例如韩国的 T-DMB、欧洲的 DVB-H 以及美国的 MediaFLO 等，"但它们都将很难有机会进入中国市场"。王效杰强调我国一定会坚持自主创新，秉持全国统一标准，坚定不移地促进三

网融合，达到带动民族工业的目的。而且在 CMMB 的规管上，业务主管部门和国家广电总局会统一制定、统一管理。技术体制、技术标准、运营管理都会统一。"这将进一步确立 CMMB 民族工业的地位。"①

在规管系统的支持下，焦点行动者也积极向海外发展，从部分二手资料中可以看到这种发展趋势，例如，中广传播集团总经理孙朝晖 2010 年透露，CMMB 已在塔吉克斯坦开始启用。且 CMMB 的目标是，在之后 3 年内推向 30 个国家和地区。而且 CBC 也在积极与十几个国家和地区进行沟通，洽谈 CMMB 相关的合作事宜，其中包括菲律宾、柬埔寨、新加坡、阿拉伯地区等。②

2. 厂商的反馈：短期迅速响应号召，但后期发展无力

厂商的反馈是要在焦点行动者的利益赋予后迅速积极响应号召。例如据腾讯科技报道：有"包括中兴、联想、宇龙酷派、多普达、天语、爱国者、新科等国内几百家厂家提供 500 多种不同类型的 CMMB 终端，国外的品牌终端厂家如摩托罗拉、三星、诺基亚、LG 等多个国际品牌推出了近 50 款 CMMB 终端"。③ 可见，国内外的厂商都在利益驱使下，响应加入了 CMMB 的行动者网络。

但是，行动者的扩张是有成本的，显然 30 个海外国家的目标比较难以达成。根据中广传播内部期刊报道，2012 年，移动世界大会（MWC2012）在西班牙举行，塔吉克斯坦才正式确定启用我国自主知识产权的 CMMB 技术。中广传播集团联合国家广电总局科技司、国家广电总局无线局等单位赴会并且展示了移动多媒体广播 CMMB 技术标准。④

2013 年，根据中广传播内部期刊报道，香港特区 CMMB 网络已经建成，并开始运营，而海外的多家机构也在调研和讨论可能的合作，例如菲律宾、新加坡、柬埔寨、阿拉伯地区、蒙古国、乌克兰、塔吉克斯坦等国家和地区的机构。中广传播集团副总刘廷军透露有些进展的是"东南亚和非洲市场已有突破"。泰国曼谷的 CMMB 试验网已经建设完，8 个非洲的 CMMB 试验网也已经同时在建设。他看好其产业发展的未来，并预测在国际市场上 CMMB 未来的发展会更

① 杨天波. 移动多媒体广播电视（CMMB）点亮科技奥运. (2008 - 08 - 10)［2014 - 12 - 10］. http://media.people.com.cn/GB/7641604.html.

② 佚名. CMMB 进入海外市场拟 3 年推向 30 国家. 北京晨报，2010 - 05 - 31.

③ 郭晓峰. CMMB 手持电视覆盖 292 座城市可看春晚直播. (2010 - 02 - 13)［2014 - 12 - 21］. http://tech.qq.com/a/20100213/000017.html.

④ 中广传播. CMMB 民族通信技术引海外关注. 睛彩杂志，2012a (5)：10 - 12.

成功。① 但是显然这离2010年中广传播集团总经理孙朝晖30个国家和地区的预期还有一定距离。CMMB的影响力在亚非拉地区有一定呈现，却没有预期的那么大。

3. 国际反响：不看好海外扩张

国际上的关注也一直不断，除了各大研究调研机构关于CMMB的市场调研报告和预测之外，媒体也一直在关注和发声，硅谷记者卡罗琳·舒克（Carolyn Schuk）就在2009年6月1日的一篇报道中对中国CMMB远赴美国部署的计划进行了这样的描述：

泰美世纪科技有限公司和摩托罗拉公司计划合作，在美国两座城市发展CMMB业务。300万CMMB手机电视芯片已经装箱，220万CMMB手机电视终端已经在货架上。但中国本土的发展却还有待进步，据上海文广的市场部经理Shen Rui介绍，上海的CMMB手机电视订阅用户只有1 000人之多，这离之前的预期相距甚远。这就不禁引起质问：CMMB在美国发展虽然有很多公司会受惠，但是很难理解当一个公司没有发展好本土12亿潜在市场时，为什么要舍近求远地找美国的120万人的市场。②

奥克兰大学商学院学者在评论中国的海外CMMB战略时，是这样说的：

技术标准是否全球普及是一个优秀技术的评定标准之一，但技术标准的发展都存在过程，而且显然，中国本土的CMMB的发展还没有成熟到可以很好地进行海外发展。（UN1）

诚如广电总局的资深研究员在访谈中提到的：

往国外发展没有太大的可能性，国内外都在做网络视频的发展。但是作为运营主体来说，在中南亚等欠发达地区或许会有些发展机会，广播结合终端还是有机会发展的。（SARFT）

---

① 张延年. 中国移动多媒体广播电视发展路线图. 睛彩杂志, 2013（3）: 13 – 16.

② SCHUK C. TiMi Tech, Motorola bring CMMB to American shores.（2009 – 06 – 01）[2010 – 01 – 02]. Broadcast engineering online libary. https://www. tvtechnology. com/news/timi – tech – motorola – bring – cmmb – to – american – shores.

可见，他认为，CMMB 的出国之路还任重而道远。在与中兴员工讨论时，也得到类似的评价：

中国的 CMMB 业务，在全球的发展为时过早，应该先做好本土的业务，再谋求海外发展。（ZTE1）

故而，国外大部分机构和国内少数业内人士认为 CMMB 的海外发展不是很切实际，而且事实也证明在当时去实施还为时过早。

4. 香港发展：发展欠佳

另外一个典型是香港地区的发展，香港中国移动多媒体广播控股有限公司简称中播控股，于 2008 年成立，主要业务为投资控股，其附属公司提供中国移动电视和多媒体广播及相关的代理服务，也就是北京泰美世纪公司，即移动多媒体广播核心专利拥有机构的海外推广合作伙伴。中播控股作为一家香港证券交易所上市的公司，一直在海外推广 CMMB 的业务，并积极搜寻三网融合政策支持下的商机，特别是移动电视多媒体广播相关的业务。据亚太商讯报道，中播控股公司 2014 年先后宣布计划收购美国 7 大主要城市的电视台，并与高校联合开发新一代卫星地面融合移动多媒体技术标准，涉及上海交通大学等高校，用以满足市场对多媒体和大数据服务的日益增加的需求。①

但是这样一家致力于 CMMB 海外发展的公司却业绩欠佳，2013 年中播控股中期业绩报告显示，2013 年上半年其亏损 953 168 美元，2012 年下半年亏损 1 010 000 美元。这样的发展偶尔在放出利好新闻时，股价会有小幅提升，但总体股价处于下跌态势。在下一代广播网络未来尚未明了的时间段内，目前 CMMB 的国内发展欠佳，国外的发展更是受到限制。

在对香港中文大学已退休的前兼职教授进行访谈时，他是这样描述的②：

---

① 佚名. 中播控股（471. HK）继收购美国 7 大城市电视台后，宣布与上海交通大学合作开发中国新一代卫星移动多媒体技术标准. (2014 – 10 – 20)［2014 – 12 – 20］. http://ch. acnnewswire. com. 中播控股不但和美国合作，部署以 CMMB/NGB-W 为基础的移动多媒体网络，还与 New York Broadband 及其他美国合作伙伴开展 CMMB 相关服务的试用实验。其中 2015 年初就与国广环球传媒控股有限公司发布联合公告，签署战略合作框架协议进行多方合作，如利用国广环球传媒控股有限公司国际台的全球媒体资源布局以及中播控股的全球业务开展多种形式的业务应用和推广，共同探讨新的适合的商业模式，成立合资公司等，致力于把服务平台推广至海外。

② 笔者据英文翻译为中文。

CMMB 在香港是彻底失败的，但是中国移动在推进。他们发现在传输方面仍然有很多问题。香港因为有密集的高楼和拥挤的街道，所以是世界上最难进行这类传输的地方，信号在低的楼层无法很好地进行传播。

CMMB 是广电总局发展起来并强力推进给几大运营商的，同时也禁止了其他几个方向的手机电视标准的发展。

广电总局推进 CMMB，是为了停止竞争。但就像我之前在邮件里有说过的一样，这带来了大量的技术及经济方面的隐患。

为了不丢脸，广电总局仍然在推动 CMMB 的项目，以证明这个项目没有寿终正寝，但是至少在香港 CMMB 已经走进了死胡同。我相信在内地，这个项目也没有很成功，应该已经趋于濒死阶段。

中国移动在香港建设了一些 CMMB 基站，但是他们发现这个并不赢利。所以他们改进了这些基站来进行 4G 信号传输。因为中国移动持有香港唯一的 CMMB 牌照，它需要继续发展 CMMB，不然会收到政府的罚款，继而回收优良频段（Ch. 47）。所以我并不认为移动电视使用广播频段这种模式会取得成功。（HR）

简述其观点，就是说 CMMB 在香港的发展，整体上来说是失败的。传输基于香港高密度的楼宇环境，遇到技术瓶颈；除了技术方面无法突破，也存在经济问题。导致现在这些前期铺设的基站，很多用来传输 4G 的信号，而作为唯一运营商的移动，之所以要保持 CMMB 业务，大胆猜测应该是为了保留这些优质频率的使用权。可以说是先天不足，后续的服务也没有跟上，至于广电总局的支持，在技术弊端的隐患下，显得没有什么长期推进性影响。证实了 CMMB 在香港的发展的确名存实亡。

5. 小案例的扩展讨论：中国新媒体行业出国之路任重道远

在 CMMB 的案例中，海外战略时机尚未成熟，那么其他一些新媒体技术标准的海外扩展是否也有相似情况呢？考察其他小案例，中国标准或者服务商的出国也还有很长一段路要走。在大众媒体平台上我们时常看到中国资助标准海外发展的各种新闻，例如未来电视 CEO 张宇霞提出："我们的愿景是为全球用户提供最佳的互联网电视服务，PANDA TV 业务是未来电视海外业务拓展的一座里程碑。三星在家庭娱乐文化领域有着深厚积淀，是未来电视全球重要的合作伙伴。接下来我们将与三星在内容创新上进行持续投入，通过与全球顶级团队的合作，为中国本土电视节目走向海外提供重要的内容和渠道支撑，为海外亿万华人提供更多原汁原味的融合中华文化特色的节目内容。"①

但是，这样的乐观和豁达，在与资深业内人士访谈时形成鲜明的对比，可见媒体社会构建能力的强大。在深度访谈业内人士时，很多评价是中立甚至不乐观的，例如中国网络电视台的运营总监是这样描述 OTT 的海外发展的：

> 海外 OTT 市场我们关注多年，一直不好突破，跟我们节目内容、用户群有极大关系，不是想象的那么简单。因此，我们海外市场的拓展主要重点是：直播中国产品和品牌，以及社交媒体和原创节目。（CNTV）

故而，通过 CMMB 和 OTT 的案例，可以看出我国新媒体的发展，在"走出去"的路上还有相当的距离。而在行动者网络没有稳定的情况下，先注重新的行动者加入（开发国外市场），会有失去现有行动者（失去国内市场）的可能性。在国内的发展已经受挫的时候，首先需要完善的可能是国内的行动者网络上的各个行动者的利益，再去发展国外行动者参与。这也说明稳定的行动者网络可以继续加入新生行动者，不稳定的行动者网络加入新成员会导致原网络不稳定，所以"走出去"的路还很长，首先应该关注国内行动者网络的发展稳固性。中国新媒体技术标准的发展要立足本土，现阶段不需要考虑跨国资本扩张的需求。新的行动者加入时，行动者网络扩展是有成本的，可能会影响论坛的稳定性。

二、焦点行动者行为及其反馈：只注重短期利益的联盟策略

在前文框架分析中，焦点行动者的扩张行为可能导致行动者网络关系不稳定。而焦点行动者的联盟行为又是怎样的呢？是否会得到论坛积极的反馈呢？下文笔者就用 TD-SCDMA 和 CMMB 结盟的案例作为主案例进行研究，另外再从 HTML5 的案例来扩展研究，补充说明在本土发展的外国的技术标准，如何通过对结盟策略的应用进行发展。

---

① 佚名. PANDA TV 进驻三星智能电视. (2015 – 01 – 08) [2015 – 02 – 01]. http://www. icntv.tv/archives/13548.

（一）市场系统联盟策略只注重短期利益不一定能促进标准发展

TD-SCDMA 和 CMMB 联盟案例，总结来说就是：发展初期促进，长期阻滞。

CMMB 扩散期间，由于技术上没有多年沉淀，也没有完善的产业链的支持，急需找到盟友。2009 年 3 月 22 日，中国自主产权的 3G 标准 TD-SCDMA 与 CBC 达成排他性合作协议，共同推出 CMMB 模块的 TD-SCDMA 手机。此项合作规定在三年内，中广传播和中国移动必须一起推动有 CMMB 功能的 TD-SCDMA 手机的发展，其排他性体现在：中国移动是 CMMB 在手机终端方面的唯一合作伙伴。这次联盟是否符合双方的利益诉求呢？论坛的反馈如何，业界怎么评判这次结盟呢？是否成功促进了两项技术标准的发展呢？

首先考察一下中国移动这方面的判断。在同年，双方签署了包括 TD 制式的其他终端手机、上网卡以及上网本等合作的协议。此后，中国移动与中广传播 CMMB 的联合战地从移动终端的手机正式拓展到数据卡。[①] 在对中国移动的资深产品业务经理进行深度访谈时，她提到：

> 我司联合广电总局合作十分成功，在手机终端制造商采购了大约 4 万部手机，都带有 CMMB 手机电视的功能，叫作 CMMB-TD 手机，而且当时，借奥运的东风，广电总局在全国各个奥运城市都开播 CMMB 手机电视，有三十多个城市同时开播，普通用户可以免费收看节目，包括奥运频道大概有 7 套节目，收看赛事直播很是方便。（CM）

可见，这是一次相当有成效的合作。2014 年 6 月，"TD + CMMB"上网卡也通过了工信部的入网测试，中国移动与中广传播的 CMMB 的产业阵营合作又进了一步。除了手机终端，名为"Aircard 901 +"的数据卡从此走进了公众视野。[②] 在使用笔记本电脑的同时，可以通过此数据卡连通 TD-SCDMA 网络上网，另外还可以通过基于 CMMB 的广播网络收看相应的电视节目。一方面，中广传播和中国移动会继续在内容、网络、品牌营销等资源方面进行进一步合作。另

---

① 杨天波. 移动多媒体广播电视（CMMB）点亮科技奥运. (2008 – 08 – 10)［2014 – 12 – 10］. http://media. people. com. cn/GB/7641604. html.

② 佚名. 中国移动与 CMMB 合作首次推出上网卡. (2014 – 12 – 11)［2014 – 12 – 21］. http://www. aliyun. com/zixun/content/2_ 6_ 361858. html.

一方面，CMMB 模块植入的 TD 手机也会进一步发展。In-Stat 分析师刘伯丰就曾表示，"对比 TD 手机，TD 上网卡之市场有更好的前景，发展潜力更大"①。

合作初期，关于 TD-SCDMA 与 CMMB 的合作可以说是有多方讨论，在媒体上的呈现也是基本两边倒，中国国内的主流媒体，特别是以广电系统为主的电视、广播、报纸、期刊都是持绝对支持态度和完全赞成语境。据《中国广播影视》报道，广电总局张海涛副局长也曾表示看好与电信等部门的各种相关合作，进一步推进 TD-SCDMA 与 CMMB 的融合。中国移动总裁王建宙亦在公开场合明确表态："中国移动不会做内容，不会做节目，只会做好服务。"他认为，手机电视的推出需要网络和内容服务提供商相互合作。显然，两大部委的融洽合作，才能有效地推动中国手机电视的发展，才能够促成三网融合。②

由此可见，对于中国移动来说，TD-SCDMA 与 CMMB 的联盟是十分有利的，使其产业得到扩张，也是个有效的联盟。

对于中广传播又如何呢？2010 年 1 月 28 日，中广传播总经理孙朝晖在专访中提及，"TD-SCDMA 与 CMMB 的合作是三网融合的具体实践，中广传播与中移动将合作推出 CMMB 手机电视业务"。广电总局广播科学院马院长认为："TD-SCDMA 与 CMMB 是完全互补的关系，两者的结合正好能创造出一个最适合用户需求的运营模式。"他表示，"第一步可能是要把这两个技术做在一起，在一部手机终端上实现；第二步，则是在充分完善 CMMB 和 TD-SCDMA 自身的基础上，把它们做在一起，做到真正的融合"。③

对于两个主要参与的行动者来说，中国移动希望通过这个独家的与 CMMB 的合作来增强 TD-SCDMA 这个 3G 业务的影响；而对于中广传播来说，CMMB 也可以利用这个大好机会获得进入移动电信终端市场的通行证。可以说在发展初期，两者合作是符合双方利益诉求的，是双赢。

虽然媒体，特别是广电系的媒体，赞扬声一片，形势一片大好，但是后期的发展是否可以保持呢？这就需要考察论坛的反馈了，即讨论业界对结盟的反响是怎么样的。下面从地方运营商等主要论坛反馈来梳理。

---

① 杨天波. 移动多媒体广播电视（CMMB）点亮科技奥运. (2008 - 08 - 10) [2014 - 12 - 10]. http://media. people. cn/GB/7641604. hhml.

② 杨天波. 移动多媒体广播电视（CMMB）点亮科技奥运. (2008 - 08 - 10) [2014 - 12 - 10]. http://media. people. cn/GB/7641604. html.

③ 杨天波. 移动多媒体广播电视（CMMB）点亮科技奥运. (2008 - 08 - 10) [2014 - 12 - 10]. http://media. people. cn/GB/7641604. html.

通过对一手访谈资料的整理和部分二手数据的收集，笔者发现对于部分运营商来说，这次合作没有真正长期成功地满足他们的利益需求，如地方运营商的利益就没有被很好地满足，前文中也提到，地方运营商的重要诉求是长期有效的商业模式，而此联盟并没有建立一套成熟的商业运营模式。诚如著名的南方新媒体公司高层、朗讯首席专家所言：

好的商业模式是可持续的，CMMB 和移动合作，只是通过用户购买移动手机捆绑 CMMB 业务增了一些收入，并没有一套成熟的商业运营模式，CMMB 只是在这次合作中获得了一点微薄的收入；而移动合作之初只是担心 3G 发展前景不乐观，就下行地使用 CMMB，后来转做 4G 后合作就基本结束了。CMMB 由于自身存在的局限性，与移动的这次合作是从一开始就注定不能长远发展的。当时捆绑销售，买手机套餐，可以看 CMMB 电视，广电收一点分成，一旦市场化后需要考虑市场化程度问题，特别是在广东地区，没有商业模式，没有政绩工程的需求，更加没有好的发展。只管不卖，当时广电总局没有很好的商业模式。（SMC2）

由此可见，后期发展中，结盟越来越体现了其劣势，这和问题化阶段的误判也有一定的关系，地方运营商的需求是长期有效的商业赢利模式，而非短期结盟带来的利益和分成。业内人士的回忆也证实国内媒体报道起初十分看好此项合作的观点，如对一名广电总局资深战略决策人员进行访谈时，他介绍：

CMMB 和移动的合作不能简单地说是成功还是失败的合作。因为利益之争，其实当时工信部也有一个手机电视标准和广电系统竞争，所以当时工信部没有和 CMMB 对接所有接口，CMMB 无法与手机终端作对接，因此想找一个突破口。正好移动也有诉求，在 2008 年、2009 年也有契机促成合作，因此签署了三年的排他性协议，两套计费系统都使用，增加和移动互联网对接的方案。当时看来这是双赢的成功案例。后来因为产业发展变化过快，双方都没有根据产业变化作出及时调整改变，双方后来都在这个过程中不太愉快，因为没有成功地长远发展。（SARFT）

也就是说，这是当时一个比较优的选择，短期看是积极促进了 CMMB 和 TD

双方的发展。国微科技的资深技术专家接受本研究访谈时，也提到 TD-SCDMA 行业发展初期和后期的变化：

> 一开始，和移动合作是比较成功的，但是 TD-SCDMA 这个标准是有劣势的：速度不够快，也没有一步一步从基代发展起来。后期的合作发展受到一定限制。（GW）

可见，国内业界人士基本认为这是一个短期成功，长期却失去优势的联盟。但是海外的研究机构和媒体关于 TD 与 CMMB 的合作，更多的呼声从一开始就没有那么乐观。市场研究公司 Research and Markets 在 2009 年底出了一期关于中国 CMMB 发展的研究报告，其中指出排他性的与移动的合作制约了 CMMB 市场的发展。① 截至 2009 年底，CMMB 的部署已达到 26 个省，191 个市，但是用户数却只有 350 万，离 1 000 万的预计值相距甚远。据分析，主要原因是 CMMB 的收费问题导致 CBC 急于赢利而输了用户数，排他性的与移动 TD-SCDMA 的合作造成其他运营商的利益赋予受损，没有积极性，而终端和上下游厂商，乃至内容提供商的选择都少了很多，积极性也受到一定打击。同时 TD-CMMB 终端又有一定弊端。

对此，爱奇艺的互联网电视合作处林经理在访谈中回忆那段时期的发展时指出：

> 移动和 CMMB 的合作主要只有移动在推广，因为签署了排他的协议，其他人都没有什么兴趣，对我们做 OTT 也没什么影响。（IQY）

合作三年后，事实证明市场反应没有预期的那么优秀。在 2012 年 3 月，"TD + CMMB"捆绑营销合作协议正式到期，中国移动和中广传播的该项合作停止，广电总局和电信的战略仍在合作中进行。广电总局科技司副司长曾庆军在访谈中表示："广电会积极推动 CMMB 与中国移动和央视的共同合作，完善和优化 CMMB 网络发展。"但是在相关方面，移动的合作似乎占据了主动权，

---

① 北京首家 CMMB 体验中心开业. (2009 - 06 - 24)［2019 - 12 - 20］. http://www.cmmb. com.cn/Article. Asp?id = 76&pid = 37.

而 CMMB 未来发展的布局却不明朗。华为退出得比较早，中兴参与的时间更长一些，这在对一名在华为和国微科技常年工作的资深技术组长的访谈中得到了验证。他这样描述 CMMB 的发展：

> 开始时的芯片市场很好，因为 Apple 机（苹果手机）iOS 系统没出来，安卓系统也不够资本，智能机功能还很弱，所以这款手机在当时是挺有市场的。2007—2010 年，如果有更好的经营模式，应该可以发展得很好，还能获得成功。但是现在经过 2009 年智能机的发展后，智能机应用变得更加广泛，手机电视的优势变弱。从系统成本来说，这款手机没多大竞争力。我认为融合电视可能是它的未来。（HW2）

可见，在外部有竞争和内部存劣势的情形下，市场系统渐渐萎缩，当时的中兴、华为都有参与"TD + CMMB"的芯片研发制作，后来由于产业链不完善，内容单一，用户发展受限，服务达不到需求，最终停止了相关研发工作。越来越多的分析人士也表现出对"TD-SCDMA + CMMB"前途的担忧，还有许多工作待改善和提升。部分业内人士对此合作的评价是"这是当时最优的选择"，分析前因后果认为：

> 现在中广传播北京还在，但是萎缩得很厉害了。移动和 CMMB 合作，一个手机补贴 10 元左右，因为它的 3G 发展得不好，后来 4G 出来后就没兴趣了。移动合作后利用手机捆绑收费可以为 CMMB 创造一些收入，但这不属于成熟的商业模式。（SMC1）

由此可见，开放成熟的商业模式是合作结盟并共赢的基础。综上所述，历史渊源是促成这次合作的必要原因。"TD-SCDMA + CMMB"的合作在特定环境和时代中有其历史原因，是工信部和广电总局博弈的选择，也是广电总局内部平衡关系的结果。短期来看，"TD-SCDMA + CMMB"合作对稳定的行动者网络构建来说是一个成功的案例、优秀的选择，在当时是一个短期内能够迅速扩大产业链，调动起当时行动者网络中行动者兴趣的方法。通过项目补贴、芯片植入、终端定制、联合营销、业务分成和绑定、存费赠机以及免费宣传等方式，进行利益赋予，进一步招募和动员，从而在整个行动者网络中扩大影响力，发展用户。短期发展十分迅速，不仅构建了行动者网络，能够抢占一部分视频用户市场，对于中国移动，也能迅速推进 TD-SCDMA，而对于 CMMB 则能在国际上打出中国自主产权的手机电视品牌。一时间视频市场形成内容百花齐放、厂商千家争鸣、合作万马奔腾的场景。中广传播和中国移动分别代表广电总局和电信的利益，这两个主要行动者短时间内形成双赢局面。长期来说，由于"TD＋CMMB"是一个排他性的协议，它打击了其他行动者的积极性，产业链的丰富程度也受到制约。中广传播与中国电信、中国联通等运营商之间的合作在一定程度上受到限制，甚至出现一些内部不良竞争。还有些内容提供商、终端厂商也受到钳制，甚至芯片厂商也受到影响。而中国移动最终占据了主动权，它自己又有视频业务，故而也没有全力倾心推介合作的手机电视。也有其他原因，如收费的业务导致用户的选择改变，缺乏有效的商业模式，Wi-Fi 普及带来的影响，等等。以上原因综合作用，导致中广传播与中国移动合作初期的成功经验没有发扬光大。

如何看待 CMMB 和 TD-SCDMA 的联合也许还需经过很多年才能下定论。但是"TD-SCDMA＋CMMB"的联盟对于 CMMB 的长期发展来说，由于问题化阶段的误判，排他性协议有了一定限制，使其利益造成了一定损失。

（二）补充案例市场系统的产业联盟可以促进标准发展

前文在案例选择时，提到了除了我国拥有自主产权的新媒体技术标准，还有一类国外的新媒体技术的标准，在我国扩散期间的发展也是很好的研究案例。通过对这些成熟的国外新媒体技术标准的在地化发展进行研究，也能很好地对本国的新媒体技术标准的规管、行业机构公司策略制定提出可供借鉴的建议。下文就针对 HTML5 联盟案例进行研究，可以说这个联盟达到了整合资源、共同发展的目的，是可以促进标准发展的。

HTML5 这个技术标准虽然是来自国外的标准，但是其在中国的发展采取联盟策略，取得了一定的效果。HTML5 是 HTML 最新的修订版本，在 2014 年 10 月由 W3C、万维网联盟出台相关标准。① 使用 HTML5 时，和以往比较，能够减少对于一些插件的需求，从而加强了网络应用的有效性，例如部分网页浏览器

---

① HTML5 包括 HTML、CSS 以及 JavaScript 在内，是一套技术组合，在原来 HTML 4.01 和 XHTML 1.0 标准基础上添加了适应互联网应用迅速发展新时期的需求的标准，以使其网络标准达到符合新媒体发展阶段的需求。

对 Adobe Flash、Microsoft Silverlight 与 Oracle JavaFX 的要求。[①] HTML5 作为一个跨平台标准，在新媒体技术标准的发展中占有重要的地位，是新兴技术发展的方向和当前最为主要的面向用户端的新媒体技术标准之一。

首先，通过联盟的设立，整合产业链资源。为了使 HTML5 更好地在中国发展，2013 年成立了 HTML5 中国产业联盟，简称"HTML5 + 联盟"。HTML5 中国产业联盟常设机构包括秘书处和专家委员会，为了更好地推进 HTML5 在我国的商用，同时更好地为 HTML5 开发者服务，其秘书处和专家委员会主要由产业链主流厂商以及相关机构共同组成。[②] 其中，W3C 中国是联盟的指导单位，CSDN 和 DCloud 是联盟的秘书处单位。和国际标准组织的紧密合作能够及时更新、改进标准，掌握行业动态。联盟会员包含理事会员和注册会员两种。会员通过参与讨论和表决影响 HTML5 行动者网络的发展动向及重大决策、决议和事项，并通过参加联盟组织的市场推广活动扩大影响力，从而整合相关资源，推动 HTML5 在中国的商用进程，还可以根据自身定位，进行有利于发展的一系列产品开发、测试、培训等工作。同时联盟的重要意义在于实现信息共享以及开放和规范与 HTML5 相关的知识产权，捐赠或赞助以壮大、规范一些相关的开源项目，从而进一步给其他未加入联盟的行动者进行利益赋予。

其次，通过联盟，建立围绕 HTML5 技术的开发者的生态系统，从而为行动者网络中的行动者服务，进行利益赋予，服务 HTML5 开发者，促进技术标准的发展。联盟策略优化了利益赋予，并促进了新媒体技术标准的发展。可见，合理的行动策略可以增加行动者网络的稳定性和发展速度。

总而言之，HTML5 联盟的良好适应源于对行动者网络中的行动者的利益赋予十分恰当，相比较 TD-SCDMA 和 CMMB 的联盟，排他性的合作协议是短期发展的优秀选择，却不一定能够带来长期稳定的行动者网络的发展，对其他新加入的行动者来说是一种障碍性措施和不良的制度隐患。中国移动发展 TD-SCDMA 被积极调动起来了，而未被积极调动的行动者会逐渐退出行动者网络，长此以往，行动者网络发展便会迟滞。在 CMMB 和 TD-SCDMA 的联盟中，例如 CMMB 的厂商、运营商后期就没有被调动起来，他们认为发展存在诸多问题，

---

① BRIGHT P. HTML5 specification finalized, squabbling over specs continues.（2014 – 10 – 29）[2014 – 10 – 29]. http：//arstechnica. com/information – technology/2015/03/atts – plan – to – watch – your – web – browsing – and – what – you – can – do – about – it/.

② HTML5 中国产业联盟. http：//www. html5plus. org/.

例如缺乏有效的商业模式等。这也是问题化期间，焦点行动者对其他行动者误判所埋下隐患的表现。

从以上两个联盟的案例总结，行动者网络扩散期的论坛反馈说明：行动者网络关系不稳定，是因为没有尊重市场规律，前期误判，盲目扩张，只注重短期利益的联盟策略。联盟等策略的达成需要积极调动起各方行动者的兴趣，尊重市场规律，开发者、服务系统、规管系统等都运作起来，加入行动者网络，积极交流互动，在联盟的策略符合多方利益时，才能适应标准的生态发展。而排他性的联盟策略，没有遵循市场规律，短期内可能是强心针，长期却可能阻滞新的加入者，不一定能够长期促进标准发展和维护行动者网络关系稳定。

第三节　扩散期的行动者网络角度总结

通过对扩散期的研究，可以发现：

（1）行动者网络构成存在结构性缺陷，如用户反馈机制缺失，媒体功效缺失，各种因素造成的论坛机制的缺失和功能不全直接导致了整个行动者系统的低效甚至名存实亡。

（2）行动者网络关系不稳定，是因为没有尊重市场规律，盲目扩张，只注重短期利益的联盟策略。

具体分析如下：

扩散期是技术标准被规管机构正式批准进入市场之后的阶段，其间市场系统影响力进一步体现，硬件厂商更多地参与市场系统。利益赋予会直接影响行动者网络的构成稳定性、发放准入牌照等，打击新入者信心。联盟策略帮助优化利益赋予，促进技术标准的发展。规管系统仍然有相当影响力。在行动者网络没有稳定的情况下，先关注新的行动者加入（开发国外市场），会有失去现有行动者（失去国内市场）的可能性。媒体参与科技标准的社会构建，反映各方声音，特别是新媒体平台和用户的影响力上升。

在不同时期，焦点行动者会有不同，这需要专门针对案例的甄别和判定。在 CMMB 案例中，焦点行动者发生了变化，变成了中广传播，属于市场系统。

在扩散期的问题化过程中，确认了参与行动者网络的其他行动者的需求，但这中间存在偏差，重视了基础网络铺设的重要性，却由于历史原因等，改造工程显得任重而道远；忽视了用户的需求，为后续发展埋下了隐患。利益赋予过程中，运用修辞和已有资源试图对其他行动者进行说服，并在招募动员过程中，通过联盟等策略对行动者赋予相关的需求，使其达到稳定状态，接受定义和分配。论坛的反馈中，部分行动者被正确判断了利益诉求，并被赋予期望利益值，他们在行动者网络中继续发展；另一部分被错误判断或者没有被满足需求的行动者受到打击，离开行动者网络。CMMB 行动者网络中用户的呼声是没有得到响应的，需求是没有完全被重视的，因而在扩散期中用户渐渐离开行动者网络。而媒体是这个过程中一个重要的技术标准完成社会构建的途径。媒体在新媒体技术标准的发展中，参与技术的社会构建，影响标准的发展。

在问题化过程中，焦点行动者对其他行动者的问题化存在偏差。首先，可能存在以下误判：①没有认识到地方运营商对长效商业模式的需求，只在分成上给予短期红利，无法达成长远良性商业赢利模式；②厂商忽视了发展用户的需求，只在基础设施、网络建设上大力投资。例如在 CMMB 案例中，就存在这两类误判，导致在市场上失去了用户，也流失了发展未来的资本。通过新媒体平台的反馈，可以看出：

第一，用户的意见通过各种新媒体平台得到反馈；第二，用户的诉求正是在行动者网络中众多不稳定因素的一个集中的映射；第三，部分用户的需求被满足时，局部推广可能得到良好的结果；第四，用户的反馈不一定都得到了所需求的满足和足够的应对；

而通过论坛反馈，可以发现用户的需求被满足时，才能更好地做好产品。用户需求没有得到满足，是由于论坛的结构性缺陷，没有有效的用户反馈机制或者机制不完善。由这几个案例的比较可见，CMMB 在失去了用户的市场上，也流失了发展未来的资本。OTT 在一定程度上做得更好，满足了部分用户的需求，所以在互动电视领域存在着用户的迁徙，更多互动电视的使用者从移动终端的 CMMB 转向了电视机顶盒。一方面，这是用户习惯的变化，从移动终端转到高清大屏享受更高质量的体验；另一方面，用户的迁徙也是重要的论坛的反馈，满足了日益重要的用户的需求，技术标准发展才会得到促进，而失去了用户青睐的技术标准会慢慢退出历史舞台，或者被新的技术标准替代。中国新媒体技术标准的发展应该以最广大的人民群众的利益和公共服务的需求为导向，充分注重用户的需求。

其中，利益赋予过程中，盲目扩展指的是在对外"走出去"的路上，还有相当的距离要去完成，在行动者网络没有稳定的情况下，先关注新的行动者加入（开发国外市场），会有失去现有行动者（失去国内市场）的可能性。即国内的发展已经受挫的时候，首先需要完善的可能是国内行动者网络上的各个行动者的利益，再去发展国外行动者参与。稳定的行动者网络可以继续加入新生行动者。中国新媒体技术标准的发展要立足本土，现阶段不需要考虑跨国资本扩张的需求。

动员招募过程中，关于联盟策略，通过比较两个典型案例，发现策略方面HTML5 产业联盟是一个十分成功的联盟策略，HTML5 的良好适应源于对行动者网络中的行动者的利益赋予十分恰当，积极调动起开发者、服务系统、规管系统的积极性，联盟的策略需要符合多方利益，才能适应生态发展。通过联盟的设立，一方面能够整合产业链资源，另一方面可以建立围绕 HTML5 技术的开发者的生态系统，促进技术标准的发展，从而对行动者网络中的行动者服务进行利益赋予，为 HTML5 开发者服务。联盟策略优化了利益赋予，并促进了新媒体技术标准的发展，增加了行动者网络的稳定性。由此可见，合理的行动策略可以增加行动者网络稳定性和发展速度，不合理的行动策略会导致行动者网络发展迟滞。例如 TD-SCDMA 和 CMMB 的联盟，排他性的合作策略，不能长期带来稳定的行动者网络的发展。

另外，重视媒体运作能有效促进新媒体技术标准发展；忽视媒体平台的反馈会阻滞新媒体技术标准的发展，导致论坛的结构性缺陷。媒体系统在扩散期间的反馈不是自身主动的反馈，但是通过修辞参与社会建构后，通过对关键事件的报道、对重要人物的访谈以及新媒体平台上的出口汇集和引导民意，充分反馈以用户为标尺的论坛的发展状况。

第六章

总结和建议

　　前面两章分析总结了中国新媒体技术标准形成期和扩散期的研究发现。本章对在新媒体行业标准发展中有借鉴性的策略进行总结和讨论，并对结论回归理论进行考量。然后在此基础上，针对现状提出基于行动者网络理论分析的行业建议，最后对研究的不足进行分析并展望未来。

第一节 研究发现总结

本研究主要考察中国特定环境中，新媒体技术标准发展的情况，通过对我国典型新媒体技术标准案例的分析、对相关行业的代表性人物的深度访谈、对收集的大量行业内部资料和公开数据的分析和对以行动者网络理论为基础的理论框架的解读，不仅对中国新媒体技术标准影响行动者进行了具体分类，还对形成期和扩散期具体出现的问题作了总结，得出以下几条研究发现：

一、中国新媒体技术标准影响力分类

在新媒体技术标准发展研究中，笔者对行动者作出了如下四大行动者系统的划分、定义和进一步的细化：

市场系统就是新媒体产业中参与市场运作的组织机构或者个人，分为用户、运营商、厂商等，其中运营商包括内容提供商、服务运营商，厂商包括硬件厂商和软件厂商等。

创新系统指的是能够为新媒体产业带来新的观念、流程、产品、服务、作业以及实务并改善产品和生产流程的机构或者公司，分为厂商研发部门、规管下属创新机构、其他独立创新机构。

媒体系统是在行动者网络中起着传播者作用的，通过修辞完成科学的社会构建的机构和组织，包括传统媒体和新媒体。其中传统媒体包括以商业媒体为代表的一系列报纸、书刊、电台；新媒体包括以互联网为主要阵地的各种新兴媒体平台。

规管系统是政府为了规范新媒体行业，通过系统的公共政策及管理手段进行相关治理的机构或者部门。规管系统可以分为广电相关机构、工信部相关机构以及行会文化类机构。

一个新媒体技术标准的发展，要由规管系统、创新系统、市场系统、媒体系统一起来决定。

二、中国新媒体技术标准的策略总结

在中国新媒体技术标准的研究中，笔者发现在行动者网络的发展和行为策略的选择分析中，有很多可圈可点的策略运用，虽然对不同的行动者，在不同时期、不同现实中，有不同的解读，但的确对后续的新媒体技术标准的发展有一定借鉴作用。故而在这里重新梳理一次形成期和扩散期的不同策略选择。

（一）形成期的策略

新媒体技术标准研究中，不同的行动者有不同的解读，从而有自己的应对策略和行为。在形成期，有收购合并策略、参与标准制定策略、出口互补策略、联盟策略四种。本研究对新媒体行业标准形成期的策略具体总结如下：

1. 收购合并策略

通过对有标准的公司进行全额或者部分股票的收购达到合并后强强联合的结果。例如在 3G 行动者网络中，2008 年，电信运营商就进行了大型收购和并购业务，迎接 3G 的技术选择重组方案是"6 合 3"，中国电信收购中国联通 CDMA 加上中国卫通的基础电信业务成为新电信，拥有 CDMA2000 业务；中国移动支持 TD-SCDMA，收购中国铁通之后形成新的中国移动；原中国网通和中国联通进行合并后，延续其 GSM 的相关业务，新的联通开展 WCDMA 的相应 3G 业务。为了更好发展手机电视的境外市场，中播控股于 2011 年底收购了 CMMB VISION（USA）的 51% 已发行股本。[1]

2. 参与标准制定策略

通过在形成期初期参与标准制定研发的过程，从而在标准出台前就掌握动向，抢先占领标准的高地。各大研究机构以及部分设备厂商的研发部门就是在瞄准时机后积极采取参与标准制定的策略的。

3. 出口互补策略

对于我国具有一定优势的标准，在获得国际标准联盟认可后，积极地向海

---

① 中播控股公司公告：中播控股押后寄发有关（Ⅰ）股份合并；（Ⅱ）关联及主要交易——收购 CMMB VISION（USA）的 51% 已发行股本；及（Ⅲ）建议授出特别授权以发行代价股份及可换股票据的通函至二〇一二年四月十六日。参见 http://stock.finance.sina.com.cn/hkstock/go.php/CompanyNoticeDetail/code/00471/aid/782804/.phtml。

外推出，并通过标准的知识产权费，以及一系列相应的上下游企业的带动贸易扩张我国高新产业的全球布局。早期我国积极推进 CMMB 取代韩国的 T-DMB 标准，并大力推进 CMMB 的海外市场就是很好的案例。但是在国际化和本土化的选择中需要谨慎。应先立足本土，稳健发展，再开拓外部市场。

4. 联盟策略

标准形成期通过形成技术标准联盟，在行动者网络中捍卫联盟内行动者利益，互相取长补短，共同学习，并期待进一步发展联盟标准进化。TD-SCDMA 产业联盟就是很好的例子。

（二）扩散期的策略

为了对扩散期的新媒体技术标准的发展进行总结，并为中国的新媒体行业的技术标准发展作出参考，本部分主要梳理此期间的策略，将相应策略分为追随标准策略、进口替代的自主产权标准替代策略、市场扩张策略、联盟策略四种。

1. 追随标准策略

在我国或者国际上已经有了成熟的标准得到广泛普及之后，机构或者企业采取通行标准，不设置技术壁垒的策略。我国很多企业在通讯领域都采取的是国际流行的标准，例如 CDMA2000、WCDMA、T-DMB 等等。

2. 进口替代的自主产权标准替代策略

在国际上已经有相应标准的时候，依然鼓励自行研发替代标准，用自主标准替代可以进口的标准。在中国，CMMB、TMMB、C-DOCSIS 等都是进口替代的自主产权标准。

3. 市场扩张策略

在标准扩散期，通过市场手段或重要事件达成推广，让用户占有率扩大网络外部效应，从而有力打击竞争对手，争夺上下游市场。如 HTML5 产业联盟通过各种渠道进行投资和帮助，争取更多开发者的青睐，从而降低使用门槛，拉动 HTML5 技术的使用率，采取的就是这种策略。

4. 联盟策略

标准扩散期通过达成联盟，在行动者网络中捍卫联盟内行动者利益，互相取长补短，扩大行动者网络，进一步扩散行动者网络影响力。TD-CMMB 手机联盟就是典型的案例。

三、总结发现的回归理论考量

总而言之，本研究通过基于行动者网络理论的框架，对新媒体技术标准进行了分析，发现中国新媒体技术标准在形成期和扩散期的发展中，焦点行动者都可能存在问题化的误判，从而为后来的发展埋下隐患。焦点行动者的行为策略也有可能引起行动者网络关系的不稳定。例如 CMMB 的手机电视标准是中国自主产权的标准，获得了大量的政策倾斜和资金投入，也曾一度普及全国。然而，由于焦点行动者在形成期忽略了厂商创新系统的自由性创新的需求和地方运营商的延续性创新的需求，扩散期忽略了市场系统，特别是其中用户的需求，还盲目扩张和只重视短期利益的联盟策略，导致从 2010 年开始行业出现巨大转折。市场系统下面的关键组件——"用户"大量离开行动者网络，不注重市场规律的联盟策略让部分行动者望而却步，海外扩张一定程度上由于行政过度干预导致资源浪费，造成整个标准发展的行动者网络快速萎缩。这是在今后中国的新媒体技术标准中需要注意和避免的。下文进一步对今后中国新媒体技术的标准发展，总结一些可以借鉴的策略和建议。

在前两章的发现基础上总结，可见行动者网络没有共享好利益，缺乏有效的沟通、协调，以及无法达到完全一致的共识是行动者网络发展的重要不稳定因素。而回归到行动者网络理论中，导致行动者网络协调机制低效或者无效的因素，归结到行动者网络理论中，也有相应的研究曾提及：

第一，行动者网络没有共享好利益。行动者网络是一个基于利益的网络，因此利益的判断、利益的赋予、利益的共享是十分重要的。在行动者网络理论的相关研究中，也是这样描述获得成功的行动者网络特征的：需要平衡和维系各个行动者的兴趣和平等地满足需求，从而达到目的。①

第二，行动者网络没有有效的、足够的沟通、协调甚至妥协。行动者网络需要不断地维系行动者之间的关系。在行动者网络理论中，转译就是不断协商

---

① GUNAWONG P, GAO P. Challenges of egovernment in developing countries: actor-network analysis of Thailand's smart ID card project. In proceedings of the 4th ACM/IEEE International Conference on Information and Communication Technologies and Development, ACM, 2010: 17.

沟通的结果。① 随着行动者网络的扩张，越是大型的网络越需要更多的沟通和协调，卡龙认为沟通协商的结果就是行动者找到合适的代言人来转译其诉求。② 每个增加的行动者，都需要沟通和协调，也就是说行动者网络的扩张是有成本的，有效的沟通和协调，甚至妥协都是必需的。

第三，行动者网络的所有参与行动者最终无法达到完全一致的共识。行动者网络需要平衡各方利益，使每个参与行动者得到尊重，通过沟通、协调甚至妥协，共享利益，达成共识。这一点和其他一些行动者网络理论的研究结论不谋而合。卡龙在解释转译的社会学中提及：联盟动员如果成功，则行动者网络关系稳定。经过动员阶段达到关系稳定后的行动者网络，可以制度化一些基本的规则，从而摒除争议③，也就是达成共识。

故而，由于行动者网络没有使每个参与行动者通过沟通、协调甚至妥协，共享利益，达成共识，所以行动者网络没有达到稳定发展，协调机制低效甚至无效，新媒体技术标准的发展迟滞受阻。

第二节　研究建议

总结起来，本研究在研究发现基础上给不同行动者提出相应的建议：

对于规管部门和创新机构，要正确引导创新系统，支持自由性和延续性的创新。创新主体应该在企业、厂商引领业界创新，给予企业更多自由。

对于规管系统，在新媒体技术标准治理中，需要避免多个规管系统的管理，否则可能导致资源浪费和行动者网络不稳定。

对于各个行动者，特别是焦点行动者，需要充分利用媒体的作用，通过修

---

① GUNAWONG P, GAO P. Challenges of egovernment in developing countries: actor-network analysis of Thailand's smart ID card project. In proceedings of the 4th ACM/IEEE International Conference on Information and Communication Technologies and Development, ACM, 2010: 17.

② CALLON M. Some elements of a sociology of translation: domestication of the scallops and the fishermen of St. Brieuc Bay. Sociological review, 1984, 32 (1): 196－223.

③ CALLON M. Some elements of a sociology of translation: domestication of the scallops and the fishermen of St. Brieuc Bay. Sociological review, 1984, 32 (1): 196－223.

辞的运用，进行有效的、连贯的、有表达性的传播，对新媒体技术标准的社会建构进行优良辩护，从而能够长足地推动新媒体技术的标准发展。

对于运营商等，应高度重视市场的需求，特别是用户的需求。用户作用的提升，反映了其能动性，用户除了是主动的消费者，还能通过媒体等渠道对新媒体技术的标准产生影响。

具体来说，对形成期和扩散期的建议如下：

一、形成期的建议

形成期是技术标准未被正式获批进入市场之前的阶段，诚如上文所述，在这个时期，中国新媒体技术标准的行动者网络中，焦点行动者往往在问题化过程中，出现了误判，可能会导致利益赋予和招募动员的发展受阻。而且这一阶段的创新系统中的"厂商研发部门"和"规管下属创新机构"有可能存在不可调和的矛盾。直到招募动员过程，先前的隐患可能才得到体现。

故而形成期的建议，主要针对焦点行动者的判断和决策。当技术民族主义和知识产权保护出现矛盾时应该如何选择，在新媒体的技术创新中应该如何看待和引导更好的、更优的创新是主要关注的方面。总而言之，在中国新媒体技术的标准发展中，焦点行动者起到主导作用，在正确问题化的基础上，首先当然需要对本土自主产权标准发展进行引导，另外还需要对知识产权进行保护和尊重，并且还要避免向垄断寡头利益倾斜，找到这之间的一个平衡点，进行合理的利益分配和赋予。

具体来说，对于规管机构以及规管机构下属的一些创新机构来说，广电相关机构、工信部相关机构可能有不可调和的利益矛盾，广电和工信在未来还需要进一步的合作。规管系统在一个行业内要达到最佳效率不能多于一个，否则易导致利益分化。今后要达到共赢而非内耗，三网融合的蓝图无比辉煌，却也存在着挑战。对于焦点行动者在形成期的行为策略，有以下若干建议：

需要承认规管系统的复杂性是历史原因造成的，电信和广电系统的权力之争也没有办法迅速解决。这些历史遗留下来的问题会造成双向网改等今后发展的重要隐患，为我国三网融合带来阻力。需要正视历史，应对阻力。

对于新媒体行业技术标准的规管，应该保证速度。规管系统应该尽早对标准进行统一化的规范，是路径选择的问题，也是避免行业间恶性竞争以及资源浪费的重要举措。例如在保护本土技术标准时，应尽早制定规范，防止运营商早期浪费性投资。

创新系统的导向性，需要自由性和延续性的创新；焦点行动者应该正视厂商创新的需求，是自由创新导向的，应积极响应"创新主体应该在企业"的呼声。而对运营商来说，延续性是其重要的需求导向，能够运营一项有前景的延续性的创新技术标准才是保障其长期利益的根基。

应该多制定规则而非发放准入牌照，这样才能鼓励大小企业都进行创新投入，而非考虑和持有牌照方合作。

市场系统下的细分行动者需要谨慎对待排他性的合作协议。因为虽然是短期发展的优秀选择，却不一定能够带来长期稳定的行动者网络的发展，对其他新近加入的行动者来说可能是一种障碍或隐患，也可能对标准的发展造成阻滞。

市场系统中的用户的参与以及媒体系统的参与也是不容忽视的，在形成期，这些不是最重要的影响因素，但是如果完全忽视用户需求，对将来的发展会带来隐患。

要协调好行动者网络中的各方利益，首先要充分正确地认识到各方需求、兴趣和愿景，才能在问题化基础上最好地优化资源，对行动者进行适当的利益赋予，从而调动起积极性，在规范行业的基础上，进行招募和动员。

二、扩散期的建议

扩散时期是技术标准被规管机构正式批准进入市场之后的阶段，这期间市场系统作用凸显，特别是市场系统中用户的决策直接影响新媒体技术标准的发展。但是在我国的新媒体技术标准的扩散期中，焦点行动者在问题化过程里往往出现误判，例如忽略了市场系统，特别是用户的重要作用，而且对其他的行动者主要需求估计不准，这样在接下来的发展中，对行动者网络的稳定性将会构成威胁。而一些决策，例如牌照发放或者联盟策略等，都需要优化利益赋予，避免打击新入者信心，从而平衡利益分配。具体的建议如下：

焦点行动者在问题化过程中要充分重视市场系统的需求，在中国新媒体技术标准的发展中，特别要注重用户的重要影响力。

在行动者网络向外拓展的过程中，需要注意行动者网络的扩张是有成本和限制的，盲目扩张（开发国外市场），可能会失去现有行动者（失去国内市场）。中国新媒体技术标准的发展要立足本土，不需要急于考虑跨国资本扩张的需求。

对媒体参与科技标准的社会建构也需要有充分认识，才能积极利用媒体系统，促进技术标准的发展。对于焦点行动者，尤其需要注意媒体的作用，充分通过修辞的运用，在媒体作为传递者的角色中进行有效的、连贯的、有表达性的传播，对科学技术标准的社会建构进行优良辩护，从而有效推动新媒体技术标准的发展。

中国新媒体技术标准的发展应该以最广大人民群众的利益和公共服务的需求为导向，充分注重用户的需求，要防止向跨国资本扩张的需求或者垄断寡头的利益倾斜。

联盟策略是重要的新媒体技术标准发展策略，能够起到促进新媒体技术标准发展的作用，但在我国的具体实践中，联盟的策略需要符合多方利益，才能适应生态发展。

第三节　不足和展望

一、局限性和需要改进的地方

本研究只针对我国的新媒体技术标准的主要几个案例进行了讨论，没有讨论全球范围内的其他案例，在国际比较方面也比较欠缺。由于深度访谈对象主要属于生产单位的高层，或者资深业界决策者，所以比较难以全部访谈到。年月已久，有些访谈无法完全真实再现数年前决策者们的心路历程，实属遗憾，只能从部分从业者行业分析和内部期刊等一手、二手资料中进行推测。另外限于研究时间、经费等因素，虽然深度访谈有代表性，覆盖了各种行动者分类，但是总数比较有限。

二、展望未来

本研究限于研究时间、经费等因素，有一定局限性和需要改进的地方，希望在今后能够有进一步补充的机会，或者能由其他学者继续完成对于其他技术标准的拓展性研究，所以附录中也包含了访谈提纲。

参考文献

一、中文著作类

［1］拉图尔. 我们从未现代过. 刘鹏，安涅思，译. 苏州：苏州大学出版社，2010.

［2］弗里曼. 战略管理：利益相关者方法. 王彦华，梁豪，译. 上海：上海译文出版社，2006.

［3］陆地，高菲. 新媒体的强制性传播研究. 北京：人民出版社，2010.

［4］麦克卢汉. 理解媒介：论人的延伸. 何道宽，译. 北京：商务印书馆，2000.

［5］怀滨. 社会建构论的技术观. 沈阳：东北大学出版社，2005.

［6］裘涵. 技术标准化研究新论. 上海：上海交通大学出版社，2011.

［7］常伟，熊飞. 广电十年. 北京：中国广播影视出版社，2014.

［8］卡尔. 浅薄：互联网如何毒化了我们的大脑. 刘纯毅，译. 北京：中信出版社，2010.

［9］舍基. 人人时代：无组织的组织力量. 北京：中国人民大学出版社，2012.

［10］南国农，李运林. 教育传播学. 北京：高等教育出版社，1995.

［11］罗吉，刘象. 文化研究读本. 北京：中国社会科学出版社，2000.

［12］杨艳萍. 科学观的人文重构：后现代人文视野中的科学. 台北：秀威资讯科技股份有限公司，2008.

［13］李春田. 标准化概论. 北京：中国人民大学出版社，2005.

二、文章类（期刊论文、论文集、学位论文、报纸、网页）

［1］詹爱岚，李峰. 基于行动者网络理论的通信标准化战略研究——以

TD-SCDMA 标准为实证. 科学学研究, 2011 (1): 56 – 62.

[2] 王程韡, 李正风. 基于分层演化观点的技术标准的形成机制探析. 中国软科学, 2007 (1): 42 – 48.

[3] 刘济良. 拉图尔行动者网络理论研究. 哈尔滨: 哈尔滨工业大学, 2006.

[4] 郭明哲. 行动者网络理论 (ANT) ——布鲁诺拉图尔科学哲学研究. 上海: 复旦大学, 2008.

[5] 窦鑫磊. 从 WAPI 看标准战略. 中国发明与专利, 2004 (4): 54 – 56.

[6] 王美华, 范科峰, 岳斌, 等. 数字媒体内容版权管理技术标准研究. 广播与电视技术, 2007 (6): 19 – 23.

[7] 董泽芳. 博士学位论文创新的十个切入点. 导师论坛, 2008 (7): 12 – 18.

[8] 新闻战线. 中国广播电视网络有限公司正式成立. 新闻战线, 2014 (6): 53.

[9] 刘少华, 张君晓. 学术自由与大学创新. 现代教育论丛, 2001 (3): 6 – 8.

[10] 新浪科技. 国家广电网络公司将成立, 中移动未参与出资. (2012 – 11 – 15) [2015 – 03 – 20]. http://tech. sina. com. cn/t/2012 – 11 – 15/03037799520. shtml.

[11] 人民网. 总理政府报告中的名词解释. (2010 – 03 – 05) [2015 – 03 – 05]. http://2010lianghui. people. com. cn/GB/181624/11081589. html.

[12] 中国技术市场管理促进中心. 国家技术转移促进行动实施方案. [2015 – 03 – 01]. http://www. sinotechmart. org/chinajishushichangguanli/cjxd/cjxd. shtml.

[13] 刘颖颖. 李克强: 推进"三网"融合加快建设光纤网络. (2015 – 03 – 05) [2015 – 03 – 05]. http://v. china. com. cn/zhuanti/2015lianghui/2015 – 03/05/content_ 34963217. htm.

[14] 贵州广电网. "国网"的困境: 先天不足挂牌遇阻. (2013 – 01 – 31) [2015 – 03 – 05]. http://www. gzgdwl. com/ArtcleDetail. aspx?ID =159.

[15] 陈立旭. 操纵和抵抗: 文化工业意识形态再审视. 中共宁波市委党校学报, 2008 (4): 55 – 61.

［16］杨学山. AVS 发展的关键在于产业化应用.（2013 – 03 – 22）［2014 – 03 – 25］. http：//www. miit. gov. cn/n11293472/n11293832/n11293907/n11368223/14522002. html.

［17］苏国勋. 社会学与社会建构论. 国外社会科学，2002（1）：4 – 13.

［18］李维安，王世权. 利益相关者治理理论研究脉络及其进展叹息. 外国经济与管理，2007（4）：10 – 17.

［19］匡文波.“新媒体”概念辨析. 国际新闻界，2008（6）：66 – 69.

［20］陈先红. 论新媒介即关系. 现代传播，2006（3）：49 – 49.

［21］中广传播. CMMB 民族通信技术引海外关注. 睛彩杂志，2012a（5）：10 – 12.

［22］腾讯科技. 广东“半张牌照”手机电视 17 日“落地”.（2006 – 05 – 12）［2015 – 02 – 01］. http：//tech. qq. com/a/20060512/000063. htm.

［23］佚名. 广电 OTT 将再现新象. 睛彩杂志，2014a（4）：8 – 9.

［24］袁静. 图书馆联盟不稳定性的理论基础解析. 图书情报工作，2010（23）：43 – 55.

［25］佚名. 通信世界周刊：NGB 与 CMMB 捆绑发展前景广阔. 睛彩杂志，2012b（6）：6 – 8.

［26］陈振. 我国网络空间文化安全的法制建设. 淮阳师范学院学报（哲学社会科学版），2013（1）.

［27］李健，西宝. 基于模块化的三网融合管制机构组织结构设计. 中国科技论文在线，2011：1 – 7.

［28］曾德明，彭盾，张运生. 技术标准联盟价值创造解析. 软科学，2006，20（3）：5 – 8.

［29］张惠建：广东广电改革思路. 睛彩杂志，2014（9）：4 – 8.

［30］中国经济导报. CMMB：三网融合的竞合典范. 睛彩杂志，2012c（3）：4 – 5.

［31］吴玲，贺红梅. 基于企业生命周期的利益相关者分类及其实证研究. 四川大学学报（哲学社会科学版），2005，6：34 – 38.

［32］佚名. PANDA TV 进驻三星智能电视.（2015 – 01 – 08）［2015 – 02 – 01］. http：//www. icntv. tv/archives/13548.

［33］佚名. 奥运会助力中国自主知识产权 3G 标准 TD – SCDMA 推广.

（2008 – 07 – 17）［2014 – 10 – 01］. http://2008. people. com. cn/GB/22180/22193/94175/7526682. html.

［34］CMMB 百度贴吧. （2014 – 05 – 01）［2014 – 12 – 10］. http://tieba. baidu. com/f?kw = cmmb&ie = utf – 8.

［35］CBC.［2015 – 03 – 05］. http://www. cbc. cn.

［36］麦其. 香港 TVB 实行跨平台总收视率.（2013 – 06 – 21）［2014 – 11 – 01］. http://www. mpfinance. com/htm/finance/20130621/News/ec_ ece1. htm.

［37］佚名. 移动中广 CMMB 协议本月到期终端渗透成重点. 科技日报，2012.

［38］裴涵，陈侃. 文化研究：技术标准化研究的新视角. 浙江社会科学，2011（4）：19 – 24.

［39］cmmb 市场化失败原因探讨及未来发展建议.（2014 – 05 – 01）［2014 – 12 – 10］. http://tieba. baidu. com/p/3015841634.

［40］佚名. 中国电信首款"好韵通"孕妇手机山东上市.（2010 – 06 – 02）［2014 – 06 – 02］. http://tech. sina. com. cn/t/3g/2010 – 06 – 02/01144257453. shtml.

［41］佚名. CMMB 进入海外市场拟 3 年推向 30 国家. 北京晨报，2010.

［42］郭建龙. 中广传播公布五年规划：2010 年发展 1000 万用户. 21 世纪经济报道，2010 – 01 – 29.

［43］朱剑峰. 从"行动者网络理论"谈技术与社会的关系：问题奶粉事件辨析. 自然辩证法研究，2009，25（1）：37 – 41.

［44］木子易. IMEI 国内审发将给山寨手机致命打击.（2008 – 12 – 19）［2010 – 05 – 03］. http://tech. qq. com/a/20081219/000251. htm.

［45］佚名. 2008 移动多媒体广播电视高峰论坛.（2008 – 10 – 20）［2010 – 05 – 03］. http://cctvenchiridion. cctv. com/special/C22464/20081020/106174. shtml.

［46］刘科宏. CMMB 覆盖 37 个城市. 东亚经贸新闻，2008.

［47］彭瑞. AVS 国际化演进能否成国际标准一年内见分晓. 财经时报，2006.

［48］赵明. 电信专家认为 CDMA 手机没有"绿色"优势. 中国经济时报，2003.

［49］陈敏. 中广传播与中移动合作推 CMMB 手机电视业务. (2010 - 01 - 29)［2014 - 12 - 10］. http://tech. 163. com/10/0129/01/5U5JIP2V000915BE. html.

［50］任珂, 张崇防. 央视总工揭秘奥运无延时直播内幕. (2008 - 08 - 11)［2014 - 10 - 13］. http://media. people. com. cn/GB/40606/7643027. html.

［51］张金. GSM 与 CDMA 手机谁辐射大? 且听专家详细解释. (2001 - 12 - 27)［2014 - 12 - 27］. http://tech. sina. com. cn/it/t/2001 - 12 - 27/97523. shtml.

［52］商业价值. 小米真正学的是同仁堂、海底捞、沃尔玛和 Costco. (2014 - 12 - 08)［2014 - 12 - 18］. http://content. businessvalue. com. cn/post/32731. html.

［53］方南. 3G 冲击下 CMMB 生存空间何在?. (2012 - 09 - 12)［2014 - 12 - 18］. http://market. c114. net/179/a715781. html.

［54］佚名. 国家新闻出版广电总局广播电视规划院.［2014 - 12 - 10］. http://www. abp. gov. cn/.

［55］张锐, 张金隆. 网络融合背景下的手机电视研究: 手机电视国内外发展和研究综述. 移动通信, 2011, 35 (5): 40 - 45.

［56］佚名. 广播式手机电视: 运营者还是消费者的梦想?. (2009 - 08 - 19)［2014 - 12 - 10］. http://media. people. com. cn/GB/22114/70684/166538/9890535. html.

［57］任珂. 央视总工程师揭秘北京奥运会无延时直播内幕. (2008 - 08 - 11)［2014 - 12 - 10］. http://www. medialeader. com. cn/leader/200808/20080811091049_ 20692. html.

［58］佚名. 移动多媒体广播电视 (CMMB) 点亮科技奥运. (2008 - 08 - 10)［2014 - 12 - 10］. http://media. people. com. cn/GB/40606/7641580. html.

［59］佚名. 全国 cmmb 信号调查, 欢迎投上你宝贵一票. (2014 - 11 - 29)［2015 - 03 - 01］. http://tieba. baidu. com/p/3438166278?pn = 1.

［60］罗江春. 电视与互联网融合是视频行业发展大势. 睛彩杂志, 2013 (4): 35.

［61］佚名. 广电电信三网融合业务渗透加快. 睛彩杂志, 2012d (11): 1.

［62］王建宙. 如何打造自己的乔布斯?. 睛彩杂志, 2013 (4): 40.

[63] 佚名. 河南中广"晴彩郑州"频道上线播出. 晴彩杂志, 2013a (9)：4.

[64] 佚名. 河南中广 CMMB 移动电视"戏曲宝"频道开播. 晴彩杂志, 2014b (8)：4.

[65] 佚名. 广电 cmmb 能不能把全国的台统一起来!. (2012－02－01) [2015－01－21]. http：//tieba. baidu. com/p/1394453677.

[66] 杨天波. 移动多媒体广播电视（CMMB）点亮科技奥运. (2008－08－10) [2014－12－10]. http：//media. people. com. cn/GB/7641604. html.

[67] 佚名. 中国移动与 CMMB 合作首次推出上网卡. (2014－12－11) [2014－12－21]. http：//www. aliyun. com/zixun/content/2_6_361858. html.

[68] 郭晓峰. CMMB 手持电视覆盖 292 座城市可看春晚直播. (2010－02－13) [2014－12－21]. http：//tech. qq. com/a/20100213/000017. html.

[69] 翟超. 中国电子报广电 OTT 之路关卡重重. (2013－04－17) [2014－04－17]. http：//bc. tech－ex. com/2013/ottanalysis/34166. html.

[70] 佚名. 明报调查：港人上网多过看电视. (2013－06－21) [2015－01－17]. http：//www. mpfinance. com/htm/finance/20130621/news/ec_ece1. htm.

[71] 佚名. 未来电视与腾讯战略将加速互联网电视产业的发展. (2012－03－21) [2014－11－12]. http：//news. cntv. cn/china/20120321/118517. shtml.

[72] 娱乐资本论. 百视通凌钢详解五大事业群：我们要做得跟乐视、小米截然不同. (2015－01－28) [2015－01－28]. http：//www. sarft. net/a/173857. aspx.

[73] 佚名. 手机视频成移动互联网热门应用. 晴彩杂志, 2014 (6)：21.

[74] 佚名. 3G 冲击下 CMMB 生存空间何在?. (2012－09－12) [2014－11－12]. http：//market. c114. net/179/a715781. html.

[75] 中华人民共和国工业和信息化部. (2012－09－12) [2014－11－12]. http：//www. miit. gov. cn/n11293472/index. html.

[76] 徐江山. C-DOCSIS 标准与产业化进程. (2013－03－21) [2014－11－21]. http：//www. sarft. net/a/82759. aspx.

[77] 依马狮广电网. 产业研究：美国大部分移动电视观看发生于家中. 晴彩杂志, 2013 (7)：54.

[78] 国家新闻出版广电总局广播电视规划院信息研究所. NGB 智能终端

专题组工作会议上海召开. (2011 – 06 – 27) [2015 – 01 – 27]. http://www. gbds. com. cn/gdzx/yxwl/NGB/201106/t20110627_ 1253049. shtml.

[79] 李俊慧. 中国政法大学知识产权研究中心特约研究员, 被罚60亿的高通, 为什么没学淘宝"撒泼"?. (2011 – 06 – 27) [2015 – 01 – 27]. http:// www. donews. com/idonews/lijunhui.

[80] 施建. 发改委"潜台词": 国产手机公平"专利战". (2015 – 02 – 11) [2015 – 02 – 11]. http://www. cnipr. com/CNIPR/CNIPR1/201502/t20150211_ 186576. htm?COLLCC = 186046877&.

[81] 佚名. 原来华三和华为是这样的关系. (2014 – 10 – 12) [2015 – 01 – 01]. http://forum. h3c. com. cn/forum. php?mod = viewthread&action = printable&tid = 128963.

[82] 杨毅沉, 郭宇靖, 赵超, 等. 揭秘中国史上最大金额反垄断罚单: 是什么让高通"认罚"60亿元?. (2015 – 02 – 10) [2015 – 02 – 17]. http://news. xinhuanet. com/fortune/2015 – 02/10/c_ 1114325707. html.

[83] 杨扬. 版权纠纷频发——我国网络视频产业发展路在何方. (2012 – 12 – 04) [2014 – 01 – 05]. http://www. catr. cn/kxyj/catrgd/201212/t20121204_ 899153. html.

[84] 龙剑友, 张琰飞. 技术标准联盟: 信息产业发展的新趋势. 财经理论与实践 (双月刊), 2009, 30 (5): 110 – 112.

[85] 黄铁军, 高文, 王国中. 数字音视频编解码技术标准 AVS 发展历程与应用前景. 上海大学学报 (自然科学版), 2013, 19 (3).

[86] 杨剑, 梁樑. 基于生命周期理论的区域创新系统研究. 中国科技论坛, 2006 (1): 41 – 45.

[87] 毛基业, 张霞. 案例研究方法的规范性及现状评估——中国企业管理案例论坛 (2007) 综述. 管理世界, 2008 (4): 115 – 121.

[88] 叶林威, 戚昌文. 技术标准战略在企业中的运用. 世界标准化与质量管理, 2003, 2 (3): 2.

[89] 风笑天, 田凯. 近十年我国社会学实地研究评析. 社会学研究, 1998 (2): 109 – 110.

[90] 王生辉, 张京红. 网络化产业中的技术标准竞争战略. 科学管理研究, 2004, 22 (2): 46 – 50.

[91] 佚名. 下一代广播电视网接入技术分析. 睛彩杂志, 2013b (4):

55 – 57.

[92] 产业研究：移动设备逐渐占领家庭. 睛彩杂志, 2013e (5)：53 – 54.

[93] 古永锵. 谋建移动视频行业标准. 睛彩杂志, 2013 (5)：46 – 47.

[94] 中国企业家龚宇：移动视频变革前夜. 睛彩杂志, 2013 (7)：32 – 34.

[95] 思亚诺王渭：车载 CMMB 正处于爆发的前夜. 睛彩杂志, 2013d (4)：32 – 33.

[96] 佚名. 新华视讯手机电视台的 2013 与 2014. 睛彩杂志, 2014c (9)：20 – 24.

[97] 于峰. 手机电视离我们还有多远?. 当代通信, 2006 (12)：20 – 22.

[98] 佚名. 移动视频的黄金时代正在来临. 睛彩杂志, 2014d (4)：19 – 20.

[99] 佚名. 3G 冲击下 CMMB 电视手机如何发展. 睛彩杂志, 2012e (4)：16 – 20.

[100] 佚名. 从玛丽·米格报告看广电新媒体发展方向. 睛彩杂志, 2014e (21)：16 – 17.

[101] 张延年. 中国移动多媒体广播电视发展路线图. 睛彩杂志, 2013 (3)：13 – 16.

[102] 佚名. CMMB 开启移动生活新方式. 睛彩杂志, 2012g (6)：15 – 16.

[103] 佚名. 4G 时代移动视频迎来爆发季?. 睛彩杂志, 2014f (4)：16 – 18.

[104] 佚名. 送老伴情人节礼物就送爱华 DTV300 送老伴情人节礼物就送爱华 DTV300. 睛彩杂志, 2014g (6)：13 – 14.

[105] 佚名. 产业研究：手机用户以多种形式参与奥运. 睛彩杂志, 2013e (4)：43 – 44.

[106] 中国电子报. 张海涛副局长：CMMB 用户未来 3 年将过亿. 睛彩杂志, 2012f (3)：8.

[107] 佚名. 中播控股 (471. HK) 继收购美国 7 大城市电视台后, 宣布与上海交通大学合作开发中国新一代卫星移动多媒体技术标准. (2014 – 10 – 20) [2014 – 12 – 20]. http://ch. acnnewswire. com.

［108］黄东巍. 手机电视的运营模式分析. 移动通信，2008（5）：23 - 26.

［109］罗建辉. 我国试点地区 IPTV 用户达 350 万、CMMB 用户近 2000 万. 睛彩杂志，2012h（1）：4.

［110］潘敬文. CMMB 电视手机用户不足 5%：被迅速边缘化. 信息时报，2012 - 08 - 21.

［111］江若尘. 企业利益相关者问题的实证研究. 中国工业经济，2006（10）：67 - 74.

［112］高俊光. 面向技术创新的技术标准形成路径实证研究. 研究与发展管理，2012，24（1）：11 - 17.

三、外文类（著作、期刊论文）

［1］ANDERSON P. Perspective：complexity theory and organization science. Organization science，1999，10（3）：216 - 232.

［2］ANDERSON P，TUSHMAN M L. Technological discontinuities and dominant designs：a cyclical model of technological change. Administrative science quarterly，1990（35）：604 - 633.

［3］AUMANN R J，DREZE J H. Rational expectations in games. The American economic review 98，2008（1）：72 - 86.

［4］BENBASAT I，GOLDSTEIN D K. The case research strategy in studies of information systems. MIS quarterly，September，1987：369 - 386.

［5］BERELSON B. Content analysis in communication research. New York：Free Press，1952.

［6］Bestv. TNS IPTV user research in July 2011. Bestv，2013.

［7］BONOMA T V. Case research in marketing：opportunities，problems，and a process. Journal of marketing research，1985，22（2）：199 - 208.

［8］BRADDOCK R. An extension of the "Lasswell formula". Journal of communication，1958，8（2）：88 - 93.

［9］CALLON M. Some elements of a sociology of translation：domestication of the scallops and the fishermen of St. Brieuc Bay. Sociological review，1984，32

（1）：196 – 233.

［10］CALLON M. Sociey in the making：the study of techonology as a tool for sociological analysis//The social construction of technology systems：new directions in the sociology and history of technology. Cambridge，Mass.，and London：MIT Press，1987.

［11］CALLON M. Techno-economic networks and irreversibility//LAW J，eds. A sociology of monsters：essays on power，technology and domination. London：Routledge，1991.

［12］CAROLYN S. TiMi Tech，Motorola bring CMMB to American shores. （2009 – 06 – 01）［2010 – 01 – 02］. https：//www. tvtechnology. com/news/timi – tech – motorola – bring – cmmb – to – american – shores.

［13］CHEN T J，TANG D P. Comparing technical efficiency between import-substitution-oriented and export-oriented foreign firms in a developing economy. Journal of development economics，1987，26（2）：277 – 289.

［14］CLAGUE C. Information costs，corporate hierarchies，and earnings inequality. The American economic review，1977，67（1）：81 – 85.

［15］CLARKE S，ed. Socio-technical and human cognition elements of information systems. Igi global. Information Science Publishing，2002：273.

［16］COOKE P，JOAEHIM H，BRAEZYK H J，et al. Regional innovation system：the role of governance in the globalized world. London：UCL Press，1996.

［17］CRESSMAN D. A brief overview of actor-network theory：punctualization，heterogeneous engineering & translatio. 2009 April. http：//summit. sfu. ca. / item/13593.

［18］DAVID P A. Some new standards for the economics of standardization in the information age//Economic policy and technological performance. London：Cambridge University Press，1987.

［19］DONG H S. Prospectus of mobile TV：another bubble or killer application. Telematics and informatics，2006（23）：253 – 270.

［20］DILL W. Public participation in corporate planning：stakeholder theory of the corporation：concepts，evidence，and implication. Academy of management review，1995（1）：65 – 91.

［21］ SEO D. Organizational strategy for information and communication technology standards. 2007 5th International Conference on Standardization and Innovation in Information Technology, 19 September 2008.

［22］ BRYNJOLFSSON E, MCAFEE A. Race against the machine: how the digital revolution is accelerating innovation, driving productivity, and irreversibly transforming employment and the economy. Brynjolfsson and McAfee, 2012.

［23］ ETSI. ［2014 – 12 – 10］. www. etsi. org.

［24］ FAIRCLOUGH N. Critical discourse analysis: the critical study of language. London: Routledge, 2013.

［25］ FREEMAN R E. Strategic management: a stakeholder approach. Cambridge University Press, 1984.

［26］ GHEZZI A, GEORGIADES M, REICHL P, et al. Generating innovative interconnection business models for the future internet. Info, 2013 (15 – 4): 43 – 68.

［27］ GOLAFSHANI N. Understanding reliability and validity in qualitative research. The qualitative report, 2003, 8 (4): 597 – 607.

［28］ BOYCE G. Information costs and institutional typologies: a review article Australian. Economic history review, 1999 (1).

［29］ GREIMAS A J. Sémiotique: dictionnaire raisonné de la théorie du langage. Paris: Classiques Hachette, 1979.

［30］ GRIFFIN E. A first look at communication theory. 4th edition. Boston: McGraw – Hill, 2003.

［31］ GUNAWONG P, GAO P. Challenges of egovernment in developing countries: actor-network analysis of Thailand's smart ID card project. In proceedings of the 4th ACM/IEEE International Conference on Information and Communication Technologies and Development, ACM, 2010.

［32］ HALL S. Encoding and decoding in the television discourse. Centre for cultural studies. Edgbaston, Birmingham: University of Birmingham, 1973.

［33］ HALLSTRÖM KT. Organizing international standardization: ISO and the IASC in quest of authority. Edward Elgar Publishing, 2004.

［34］ HALL S. Encoding, Decoding 1. Social theory: power and identity in the global era, 2010, 2: 569.

[35] LIEVROUW L A, LIVINGSTONE S. Handbook of new media: social shaping and consequences of ICTs. Trowbridge, Wiltshire: The Cromwell Press Ltd, 2002.

[36] HANSETH O, MONTEIRO E. Inscribing behavior in information infrastructure standards. Accounting, management and information technologies, 1997 (7): 183 – 211.

[37] HOUBA H, BOLT W, EBRARY I. Credible threats in negotiations. A game-theoretic approach. Vol. 32. Netherlands: Kluwer Academic Publishers, 2002.

[38] HARSANYI J C. An equilibrium point interpretation of stable sets. Management science, 1974, 20 (11): 1472 – 1495.

[39] HENDERSON K A. Dimensions of choice: a qualitative approach to recreation, parks, and leisure research. State College, PA: Venture publishing, Inc., 1991.

[40] Morgenstern O, Neumann J V. Theory of games and economic behavior. Sixtieth anniversary edition. Princeton University Press, 2007.

[41] KENNEDY S. The political economy of standards coalitions: explaining China's involvement in high-tech standards wars. Asia policy, 2006, 2 (1): 41 – 62.

[42] KEY S. Toward a new theory of the firm: a critique of stakeholder "theory". Management decision, 1999, 37 (4): 317 – 328.

[43] LASSWELL H D. The structure and function of communication in society. The communication of ideas, 1948, 37.

[44] LATOUR B. Science in action: how to follow scientists and engineers through society. Cambridge, Mass., and London: Harvard University Press, 1987.

[45] LATOUR B. The pasteurization of France. Cambridge, Mass., and London: Harvard University Press, 1993.

[46] LATOUR B. Reassembling the social—an introduction to actor-network-theory. Oxford University Press, 2005.

[47] LATOUR B. Network theory | networks, societies, spheres: reflections of an actor-network theorist. International journal of communication, 2011:

796 – 810.

［48］ LATOUR B. We have never been modern. Cambridge, Mass., and London: Harvard University Press, 2012.

［49］ LAW J. Theory and narrative in the history of technology: response. Technology and culture, 1991, 32 (2): 377 – 384.

［50］ LAW J. A sociology of monsters: essays on power, technology and domination. London, and New York: Routledge, 1991.

［51］ LAW J. Notes on the theory of the actor-network: ordering, strategy, and heterogeneity. System practice, 1992, 5 (4): 379 – 393.

［52］ LEE H, OH S. A standards war waged by a developing country: understanding international standard setting from the actor-network perspective. The journal of strategic information systems, 2006, 15 (3): 10.

［53］ LEE T L. Using qualitative methods in organizational research. Thousand Oaks: Sage Publications, 1999: 145 – 170.

［54］ LEPAK D P, SMITH K G, TAYLOR M S. Value creation and value capture: a multilevel perspective. Academy of management review, 2007, 32 (1): 180 – 194.

［55］ LIN TT. Prospect of mobile TV broadcasting in China: socio-technical analysis of CMMB's development. Chinese journal of communication, 2012, 5 (1): 88 – 108.

［56］ LYYTINEN K, KING J L. Around the cradle of the wireless revolution: the emergence and evolution of cellular telephony. Telecommunications policy, 2002, 26 (3): 97 – 100.

［57］ MAMAHON F. Netflix and Hulu take over mobile TV. Broadcast engineering. ［2013 – 06 – 04］. http: //broadcastengineering. com/blog/netflix – and – hulu – take – over – mobile – tv.

［58］ MANOVICH L. The language of new media. Cambridge, Mass., and London: MIT Press, 2001.

［59］ MATTHEW B M, Huberman A M. Qualitative data analysis: an expanded sourcebook. London, and New Delhi, India: Sage Publications, 1994.

［60］ WEBESTER M. Webster's ninth new collegiate dictionary. Springfield,

MA: Merriam-Webster, 1998.

[61] MERTON R K. Science, technology and society in seventeenth century England. Osiris, 1938 (4): 360 – 632.

[62] MIT. The new media reader. Cambridge, Mass., and London: MIT Press, 2003.

[63] MONGREEM E, SCHACHTW H. Industrial innovation: major ssue system. Washington, DC: Library of Congress, Congressional Research Serfie, I ssue Brief No. 1 B80005, 1980.

[64] MUELLER M, TAN Z X. China in the information age. Westport, CT: Praeger Publishers, 1997.

[65] LISTER M, DOVEY J, GIDOINGS S, et al. New media: a critical introduction. Abingdon, Oxon: Routledge, 2009.

[66] PAUL S N L. Telecommunications and development in China. New Jersey: Hampton Press, 1997.

[67] BRIGHTP. HTML5 specification finalized, squabbling over specs continues. (2014 – 10 – 29) [2014 – 10 – 29]. http://arstechnica.com/information – technology/2015/03/atts – plan – to – watch – your – web – browsing – and – what – you – can – do – about – it/.

[68] PORTER M E. Competitive strategy: techniques for analyzing industries and competitors. Simon and Schuster, 2008.

[69] PRIEST S H, ed. Encyclopedia of science and technology communication. Sage Publications, 2010.

[70] STEFFENSEN M, ROGERS E M, SPEAKMAN K. Spin-offs from research centers at a research university. Journal of business venturing, 2000, 15 (1): 93 – 111.

[71] Qiu J L. Chinese techno-nationalism and global wifi policy//Reorienting global communication: Indian and Chinese media beyond borders. Urbana, IL: University of Illinois Press, 2010.

[72] DURLAUF S N, BLUME L, eds. The new palgrave dictionary of economics. London: Palgrave Macmillan, 2008.

[73] ROETHLISBERGER F J, LOMBARD G F F. The elusive phenomena: an

autobiographical account of my work in the field of organizational behavior at the Harvard Business School. Cambridge, Mass.: Harvard Business School Pr., 1977.

[74] ROEBUCK K. Application delivery controller (ADC): high-impact technology—what you need to know: definitions, adoptions, impact, benefits, maturity, vendors. Brisbane: Emereo Publishing, 2012.

[75] MYERSON R B. Game theory: analysis of conflict. Cambridge, Mass.: Harvard University Press, 1991.

[76] RUBIN A, BABBIE E R. Brooks/cole empowerment series: research methods for social work. Boston, MA: Cengage Learning, 2013.

[77] SHIRKY C. Here comes everybody: the power of organizing without organizations. New York: Penguin Group, 2008.

[78] SIMKOVIC M. Competition and crisis in mortgage securitization. Indiana law journal, 2013, 88 (1): 214 – 271.

[79] SLACK J D, Whitt L A. Ethics and cultural studies//GROSSBERG L, ed. Cultural studies. New York: Routledge, 1992.

[80] STONE E F. Research methods in organizational behavior. Santa Monica, California: Goodyear Publishing Company, 1978.

[81] SWANN G P. The economics of standardization. University of Manchester, 2000. http://citeseerx. ist. psu. edu/viewdoc/download?doi = 10. 1. 1. 430. 1657&rep = rep1&type = pdf.

[82] TASSEY G. Standardization in technology-based markets. Research policy, 2000, 29 (4): 587 – 602.

[83] THOMPSONV A. Bureaucracy and Innovation. Administrative science quarterly, 1965 (5): 1 – 20.

[84] TILSON D A. The interrelationships between technical standards and industry structures: actor-network based case studies of the mobile wireless and television industries in the US and the UK. Case Western Reserve University, 2008. https://etd. ohiolink. edu/.

[85] UTTERBACK J M, ABERNATHY W J. A dynamic model of process and product innovation. Omega, 1975, 3 (6): 639 – 656.

[86] VALCKE P etc. Convergence between television and the internet:

challenges for content regulation. Media digest. （2012 – 05）［2013 – 10 – 05］. http://rthk. hk/mediadigest/20120514_ 76_ 122870. html.

［87］ VERNON R. International investment and international trade in the product cycle. The quarterly journal of economics, 1966: 190 – 207.

［88］ WEITZEL T, BEIMBORN D, KÖNIG W. A unified economic model of standard diffusion: the impact of standardization cost, network effects, and network topology. MIS quarterly, 2006: 489 – 514.

［89］ XU Y, GONG M. National innovation system and its implications for 3G development in China. Communications & strategies, 2003, 52 （4）: 155 – 174.

［90］ XU Y, DOUGLAS P. Chinese telecommunications policy. Norwood, MA: Artech House, Inc. , 2002.

［91］ YIN R K. Case study research: design and methods. Thousand Oaks, CA: Sage publications, 2013.

［92］ YOO Y J, LYYTINEN K, YANG H D. The role of standards in innovation and diffusion of broadband mobile services: the case of South Korea. The journal of strategic information systems 14, 2005 （3）: 323 – 353.

［93］ ZALTMANG D R, HOLBER J. Innovation and organizations. New York: John Wiley and Sons, 1973.

［94］ ZHAO Y Z. After mobile phones, what? re-embedding the social in China's " digital revolution ". International journal of communication, 2007, 1 （1）: 29.

［95］ ZHAO Y Z. Caught in the Web: the public interest and the battle for control of China's information superhighway. Info, 2000, 2 （1）: 41 – 66.

［96］ ZHAO Y Z. China's pursuits of indigenous innovations in information technology developments: hopes, follies and uncertainties. Chinese journal of communication, 2010, 3 （3）: 266 – 289.

附　录

附录1　访谈提纲

一、个人资料问题

1. 基本信息：姓名、性别、年龄、学历。
2. 您在工作中担任什么工作职位，工作经历是怎样的？
3. 您何时开始，如何参与了新媒体技术的标准的发展？

二、新媒体技术的标准发展问题

1. 标准牌照发放前后的参与者有哪些？标准牌照发放前后是否有区别？
2. 标准牌照发放前后这些参与者的兴趣是什么？对未来发展的预期如何？标准牌照发放前后是否有区别？
3. 标准牌照发放前后参与者之间的关系是什么样的？参与者之间按照对于标准发展的影响力如何排序？标准牌照发放前后是否有区别？
4. 标准牌照发放前后的标准的发展环境如何，贵公司、机构或者组织如何解读当时的情境？采取了哪个或者哪些策略？其他的公司、机构或者组织有没有哪些给你深刻印象的策略？这些策略是否促进了标准的发展？标准牌照发放前后是否有区别？
5. 标准牌照发放前后有没有主导的参与者，如果有，它是如何给其他参与者赋予利益的？

6. 主导的参与者是如何说服其他参与者的？其他参与者是否接受了其利益设定和说服以及反馈为什么要加入或者不加入行动者网络？如果加入，这些参与者的具体行动和策略是什么？标准牌照发放前后是否有区别？

7. 标准牌照发放前后是否有一些特别事件，改变了参与者的动力、兴趣？

附录2　电信系统、广电系统的历史

对我国新媒体的标准进行研究需要在历史的维度上看变迁。三网融合指的是电信网、广电网、互联网三网的融合，但其实，这三网不是物理上的三网，在中国新媒体标准的历史上主要沿袭着两大系统的发展：电信系统和广电系统。

（一）电信系统

赵月枝（2000）在《陷入网络》一文中回顾了中国的电信的发展历史，自1950年起"上山下乡，电灯电话"的承诺让生活极度贫乏的人们对电信的发展有了一定的期盼，而这之后的20年内公共网络的建设也在逐渐完善。1970年后的30年发展中，虽然有第九个五年计划（1996—2000），但地区性差异日渐形成，农村和城市间差距越来越大，基础服务的供应最终没有在2000年达成村到村的承诺。对高端服务的投资逐渐增多，而邮电和中国电信则成立了大的利益集团。到1990年，邮电的迅速扩展使电话公众网络已经明显供大于求，而私有的政府部门、国企的网络也在建设之中。1990年中期，随着电话资费的改革，崛起的中产阶级开始表达对昂贵的电话费用和商用网络的不满。她是这样描述那段发展史的：以发展为核心，特殊利益导向的发展历史。①

中国电信业经历了一段漫长且艰难的过程。下图是在总结了电信历史基础上展示了电信改革的过去和电信管理的未来的汇总图，内容与中国3G发展的两个主体，即服务提供者和政府（也就是政策制定者）有关。他们的关系在不同

---

① ZHAO Y Z. Caught in the Web: the public interest and the battle for control of China's information superhighway. Info，2000，2（1）：41-66.

的历史阶段有不同的表现。

```
┌─────────────────────┐              ┌──────────────────────┐
│  邮电和电信部，1949  │              │ 电子工业部MEI、铁道部 │
└─────────────────────┘              │ MOR、电子部MEP        │
                                     └──────────────────────┘
  ┌──────────────┐  ┌──────────────┐
  │ 邮政部，1998 │  │ 电信部，1998 │
  └──────────────┘  └──────────────┘
```

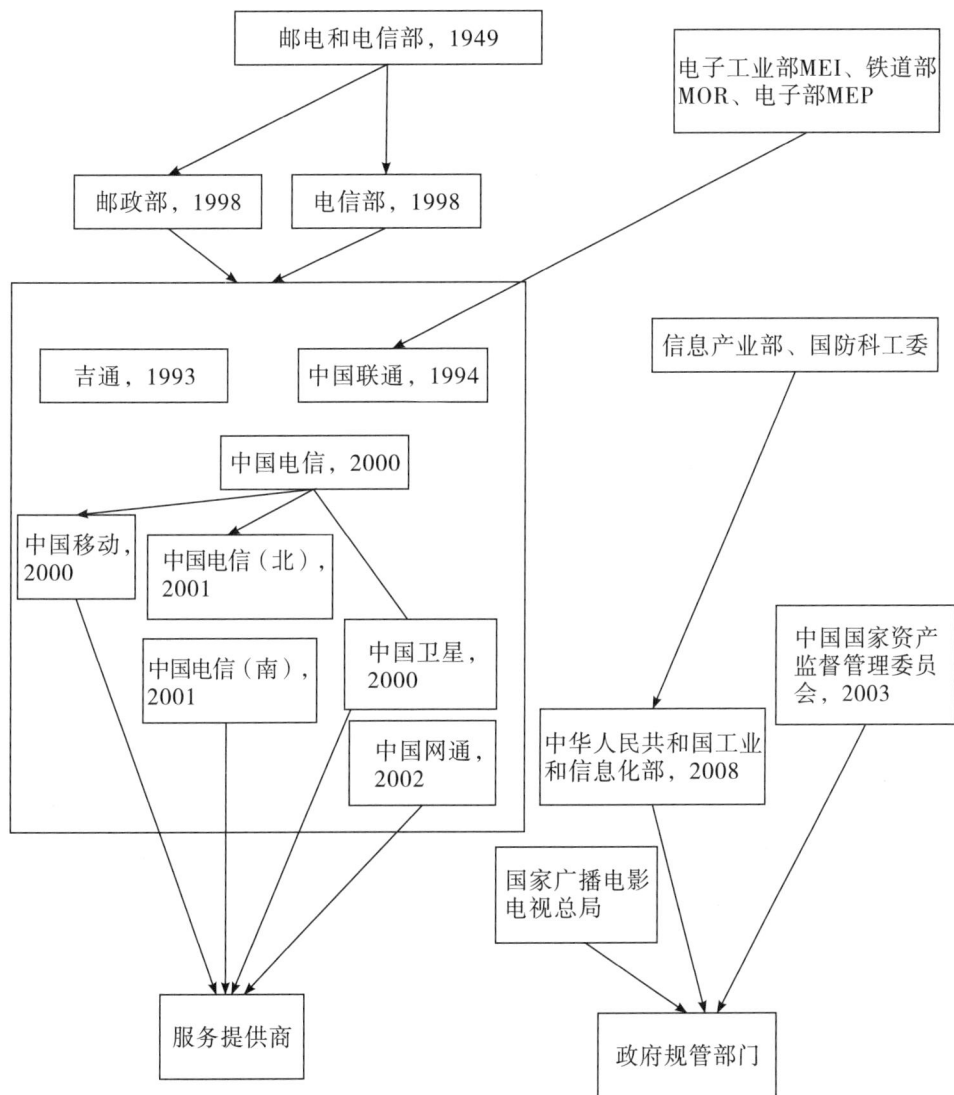

附图 1　中国电信发展历史图

中国电信改革历史主要经历了各具特色的以下六个时间阶段：

1. 1949—1993 年：艰难的肇始

1949 年 11 月 1 日，邮电和电信部（简称邮电部）成立。但新成立的政府部门并没有计划好通信事业的发展。因此，通信基础建设没得到长足的发展，而且资金有限，在那个阶段里，通信发展异常缓慢。中国国家经济在第一个五年计划（1953—1957 年），还有在第二个五年计划中的前三年里（1958—1962

年），最重要的北京长途电话没及时建设，甚至被迫延后。这就是开始时最艰难的阶段。

第三个五年计划（1966—1970 年）和第四个五年计划（1971—1975 年）阶段，通信和后工业一共得到了约13.7 亿元的投资。但"文化大革命"的爆发使这笔投资并没有给中国的通信业带来不同的大发展。

第五个五年计划（1976—1980 年）时期，经济改革给经济结构带来了巨大的变革，通信业也经历了快速的发展。在 Paul（1997）的《中国通信业发展》一书中，他认为这个阶段对中国未来的五年计划和通信业的发展有巨大的影响。①

2. 1993—1994 年：通信自由化

1993 年出现的私人网络、中国联通和吉通是中国通信业自由化的里程碑。外国投资的市场同时也使得中国的通信业竞争上了一个台阶。随着中国通信自由化，中国的服务供应商最终得到了健康的发展环境。

中国联通于 1994 年 7 月 19 日成立。它是由电子工业部（MEI）、铁道部（MOR）、电力部（MEP）和其他 13 家公司联合持股的合资企业。Xu 和 Douglas（2002）认为，联通的诞生是中国政府有关通信政策的里程碑，因为它打破了垄断。②

吉通于 1993 年 6 月以公司的形式设立，旨在与海外公司以合资企业的形式合作。其股东包括了中国国际信托投资公司与其他 30 家国有企业与研究机构。Mueller 和 Tan（1997）指出联通和吉通的出现意味着系统内政治与经济的互相融合。"从某种方式上，他们是中国改革进程的完美体现，他们的政策理论不系统地糅合了社会主义工业政策和市场竞争。他们本来应当属于国家并由国家主导，但他们拥有的任何资源均来自当地产业。这些资源看起来很难与中央政府有任何关联。这一进程将何去何从是难以预测的。"③

3. 1995—1998 年：邮电部内部重组

1995 年，中国开启了政企分离之旅。邮电部被完全从企业管理中分离开，

---

① PAUL S N L. Telecommunications and development in China. New Jersey：Hampton Press，1997：66 - 85.

② Xu Y，DOUGLAS P. Chinese telecommunications policy. Norwood，MA：Artech House，Inc.，2002：115 - 140.

③ MUELLER M，TAN Z X. China in The Information Age. USA：Praeger Publishers，1997：45 - 64.

成为政府组成部分。这是一个巨大的转折点，中央政府正式将一些管理权下放给公众，行政权转为监督权。1998 年，邮政和电信分离，中国电信自此重点发展电信业。

4. 1998—2002 年：加入世贸，重构中国电信

2001 年 12 月 1 日，随着中国加入世贸组织，电信业发展获得了一个重要的契机和开放的市场竞争，这促使了国内服务的升级。

2000 年，在政企分离之后，原先中国电信的卫星移动服务被拆分为四个不同部分，由此结束了原先垄断的局面。这四个部分由不同的公司掌控着：中国联通控制着网络服务，中国电信控制固话，中国移动和中国卫星控制移动和卫星服务。2001 年，中国电信又再被拆分为南北两部分，旨在优化行业内部的竞争。2002 年 5 月，全新建设的中国电信完整成立了。

5. 2003—2007 年：信息产业部对新改革的深思

中国国家资产监督管理委员会（简称"国资委"）于 2003 年成立，推进了国有中国电信管理机制和发展模式的变化。自此，所有权、生产权和管理权各自分离。之后中国电信业的发展以一种更加适当的方式有序发展。

3G 的发展十分迅猛，我国的主要运营商都希望在这期间能够占据主导权，在对中国电信一资深工程师郑工进行深度访谈时，他是这样描述当时的竞争的：

中国电信、移动、联通的兴趣是取得最有利的技术标准牌照。其中 WCDMA 是全球最普遍使用的技术，应该说是很有优势的技术，CDMA2000 是少辐射的技术，TDS-CDMA 是中国自主产权的，但开发基础设施等是最复杂、最耗费时间物力成本的。牌照发放后，WCDMA 这个技术牌照发给了当时实力比较弱的联通。（它）应该是目前世界上应用范围最广的标准，终端也很丰富，拿到这个标准应该是发展最有利的，它的专利费用也比较低。这样国际漫游也具备其他技术制式所不具有的优势，可以说是一种平衡机制吧，有些人也表示不解，但我想应该是一种全面考虑之后的决定。我们中国电信拿到的是 CDMA2000，相对于移动我们的技术也是好一些的，因为我们的技术属于绿色技术，少辐射污染，这是一个很好的卖点，在推广时我们用了一段时间，后来被叫停，本来以为可以用绿色手机打响推广的，结果没有成功。移动拿到 TD 是一个博弈的结果，但是它们应该不是很满意，因为基础设施需要大量资金投入。所以我相信这是工信部找了实力最强的移动来做这件事情的考虑，要平衡中国

几大国家支柱电信企业的发展。

6. 2008 年至今：工信部对新改革的深思

2008 年 3 月，中华人民共和国工业和信息化部（简称工信部）成立。它由原信息产业部、国防科工委合并而成，主要是管规划、管政策、管标准，指导行业发展的行业管理部门。原属国家发展和改革委员会的工业行业管理有关职责以及原属国防科学技术工业委员会核电管理以外的职责，还有原属信息产业部的职责以及原属国务院信息化工作办公室的职责整合后，划入工业和信息化部。

（二）广电系统

赵月枝（2000）在她的《陷入网络》一文中也回顾了中国广电的发展历史，和电信发展历史比较起来，广电的发展史至少到 20 世纪 90 年代中期，都是自下而上发展的，没有太多的政府直接干涉。[①]

1. 1949—1985 年：地方的发展

有线电视的出现要归功于现在已经销声匿迹了的社区/单位闭路电视（天线系统），这套闭路电视系统主要在 20 世纪 70 年代晚期到 80 年代早期出现。自 1983 年起，大型公司、企业承担着各种福利发放责任，除了房子、工作还有各种社会福利，而闭路电视就是其中之一。这让之后发展而成的广电系统在很多年以后都一直保持着自负盈亏和垂直网络结构的特点和传统。在对南方新媒体进行调研期间，也在访谈中得到了有关那段时期的补充印证，网络结构多样，由于自下而上，理论上是联通的，实际上会有很多不统一的技术标准和组网方式，这也为以后的发展埋藏了一定隐患。访谈中有人表示：

有些地方是没有数字化的，还是模拟网络，虽然理论上数字化是走得通的，但是实施中会有很多问题。我国的广电网络物理上是通的，但是更深的问题是，这么长时间，我们是四级办电视，产权归属有在县市的，在省的，还有在民用资产的，产权由于这些历史问题，在升级时会出现网络主体的问题。

---

① ZHAO Y Z. Caught in the Web: the public interest and the battle for control of China's information superhighway. Info, 2000, 2（1）: 41-66.

2. 1985—90 年代中期：自下而上的整合

自 1985 年起，市级政府开始运作有线网络的整合工作，而广电系统也进入了飞速自下而上发展的黄金期。直至 1997 年，我国已经有超过 1 300 个提供有线电视的电视台，而在国家层面，已经有了超过 7 000 万的订阅用户。在对南方新媒体进行调研期间，也得到了那段时期是辉煌的时代的补充印证：

早年广电发展十分辉煌，从地市开始四级办台。

直至 20 世纪 90 年代中期，官方才认识到这种自下而上的结构带来了众多弊端，首当其冲的就是太晚才意识到有线电视网络的商业价值。一方面，商业价值和技术性被忽略；另一方面，由于零散地被搭建，从全局眼光来看，国家有线电视网络缺乏整合。而且在技术"大跃进"中搭建了电信网络后，广电网络缺少统一的商业投资和领导性的技术指导，各地技术标准参差不齐。直至 20 世纪 90 年代中期，国家广播电影电视总局定下主要的传输技术为微波和通信卫星。① 这时中国才迎来了信息高速公路的号角，而中国电信系统的网络在有线网面前一下子显得黯然失色。

3. 90 年代中期—2012 年：双系统的扑朔迷离

国家广播电影电视总局和邮电总局之间的竞争就在这时开始了。

政策规管上，电信和广电的系统一直存在竞争。原本广电大规模地想发展宽带业务，直到 1999 年颁布的"82 号文件"中，广电、电信双向禁入，广电大规模开发宽带业务的赢利模式从此被颠覆，广电网络的双向网改逐渐向 DOCSIS 发展。DOCSIS 全名是 Data Over Cable Service Interface Specifications，是有线电缆标准组织 Cable Labs 制定的有线电缆数据服务接口规范，作为一个国际标准在全球特别是北美普及。欧洲主要是 DVB/DAVIC 标准。Cable Modem 和普通 Modem 通讯一样，但是在介质上存在差异，Cable Modem 的传输介质是共享的 HFC 网，普通 Modem 的传输介质是独享的，而且 Cable Modem 更为复杂。DOCSIS 自 1996 年起在江门等地得到实施。②

2008 年，中国的广电总局颁布了另外一个的俗称"1 号文"的规定，即

---

① ZHAO Y Z. Caught in the Web: the public interest and the battle for control of China's information superhighway. Info, 2000, 2 (1): 41 - 66.

② 常伟，熊飞. 广电十年. 北京：中国广播影视出版社，2014.

《国务院办公厅转发发展改革委等部门关于鼓励数字电视产业发展若干政策的通知》。规定鼓励广播电视机构利用国家公用通信网和广播电视网等信息网络提供数字电视服务和增值电信业务。同时，在符合国家有关投融资政策的前提下，支持包括国有电信企业在内的国有资本参与数字电视接入网络建设和电视接收端数字化改造。

三网融合的道路不易。2010 年 1 月 21 日，国务院《推进三网融合的总体方案》提出：2010 年至 2012 年为三网融合试点阶段，以广电与电信业务双向进入、培育合格市场主体、网络升级改造为重点，组建国家级有线电视网络公司，初步形成适度竞争的产业格局。中国广播电视网络有限公司挂牌，成为继移动、电信、联通后的"第四运营商"，同时也是广电系"三网融合"的推进主体。

在此基础上，深圳天威视讯联合一帮厂商等提出了国产的 C-DOCSIS 标准。深圳天威视讯总工程师徐江山[1]在公开讲话中介绍，C-DOCSIS 是 2012 年 8 月份研发的具有自主知识产权的 DOCSIS 宽带接入技术。其是集中式管理，在 DOCSIS 数据链路层的接口基础上加以改进，射频接口和同轴电缆相接，并且通过 PON/以太网与汇聚网络链接，简化了部分信道技术，有一定扩展性。标准颁布以来，博通等多家设备企业都加入，部分能提供样机等测试设备。天威、歌华等已经进行了部署测试应用。而数码视讯已经有 12 个省级运营商在进行实网测试，广州珠江数码等地方运营商已经开始占有市场份额。当然还有其他的一些技术标准参与了双向网改的竞争，这点在对广电总局的一名资深战略决策人员进行访谈时，也被提及：

在 2007 年、2008 年的时候，我国迫切需要一个路径去参与到国家信息化的工程中去，实现产业转型，便提出全国下一张广播电视网，建立信息高速公路，引申出了四个双向网改技术——Home Plug AV，电信 HINOC，C-Docsis，EPON + EOC，各省互联互通，计费标准，形成整个 NGB 体系。

4. 2013 年至今：三网融合，广电总局改组

网络的升级，部门的整合，技术进一步的实施之后，原来的国家广播电影

---

① 徐江山. C-DOCSIS 标准与产业化进程. (2013 - 03 - 21)［2014 - 11 - 21］. http://www.sarft. net/a/82759. aspx.

电视总局终于在 2013 年度，完成了和新闻出版总署的合并，共同组建了新的国家新闻出版广播电影电视总局，简称国家广电总局。该部门专门负责法律法规草案、宣传创作的方针政策、舆论导向和创作导向的把握，以及事业产业发展规划、节目的进口和收录管理、活动宣传交流监督。业务涉及广播电影电视以及信息网络视听节目服务等业务。

这时 C-DOCSIS 的一个强有力的竞争对手 EOC（ethernet over coax）出现了。EOC 中文是基于同轴电缆的以太网传输技术，目前存在三大类双向改造方案：DOCSIS、C-DOCSIS 和 EOC。其中 EOC 设备和其他设备的兼容性是 EOC 今后发展的重点，并且从双向改造市场的推广而言，历史原因上，各地的各自运营缺少统一管理，各地的双向改造参差不齐，进度差距不一。东部较为发达，市场需求强；西部主要受到广电影响，进行统一管理推进。EOC 的主要设备、网络设备、终端设备核心技术都在中国厂商这边，故而有极大的性价比，只有核心芯片层还是依靠高通和博通。

中国广播电视网络公司是参与三网融合工作的一个市场主体。与此同时，它带领全国有线网络进行数字化、双向化的改造，并以此为基础建设下一代广播电视网（NGB）。但是由于广电发展的历史渊源，广播电视网的整合难度较大，地方的广电系统各自为政的网络整合起来十分困难，省网整合的公司仅仅是形式和人员上的整合，并没有成为全省统一的独立法人。如何保障这些原股东的利益？现在还有部分有线网整转的贷款仍未还清，如何筹钱？另外缴费渠道还饱受质疑。

总的来说，中国电信和广电基本上是没有太多交叉的各自为政的两个阵营，三网融合任重而道远，从广电双向网改的发展方面来反思，对比电信的发展历程，从电话网，到非对称数字用户线从 ADSL 至 ADSL＋再至 VDSL（超高速数字用户线路）以及后来的光纤到户 FTTH，电信的发展路径是清晰不迂回的。而广电的双向网络建设却显得有些曲折，在技术选择上，开始是 CMTS，后来是 DOCSIS，又出了自主标准 C-DOCSIS，还多了 EOC，总之有各种选择，并且在核心业务定位上也是迂回前行，先瞄准宽带业务，后来转移至互动业务，例如互动电视，之后在 2013 年后又回归了宽带业务。技术标准和道路的选择往往在一个迷茫的峰回路转后就错过了最佳的发展时机，而技术的标准和路径的选择往往不仅仅在于技术本身的优劣，还在于行动者网络构成的时机。后文中也可以看出这为 CMMB 的发展带来了巨大隐患。另外，中国的新媒体技术标准网络中，行动者中重要的规管系统分为广电相关机构以及工信部相关机构，而其中广电相关机构指的是中央广电及其地方广电，以及有密切关系的规管机构。工信部相关机构指的是通信行业的工信部相关的一些规管机构。通过对广电和电信历史的梳理，也通过部分学者的研究，可见广电和工信部存在网络融合与分业监管的冲突，因而存在着部门利益的冲突，管制体制又有各自为政的状况。[①]故而得出以下推论：

广电相关机构、工信部相关机构可能有不可调和的利益矛盾，多于一个的规管系统易导致利益分化。

---

① 李健，西宝. 基于模块化的三网融合管制机构组织结构设计. 中国科技论文在线 2011：1－7.

后 记

… …

寒来暑往，又过了一个落英缤纷的三月，我站在人海中，看樱花雨漫天飘洒，仿佛看到最初为了找一张平静书桌而回归的那个自己。对这一切我始终带着一颗感恩的心。

本书的出版要感谢暨南大学新闻与传播学院领导和同事给予的机会。非常感谢我尊敬的博士后导师林如鹏教授和博士导师刘丽群教授给予我的指导，感谢博士期间母校武汉大学的培育。特别要感谢我硕士学位论文的导师——香港中文大学的邱林川教授，由于我的硕士学位论文和本书有一定相关性，我专程跑去与他约见了几次，每次邱老师都在百忙之中抽空给我指导，还多次在电子邮件中和我讨论，推荐适合的文章并与我交流学者思想。他学术的专业性、思想的睿智都是罕见的。香港中文大学的前兼职教授叶振声老师可以说是香港业界新媒体技术标准方面的泰斗级人物，他近 70 岁高龄，退休后环游世界，却还专门抽出时间面见我，接受访谈。他与我合写的《OTT 的新媒体变革——内地与香港之产业运营分析》一文获得广东省新闻学会 2014 年度优秀论文奖，这给予我莫大的鼓励。另外还有香港中文大学的冯应谦教授，暨南大学张潇潇副教授、吴非教授，好友倪静思博士也都在百忙中给过我很多无私的指导和帮助。特别要感谢向熹师兄在访谈等方面给予了我极大的支持，塞宏师兄也在我的论文被"中国人民大学复印报刊资料库"转载之后给予了我鼓励，让我更有信心。在这里表示诚挚的感谢！感谢家人的支持，他们是我内心最强大的动力源泉。

落英缤纷，珞珈山下拾樱来；紫荆花开，沙田海边摆书桌。愿归来仍是少年。

刘倩

2019 年 3 月

暨南文库·新闻传播学
第一辑书目